O CONCEITO DE RENEGAÇÃO EM FREUD

e outros ensaios

Transmissão da Psicanálise

diretor: Marco Antonio Coutinho Jorge

1 A Exceção Feminina, *Gérard Pommier*
2 Gradiva, *Wilhelm Jensen*
3 Lacan, *Bertrand Ogilvie*
4 A Criança Magnífica da Psicanálise, *Juan-David Nasio*
5 Fantasia Originária, Fantasias das Origens, Origens da Fantasia, *Jean Laplanche* e *J.-B. Pontalis*
6 Inconsciente Freudiano e Transmissão da Psicanálise *Alain Didier-Weill*
7 Sexo e Discurso em Freud e Lacan, *Marco A. Coutinho Jorge*
8 O Umbigo do Sonho, *Laurence Bataille*
9 Psicossomática na Clínica Lacaniana, *Jean Guir*
10 Nobodaddy — A Histeria no Século, *Catherine Millot*
11 Lições Sobre os 7 Conceitos Cruciais da Psicanálise, *Juan-David Nasio*
12 Da Paixão do Ser à "Loucura" de Saber, *Maud Mannoni*
13 Psicanálise e Medicina, *Pierre Benoit*
14 A Topologia de Jacques Lacan, *Jeanne Granon-Lafont*
15 A Psicose, *Alphonse de Waelhens*
16 O Desenlace de Uma Análise, *Gérard Pommier*
17 O Coração e a Razão, *Léon Chertok* e *Isabelle Stengers*
18 O Mais Sublime dos Histéricos, *Slavoj Zizek*
19 Para que Serve uma Análise?, *Jean-Jacques Moscovitz*
20 Introdução à Obra de Françoise Dolto, *Michel H. Ledoux*
21 O Conceito de Renegação em Freud, *André Bourguignon*
22 O Pai e sua Função em Psicanálise, *Joël Dor*

Próximos lançamentos:

23 Repressão e Subversão em Psicossomática, *Christophe Dejours*
24 A Neurose Infantil da Psicanálise, *Gérard Pommier*
25 A Ordem Sexual, *Gérard Pommier*

André Bourguignon

O Conceito de Renegação em Freud

e Outros Ensaios

Seleção de textos e apresentação de
MARCO ANTONIO COUTINHO JORGE

Tradução:
Vera Ribeiro
psicanalista

Jorge Zahar Editor
Rio de Janeiro

Jorge Zahar Editor Ltda.
rua México 31 sobreloja
20031 Rio de Janeiro, RJ

Ilustração da capa: Hans Burkhardt, *Cabeça,* 1937

Impressão: Tavares e Tristão Ltda.

ISBN: 85-7110-174-4 (JZE, RJ)

SUMÁRIO

APRESENTAÇÃO

Esta seleção de textos do Prof. André Bourguignon cobre três grandes áreas de interesse do eminente psiquiatra e estudioso de Freud: a crítica histórica da doutrina freudiana (sempre voltado para a história da psicanálise, ele orientou diversas teses acadêmicas sobre os pioneiros do movimento psicanalítico francês), a problemática epistemológica da relação entre a psicanálise e as ciências, e a questão da tradução dos textos de Freud. A amplitude de seu trabalho ficou comprovada com a recente publicação do primeiro volume (*O homem imprevisto*) de sua *História natural do homem.*[1] Nesse livro, que obteve grande repercussão na imprensa e na crítica especializada francesas, Bourguignon traça um roteiro erudito e fascinante que vai da origem do universo até o advento do homem, grau máximo de complexificação da substância viva.

Os artigos aqui coligidos, publicados originalmente em revistas especializadas, revelam um verdadeiro *work in progress* do autor. Assim, os três artigos da primeira seção compõem um todo sobre a genealogia do conceito de renegação em Freud: o primeiro aborda a relação entre Freud e René Laforgue, fundador do movimento psicanalítico francês, sobretudo em seu aspecto humano; o segundo introduz o problema conceitual, embora ainda não organize a distinção entre a renegação e a escotomização balizando-a com a noção de alucinação negativa, o que só ocorrerá no último artigo da série que, no dizer de E. Roudinesco, é o "único estudo histórico-crítico sério sobre esse episódio essencial do movimento psicanalítico francês".[2] A importância histórica e teórico-clínica desse ensaio determinou sua escolha para o título da presente coletânea.

Nesse artigo fundamental, o autor retraça a história de três conceitos psiquiátricos e psicanalíticos — alucinação negativa, renegação e escotomização —, e analisa os processos psíquicos que eles representam. A expressão alucinação negativa foi criada por Berheim em

1884 e empregada por Freud de 1895 a 1917, quando foi definitivamente abandonada por ele. O conceito de renegação (*Verleugnung*, em alemão; *déni*, em francês), criado por Freud em 1914, em seu sentido amplo é o equivalente da alucinação negativa e, no sentido restrito, designa um processo de não-reconhecimento e de conhecimento simultâneos de uma percepção traumatizante. A noção de escotomização, introduzida por Pichon e Laforgue, é passível de ser superposta com exatidão à de alucinação negativa e constituiu o objeto de uma longa polêmica entre Freud e Laforgue.

Em seu estudo, Bourguignon demonstra que apenas os conceitos de alucinação negativa e de renegação no sentido restrito devem ser conservados no vocabulário psicanalítico. Em suas primeiras fases, contudo, esses dois processos são idênticos. A primeira fase, preliminar, é uma "posição prévia", uma concepção das coisas, que se articula com o desejo e o princípio do prazer. Na segunda fase, sobrevém um estímulo percebido inconscientemente como "insuportável". Na terceira fase, a percepção é suspensa pela operação de diversos processos, e apenas na quarta fase os mecanismos se distinguem: enquanto na alucinação negativa o eu mantém a percepção inconsciente, na renegação (no sentido restrito) ele se cliva, uma parte dele reconhecendo a percepção e a outra renegando-a.

A série de artigos sobre psicanálise e ciência retoma uma questão freudiana bastante esquecida, a da relação entre a teoria psicanalítica do aparelho psíquico e as outras ciências, sobretudo biológicas, que podem trazer respostas a certas perguntas colocadas pela psicanálise. Bourguignon aprofunda e inova nesse âmbito teórico tão árido ao repensar ora as funções do sonho, ora a articulação entre o mental e o cerebral à luz simultaneamente da teoria freudiana e das mais recentes aquisições da neurobiologia.

Co-diretor, com Jean Laplanche e Pierre Cotet, da nova tradução francesa das *Obras Completas de Sigmund Freud* atualmente em curso, André Bourguignon tem no cerne de seu projeto a idéia de que a tradução de uma obra de pensamento (e não literária) deve sempre privilegiar o texto-fonte. Com o ambicioso, embora legítimo, propósito de fornecer "um texto francês que estará mais próximo do texto e do pensamento de Freud do que tudo o que foi publicado até o presente momento", pretende não interpretar o texto freudiano (ainda que isso provoque a celeuma com as diversas interpretações já existentes[3]) e, assim, renovar substancialmente sua leitura, fazendo emergir elementos até agora não valorizados.

Vivemos um momento em que a psicanálise repensa suas descobertas e refaz sua inserção no universo dos saberes contemporâneos, muitas vezes às custas da reabertura de um veio freudiano que fora deixado de lado. Nesse contexto, o tratamento rigoroso e profícuo que André Bourguignon dá ao conjunto da obra de Freud torna-se uma contribuição indispensável às reflexões do leitor brasileiro.

MARCO ANTONIO COUTINHO JORGE

NOTAS

1. Bourguignon, A., *História natural do homem*, vol. 1: *O homem imprevisto*, Rio, Jorge Zahar, 1990.

2. Roudinesco, E., *História da psicanálise na França, A batalha dos cem anos, vol. 1: 1885–1939*, Rio, Jorge Zahar, 1989, p. 401.

3. Vide o violento ataque de um grupo de analistas lacanianos em "Parlez-vous freudien?", *L'Âne*, julho 1988; e a resposta da equipe de A. Bourguignon, "Freud vous apporte la rage", *L'Âne*, outubro 1988. O relato de um longo e menos inflamado debate pode ser lido em D. Brun, " 'Traduire Freud' en débat", *Revue Française de Psychanalyse*, 1/1990, pp. 267–283.

Introdução à Edição Brasileira

Ninguém há de contestar que a psicanálise está em crise. Essa crise se traduz em diversos sintomas, tais como a multiplicação das sociedades psicanalíticas alheias à Associação Psicanalítica Internacional (IPA), os inúmeros desvios teóricos e o fechamento da psicanálise em si mesma. Uma crise não é, forçosamente, indício de saúde precária, e pode até ser o anúncio de uma evolução amiúde favorável.

Se houve analistas que experimentaram a necessidade de se agrupar em sociedades autônomas, independentes da onipotente IPA, talvez seja por terem percebido a rigidez e a esclerose inerentes a todas as instituições que envelhecem. Esse fenômeno é particularmente perceptível nos países latinos, desde a irrupção do pensamento lacaniano e, posteriormente, desde a fragmentação da escola lacaniana em múltiplas capelas.

Quanto à teoria de Freud, já com meio século de idade, ela tem algumas dificuldades para evoluir e se transformar, como deveria fazer, desde a morte de seu fundador. Essa situação acarretou numerosos desvios teóricos nas mais diversas direções, sem que nenhum deles tenha produzido um consenso no seio da comunidade psicanalítica, consideradas todas as tendências. Esses desvios teóricos foram ocasionalmente acompanhados de desvios na prática. Quanto mais se multiplicaram as escolas, mais elas se fecharam nelas mesmas, o que proibiu o diálogo que normalmente se dá entre escolas científicas rivais.

Entretanto, em 1923, no *Handwörterbuch der Sexualwissenschaften* [Manual de Ciência Sexual] de Marcuse, Freud deu uma clara definição da psicanálise, à qual faço questão de voltar:

"1. método de investigação dos processos psíquicos, que dificilmente são acessíveis de outra maneira;

2. método de tratamento dos distúrbios neuróticos, fundamentado nessa investigação;

3. série de concepções psicológicas adquiridas por esse meio, e que se vão fundindo progressivamente numa nova disciplina científica."

Essa definição pede alguns comentários. Se Freud se manteve constante no que concerne à prática, sua opinião sobre o aspecto terapêutico da psicanálise evoluiu um pouco. No fim da vida, ele ficou bastante cético e julgou que esse não era o aspecto mais importante de sua obra. Para ele, o essencial sempre foi a teoria do funcionamento psíquico, que é a dimensão mais científica da psicanálise. A propósito disso, porém, ele foi apanhado entre dois imperativos contraditórios. De um lado, era-lhe preciso preservar a especificidade da psicanálise frente a outras disciplinas, e, de outro, ele considerava necessário confrontar os dados psicanalíticos com os dados fornecidos pelas ciências associadas — porque nenhuma disciplina pode viver num isolamento esplêndido. Esse segundo imperativo foi algo que seus discípulos freqüentemente perderam de vista. Aliás, é no nível da teoria que a crise é mais manifesta. E há quem chegue até a negar à teoria psicanalítica qualquer cientificidade.

Na origem da crise atual, vejo pelo menos duas causas interdependentes: o fechamento da psicanálise em si mesma e uma certa recusa do questionamento. É uma tendência própria de toda disciplina ensimesmar-se, fechar-se em torno de seu corpo teórico e suas técnicas. Ora, a história das ciências mostra que numerosíssimos avanços resultaram de interferências entre disciplinas. Fornecerei apenas dois exemplos. A astronomia fez um belo avanço quando os astrônomos, em vez de observar apenas as emissões luminosas dos corpos celestes, interessaram-se pelas emissões de ondas de rádio. Da mesma forma, a biologia fez progressos espetaculares ao integrar a química e a físico-química para constituir a biologia molecular. A partir do momento em que a psicanálise se tornou uma prática, antes de mais nada, e em que os psicanalistas levaram a sério a tirada de Freud que assimilou a metapsicologia à mitologia, tornou-se inevitável que se consumasse a ruptura com todo o restante do campo científico.

Cabe reconhecer que a psicanálise está numa situação muito desconfortável. Na verdade, a cientificidade de um dado ou de uma teoria costuma resultar do consenso da comunidade científica a seu respeito. Enquanto esse consenso não se realiza, eles têm apenas uma cientificidade potencial. Ora, na prática analítica, o analista fica só, ninguém pode partilhar de sua experiência e esta é sempre única, jamais reprodutível. Por conseguinte, como obter um consenso sobre dados ou sobre uma teoria em que a comunidade não tem nenhuma participação? Inversamente, quando se trata de estabelecer interligações entre a psicanálise e outras disciplinas, um consenso deveria resultar da discussão. Se a psicanálise permanecer sempre no domínio da conjectura, as discussões sobre a teoria correm o risco de se transformar em diálogos de surdos, como constatamos atualmente entre as diferentes escolas.

Toda disciplina de pensamento que se pretende evolutiva tem de questionar ininterruptamente seus fundamentos e seus resultados, porque a dúvida é uma virtude do pesquisador. Ora, a perigosíssima situação epistemológica em que se encontra a psicanálise a torna hesitante diante da necessidade de se questionar, mesmo que nunca lhe faltem argumentos para responder às críticas vindas de fora.

Todas as vezes que se isola das demais disciplinas, a psicanálise corre o risco de um desvio filosófico-literário ou de uma regressão para a escolástica. A longo prazo, as palavras são tomadas pelas coisas e já não conseguimos perceber claramente com que realidade estão relacionadas. Freud, no entanto, tinha-nos advertido contra esse perigo. No final de seu artigo sobre o inconsciente (1915), escreveu: "Quando pensamos abstratamente, arriscamo-nos a desprezar as relações entre as palavras e as representações inconscientes de coisa, e não se pode negar que nosso filosofar adquire, em expressão e conteúdo, uma indesejada semelhança com o modo de trabalho dos esquizofrênicos" (*G.W.*, X, 303). Se cada um elabora sua própria teoria e seus próprios conceitos, como chegar a um consenso, mesmo que relativo?

A crise atual, entretanto, não parece sem saída. Ela exige um retorno a Freud, para lê-lo, compreendê-lo — o que nem sempre é fácil — e criticá-lo. Esquecemo-nos com demasiada freqüência de que ele foi, ao lado de Marx e Einstein, um dos pensadores que transtornaram nossa *Weltanschauung* e nossa visão do Homem. A riqueza de sua obra continua parcialmente insuspeitada, cabendo relê-la, portanto; mas, para compreender a trajetória de seu pensamento, é preciso acompanhá-la na ordem cronológica, pois se trata de um pensamento em constante evolução, e começar pelo livro sobre as afasias e, principalmente, pelo *Projeto para uma Psicologia Científica.*

A releitura de Freud permite descobrir qual é, nele, a natureza do processo de teorização. Seu método é, acima de tudo, hipotético-dedutivo. Ele parte de hipóteses das quais extrai as conseqüências lógicas; mas as hipóteses básicas, que já se encontram em germe no *Projeto;* são permanentemente discutidas e, se possível, validadas pelos fatos fornecidos pela prática. Ao longo de toda sua obra, assistimos a um vaivém constante entre a teoria e a prática, entre dados locais e concepções globais, entre o campo específico da psicanálise e os outros domínios científicos. Na verdade, sempre defendendo a especificidade analítica, ele nunca hesitou em retirar alguns fatos ou hipóteses de outras disciplinas. Assim, chegou — o que lhe era essencial — a um modelo pluridimensional do psiquismo humano, no qual se articulam estreitamente os pontos de vista tópico, econômico, dinâmico e genético. O ponto de vista genético — filo e ontogenético — é capital para ele, pois a psicanálise, em certo sentido, é uma ciência histórica: história da espécie e história do indivíduo.

Atualmente, todas as disciplinas se afastam do positivismo lógico da Escola de Viena, excessivamente distanciado da realidade do trabalho científico criador. Elas renunciam à pureza epistemológica e reconhecem a fecundidade das interconexões entre as disciplinas. O corte da pesquisa e do saber em disciplinas separadas se afigura, hoje em dia, um tanto arbitrário, pois na Natureza tudo está ligado. Sentimos necessidade de associar à pesquisa "de ponta" um ponto de vista mais global, dentro da tradição da filosofia da Natureza, que se esforça em todas as épocas por fornecer-nos uma visão unitária do mundo. O próprio Freud não era alheio a essa maneira de ver. De fato, fora influenciado não apenas pelo positivismo de Helmholtz, mas também — não nos esqueçamos — pelo romantismo alemão, cujos excessos haviam desacreditado a *Naturphilosophie.*

Atualmente, a psicanálise já não pode ignorar os progressos das outras ciências. Se as neurociências não estavam suficientemente avançadas para que Freud conseguisse articulá-las com sua metapsicologia, já agora elas permitem esse confronto. Basta-me citar, a esse respeito, as descobertas efetuadas no campo do sono e do sonho. Ora, Pribram e Gill[1] mostraram, justamente, que boa parte das hipóteses formuladas no *Projeto* é constituída de antecipações geniais que a neurobiologia veio confirmar. Foi ao introduzir a noção de *aparelho* no campo da psicologia que Freud pôde reivindicar para a psicanálise a qualidade de disciplina científica. Para os que possam duvidar do espírito científico de Freud, cito a seguinte passagem extraída de *Além do Princípio do Prazer*:

"As insuficiências de nossa descrição certamente seriam dissipadas se já pudéssemos empregar, em vez dos termos psicológicos, termos fisiológicos ou químicos. Também estes, é verdade, decorrem apenas de uma linguagem figurada, mas ela nos é familiar há muito tempo e talvez seja mais simples.

Em contrapartida, realmente devemos nos dar conta de que a necessidade de fazer empréstimos da ciência biológica aumentou consideravelmente o grau de incerteza de nossa especulação. A biologia, de fato, é um campo de possibilidades ilimitadas: é de se esperar que recebamos dela os mais surpreendentes esclarecimentos, e não podemos adivinhar que respostas dará, dentro de algumas décadas, às indagações que lhe formulamos. Talvez se trate de respostas de tal ordem que façam desmoronar todo o edifício artificial de nossas hipóteses" (*G.W.*, XIII, 63).

Sei que minha colocação há de chocar a muitos, que me acusarão de cientificismo ou biologismo, mas pareceu-me necessário relembrar o ponto de vista de Freud. Sem perder nada de sua especificidade e de sua originalidade, a psicanálise pode extrair de outras disciplinas o que lhe parecer útil a seu enriquecimento e a seu progresso.

Os textos reunidos neste livro provam que é possível nos interessarmos pela psicanálise e pelos problemas de suas relações com as outras ciências sem trair o próprio espírito da psicanálise.

Sem saber que ele me levaria à análise, enveredei inicialmente pelo caminho da pesquisa no campo das neurociências. Depois disso, fiz uma bifurcação para a psiquiatria e, em muito pouco tempo, a prática da psicoterapia me revelou que não se podia ajudar a outrem sem fazer uma interrogação sobre si mesmo. Para mim, quando não se sofre de distúrbios neuróticos manifestos, a análise é, antes de mais nada, uma experiência espiritual que permite aceder, ao menos parcialmente, ao próprio inconsciente. Não acrescenta nem retira nada: nela encontramos aquilo que trazemos, e ela permite pôr ordem na morada da alma, ao preço da angústia e da regressão. A análise não nos faz escapar da angústia, inerente à condição humana, mas apenas dá forças para enfrentá-la, depois de se ter passado pela experiência da regressão.

Considero que a psicanálise, em seus aspectos teórico e prático, representa uma das grandes aquisições da humanidade, uma novidade radical em sua história. Mas não podemos permanecer nesse ponto, pois ela formula questões às quais é preciso tentar responder. Que acontece com as relações entre o cérebro e o psiquismo humanos? Como explicar a emergência do Sujeito na espécie humana? É possível explicarmos a ontogênese do indivíduo sem nos interrogarmos sobre as propriedades de seu cérebro? Em que sentido a linguagem criou o Homem? etc. Mas é realmente preciso saber que, por princípio, o Homem nunca poderá dar uma explicação completa de si mesmo.

Ao descobrir Freud, descobri também que os franceses só haviam retido parte de seu pensamento e que, acima de tudo, tinham-no traduzido mal e, às vezes, chegado até a traí-lo. Por isso é que, junto com alguns amigos, dentre eles Jean Laplanche, tomamos a iniciativa de retraduzir toda a obra de Freud, baseando-nos em princípios rigorosos e estabelecendo um glossário preciso. Esse trabalho nos obriga a interrogações e questionamentos permanentes.

Que recebam meu agradecimento aqueles que me traduziram e publicaram, em particular o Sr. Jorge Zahar, a quem desejo aqui testemunhar meu reconhecimento.

NOTA

1 K.H. Pribram e M.M. Gill, *Freud's "Project" Re-assessed,* Nova York, Hutchinson, Basic Books, 1976; trad. francesa, *Le "Projet" de Psychologie Scientifique de Freud: un Nouveau Regard,* Paris, Presses Universitaires de France, 1986.

I

O Conceito de Renegação em Freud

1.

As Relações Epistolares de Freud e Laforgue*[1]

Faremos apenas referência à correspondência entre os dois homens, ao passo que uma história do movimento psicanalítico francês deveria beber em muitas outras fontes, em especial nos escritos de Freud, onde ele fez alusão às idéias de Laforgue, no Diário inédito de Laforgue e na correspondência Laforgue-Marie Bonaparte. A tese de medicina a que demos inspiração num de nossos alunos, J. Lamoulen (Paris, 1966), é, ao que saibamos, o primeiro estudo que aborda as relações entre o fundador da psicanálise e seu jovem discípulo, fundador do movimento psicanalítico francês. Essa tese contém as cartas distribuídas entre outubro de 1923 e dezembro de 1926, embora a correspondência tenha prosseguido até dezembro de 1937.

Quando Laforgue resolveu escrever a Freud, em 25 de outubro de 1923, mal havia completado 29 anos, enquanto Freud tinha 67. Essa diferença etária de quase 40 anos viria a ter grande peso nas relações entre os dois. Laforgue, que defendera sua tese em Estrasburgo, em 1922, sobre um tema psicanalítico, fez então uma análise com a Sra. Sokolnicka, em Paris, provavelmente entre 1923 e 1925. Depois disso, teria sessões de supervisão com Freud, Ferenczi, Hans Sachs, Eitingon e Rank.

Observe-se que a correspondência em questão foi grandemente facilitada pela comunhão de línguas, porque Laforgue, nascido na Alsácia durante a ocupação alemã, fizera seus estudos em alemão e tivera que servir no exército alemão durante a guerra de 1914-1918. Essa simples questão lingüística sem dúvida desempenhou um grande papel e ajudou Freud a depositar sua confiança nos primeiros analistas franceses.

A correspondência Freud-Laforgue, que se estendeu por quatorze anos, apresenta interesses diversos. Primeiro, mostra, sob certo prisma um tanto convencional, a relação entre os dois homens; depois, contém informações preciosas em relação aos primórdios do movimento psicanalítico francês; e por último, comporta numerosas discussões teóricas, nem todas desprovidas de interesse.

A RELAÇÃO ENTRE FREUD E LAFORGUE

A princípio, tratou-se de uma relação do tipo professor-aluno, tal como existia nos meios universitários germânicos, mas na qual o professor deu mostras de muita simplicidade e paciência e o aluno, de um entusiasmo e admiração ilimitados, temperados por uma independência de espírito muito alsaciana. Essa troca de cartas teve como único objeto a psicanálise; as alusões literárias, artísticas, políticas ou outras acham-se praticamente ausentes.

A primeira carta de Laforgue (25 de outubro de 1923) começava pelas seguintes palavras: "Agora que o movimento psicanalítico começou a tomar forma na França e que os primeiros sucessos foram obtidos, sinto necessidade de estabelecer um contato mais estreito com o Mestre da psicanálise e com a escola vienense [...]". Nada detinha a coragem e a audácia de Laforgue, que foi logo falando em publicação e tradução, e que convidou Freud a fazer conferências em Paris: "Imporemos a psicanálise ao interesse geral, exatamente como fez Langevin no tocante à teoria da relatividade", ao convidar Einstein.

Já em 1º de novembro, Freud respondeu: "Tantas vezes ouvi falar a seu respeito que me alegra, enfim, entrar em contato pessoal com o senhor, e me sinto igualmente feliz por ver que o senhor fala perfeitamente o alemão." Recém-operado, ele declinou do convite para ir a Paris. Assim, Laforgue é que, nos anos seguintes, iria à casa de Freud em Viena, ou então a sua casa de campo, sendo os congressos uma oportunidade para outros encontros.

Ao menos nos primeiros anos, essa admiração caminhou de mãos dadas com uma total submissão: "Rogo-lhe que disponha inteiramente de mim", declarou Laforgue em novembro de 1923. E, decorridos dois anos: "Sempre desejei ser considerado um de seus discípulos próximos; lamentei, muitas vezes, ser um dos mais jovens dentre eles e não ter participado da heróica luta da psicanálise em seus primórdios, mas sinto-me ligado ao senhor pelos mais afetuosos laços."

Esses sentimentos o incitaram, em 12 de setembro de 1925, a solicitar sua admissão no seio da Sociedade Vienense de Psicanálise, o que Freud aceitou: "Sua eleição como membro da Associação de Viena foi aprovada por unanimidade no decorrer da última sessão" (8 de dezembro de 1925).

Por ocasião do septuagésimo aniversário de Freud, ao qual não pôde comparecer, Laforgue forneceu uma interpretação de seus sentimentos: "Ocorre-me com freqüência só poder assistir ao triunfo paterno à distância, e espero que isso não seja a reprodução de antigas situações" (8 de junho de 1926). Essa assimilação de Freud ao pai foi retomada dois anos depois: "É particularmente agradável saber que se pode recorrer a uma discussão livre com o próprio 'Pai', o que permite tão facilmente, com o senhor, tomar uma posição, quer se queira ou não, pois detesto acima de tudo a submissão covarde e estéril" (8 de julho de 1928). É que Laforgue nem sempre tivera certeza de que suas críticas e seus desejos de independência seriam bem aceitos pelo "pai". Em junho de 1925, um adleriano de passagem por Paris lhe declarara: "Suas concepções pessoais farão com que o senhor seja expulso da igreja de Freud", o que ele comentou com as seguintes palavras: "Essa observação encontrou muito mais eco em meu inconsciente do que em minha consciência; pelo menos, esta é a impressão que tenho neste momento." Ao que Freud retrucou com palavras tranqüilizadoras: "Não há nenhum perigo de que o senhor seja excluído da comunidade dos ortodoxos."

A chegada de Marie Bonaparte ao mundo psicanalítico, em muito pouco tempo, veio perturbar as relações entre o Mestre e seu discípulo. Laforgue a conheceu num salão parisiense, iniciou um tratamento com ela e, em seguida, satisfez-lhe o desejo, encaminhando-a a Freud. A princípio, Freud mostrou-se muito desconfiado em relação às veleidades psicanalíticas daquela mulher do mundo sem nenhuma profissão. Hesitou ainda mais em recebê-la, na medida em que ela queria fazer uma análise em períodos isolados de dois meses, à razão de duas sessões por dia. Freud julgou essas condições inadmissíveis, rejeitou-as, e depois voltou atrás em sua decisão.

Finalmente, a análise começou em outubro ou novembro de 1925, para aparente satisfação de todos: "A Princesa vai fazendo uma belíssima análise e creio que está muito satisfeita com sua estada. Agora, estou contente por ter cedido a seus desejos e por tê-la aceito. Ela está pensando em partir rumo a Paris por volta de meados de dezembro, mas deixa-me a esperança de retornar dentro em breve. De fato, seria uma lástima interromper uma análise iniciada há tão pouco tempo" (15 de novembro de 1925). Laforgue participava e cooperava: "Alegra-me que a análise da Princesa lhe traga satisfação; se eu puder ter alguma influência em suas decisões, tentarei impedi-la de interromper sua análise" (22 de novembro de 1925). Mas ele não pretendia perdê-la: "Esperamos que a Princesa também venha a se interessar pelos trabalhos de nosso grupo" (30 de janeiro de 1926). Freud o tranqüilizou e lhe confirmou que ele podia contar com aquela preciosa colaboração. Quando Marie Bonaparte ficava em Paris, Laforgue se julgava com o compromisso de dar notícias da ilustre paciente.

Um lapso de Freud veio, ao mesmo tempo, revelar sua contratransferência e despertar o ciúme de Laforgue: "Até a manhã de hoje, eu supunha que o belo presente [2] que recebi por meu aniversário se devia à Princesa. Só hoje fiquei sabendo que se tratava da expressão amistosa de todo o grupo parisiense. Eu tinha a intenção de censurar a Princesa por sua prodigalidade, mas, agora, só me resta agradecer-lhe, ao senhor e a todos os membros do grupo que o senhor preside, e me desculpar por minha demora em fazê-lo" (10 de junho de 1926). Em sua carta do mês seguinte, Freud procurou reparar o mal: "Naturalmente, nos últimos tempos, muito tenho ouvido falar do senhor por *nossa* [3] Princesa, com quem venho trabalhando e que, desta vez, tomou consciência de suas verdadeiras relações com seu pai. Estou inclusive convencido de que ela já não acha a análise tão agradável porém está aprendendo mais. Podemos ficar contentes com o que obtivemos. Ela também me deu a saber que o senhor condena o comportamento de Rank; quanto a isso, creio que ele se separará de nós. Naturalmente, terá êxito, mas nada fiz, na verdade, para colocá-lo para fora; a vontade do homem é seu destino" (25 de julho de 1926).

Foi Freud quem aludiu pela primeira vez às mudanças ocorridas nas relações entre ambos: "Creio que o senhor não está em condições de fazer comparações, caso contrário, teria observado que, anteriormente, eu respondia mais depressa a suas cartas" (5 de fevereiro de 1928).

No mesmo ano, Laforgue expressou seus sentimentos a Freud com muita simplicidade: "Naturalmente, tanto quanto isso me é possível, tentei descobrir as razões de minha atitude, pois tinha a impressão de que algo não estava em ordem em meus afetos. Pareceu-me que eu estava um pouco aborrecido com o senhor, em certo sentido por causa da Princesa, e isso também me forneceu a explicação para algumas reações diante da Srta. Anna, pelas quais eu me havia acusado; essas reações se devem, provavelmente, a um deslocamento. Naturalmente, é desnecessário dizer-lhe que farei o que me for possível para corrigir tudo isso" (22 de setembro de 1928). Comovido com tanta sinceridade, Freud respondeu imediatamente: "Só posso considerar simpático que o senhor analise suas relações comigo, e de maneira tão rigorosa [...]. Espero que sua autocrítica não o conduza à depressão, mas a um discernimento" (27 de setembro de 1928). Na carta seguinte, Laforgue agradeceu: "Muitíssimo grato por sua carta tão amistosa. A conscientização de minha atitude perante o senhor não me conduziu a um estado depressivo, pelo contrário. Fiquei contente e quase feliz por ter conseguido dominar essas dificuldades. Lamento apenas que o senhor tenha sido importunado com a história de P... [4] e, também nesse caso, tenho a impressão de que desloquei os afetos devidos à perda da Princesa, em seu favor, para uma situação análoga." (15 de novembro de 1928)

Apesar dos esforços de ambos para esclarecer a situação, a relação perdeu seu caráter íntimo e caloroso, tornando-se mais neutra e objetiva. Estava rompido um laço que não voltaria a se reatar. A partir de 1930, as cartas passaram a ser breves, como se Laforgue tomasse distância e buscasse sua independência. Suas visitas à Áustria nem por isso deixaram de continuar, e alguns filhos de Freud passaram temporadas na casa de Laforgue; mas tudo isso ficou muito formal. Por dois anos, de 1935 a 1937, a troca epistolar pareceu completamente suspensa.

Em sua última carta, Laforgue inverteu os papéis e reivindicou a paternidade de uma idéia expressa por Freud em seu último livro: "Li com grande interesse seu trabalho sobre Moisés e a origem da fé mosaica. Certa feita,[5] numa pequena dissertação sobre 'A influência de Israel no pensamento moderno', desenvolvi concepções seme-

ção; compreendo agora por que essa concepção e sua relação com o recalque criam em mim tamanhas dificuldades. Percebo que o senhor me abandonou num ponto; o senhor não tem minha concepção metapsicológica, que procura caracterizar o fato psíquico segundo três coordenadas, dinâmica, tópica e econômica. Ao desprezar sobretudo a coordenada tópica, o senhor renuncia a uma espécie de certeza, não se interessa pelo que acontece nas três camadas, consciente, pré-consciente e inconsciente, e, a partir daí, é possível interpretar esses fenômenos de várias maneiras. Provavelmente, o senhor não ousou apresentar a seus compatriotas tamanha complicação e tamanha especulação. Conversei sobre esse assunto com a Princesa, que o senhor verá em Paris no fim deste mês; não se preocupe com minha crítica, e receba meus agradecimentos calorosos por sua colaboração extremamente preciosa."

De fato, as críticas de Freud eram sempre acompanhadas dos mais firmes incentivos e das maiores demonstrações de confiança e tolerância: "Admito a legitimidade analítica de suas idéias" (31 de agosto de 1925). E, em 11 de novembro de 1926, a propósito de um projeto de viagem de Laforgue a Viena, Freud o deixou sumamente satisfeito, escrevendo-lhe: "Vamos recebê-lo aqui com todas as honras."

O MOVIMENTO PSICANALÍTICO FRANCÊS

Através de suas cartas, Laforgue mantinha Freud a par do nascimento do movimento psicanalítico francês, com muita precisão.

Já em sua primeira carta, ele considerou que Allendy — "analisado como eu" — e ele próprio formavam os dois pilares do movimento. Hesnard, não sendo analisado, não era considerado membro de pleno direito. No entanto, foi com ele, com Claude e Fursac, que Laforgue contemplou a publicação de uma revista, "Coletânea de Estudos Franceses de Psicanálise", que nunca viria à luz. Pichon teria por missão as traduções de Freud, juntamente com Laforgue.

Logo de saída, Freud advertiu Laforgue contra as concessões feitas ao público francês. Era preciso ser intransigente no tocante à doutrina. Por outro lado, a despeito da situação difícil da Sra. Sokolnicka, não-médica, dentro dos meios médicos, Freud a desig-

lhantes às suas, isto é, de que o monoteísmo fora imposto aos judeus por Moisés, criado pelos egípcios na crença em Aton. Talvez o senhor se recorde desse pequeno trabalho, que lhe enviei na ocasião e no qual, portanto, tentei ligar o monoteísmo judaico à crença em Iktun Aton.

"Na terça-feira parto para Viena, a fim de passar as Festas aí. Nessa ocasião, ficarei feliz em poder fazer-lhe uma visita de Ano Novo. Espero que sua saúde lhe permita receber-me." (20 de dezembro de 1937)

Aí terminou essa relação que teve grande importância para o movimento psicanalítico francês, pois certamente contribuiu para dissipar a desconfiança de Freud em relação a nossos compatriotas. Tanto quanto saibamos, de 1930 a 1937, o assunto Marie Bonaparte não voltou a desempenhar um papel direto e aparente entre os dois homens, o que coube, antes, às mudanças ocorridas na vida particular de Laforgue e na evolução de seu pensamento, tal como podemos percebê-las na "Relatividade da Realidade". De fato, porém, tudo estava ligado. Não cremos que essa correspondência seja o reflexo exato da relação Freud-Laforgue, porque o essencial deve terse passado em suas conversas, das quais nunca saberemos coisa alguma, afora as lembranças relatadas por Laforgue muito tempo depois da morte de Freud. "... As cartas são apenas para dar notícias, e não para discutir as coisas essenciais", escrevera Freud em 5 de fevereiro de 1928.

AS DISCUSSÕES TEÓRICAS

Elas são numerosas nessa correspondência, onde Laforgue se mostrou obstinado, mas sempre pronto a reconhecer sua ignorância e desejoso de não continuar em desacordo, pelo menos no começo. Freud, vez após outra, respondia com paciência incansável a todas as argumentações e críticas.

Os principais temas de discussão foram: o trauma do nascimento e do desmame, o narcisismo, a psicopatologia, a técnica psicanalítica e, é claro, a escotomização. E a propósito disso, em 18 de fevereiro de 1926, Freud deu a Laforgue a chave de seus desvios teóricos: "Li seu trabalho, escrito em alemão, sobre a escotomiza-

nou, em 15 de janeiro de 1924, como "nossa legítima representante". Depois disso, ela não voltaria a ficar em questão.

Apesar de seu entusiasmo pela psicanálise, Laforgue fundou o grupo da "Evolução Psiquiátrica" antes da "Sociedade Psicanalítica de Paris", a fim de — como escreveria em seu diário em 1954 — "servir de meio de cultura para os futuros membros da Sociedade Psicanalítica de Paris".

No curso daquele mesmo ano de 1925, Laforgue anunciou o estabelecimento próximo de Loewenstein em Paris. graças à intervenção de Marie Bonaparte.

Foi somente em 30 de janeiro de 1926 que ele contemplou, com seus amigos, "lançar as bases do grupo psicanalítico parisiense que se irá formar" e que, naquele momento, compunha-se "de Pichon, que o senhor já conhece, Borel, Codet, Parcheminey, atualmente em análise com Loewenstein, a Sra. Sokolnicka, Hesnard e minha mulher, igualmente em análise". É surpreendente que o nome de Allendy tenha sido omitido por Laforgue. No fim de 1926, em 25 de dezembro, ele anunciou a Freud que "a revista será publicada segundo nossos planos, sob o título de 'Revista Francesa de Psicanálise', com a indicação 'Órgão da Sociedade Psicanalítica de Paris', Seção da Sociedade Internacional de Psicanálise — publicada sob os auspícios do Professor S. Freud". Foi essa a conclusão das negociações no correr das quais Laforgue se empenhara em agradar Freud, colocando seu nome na capa da Revista, e em evitar ofensas à susceptibilidade de Claude, que dava amplo espaço à psicanálise nas atividades da Clínica de Sainte-Anne.

Mal se escoaram três anos e já as dissensões começaram a nascer no seio da Sociedade: "Uma minoria muito ativa de nosso grupo se pronunciou contra a Internacional e contra a análise leiga. Para acalmá-los, pensou-se em me sacrificar como presidente do grupo, o que não seria um grande sacrifício e de modo algum diminuiria minha influência no grupo, talvez até o contrário. Essa concessão, proposta por Loewenstein, não pareceu acalmar nossos adversários; agora, eles querem controlar a revista e substituir o diretor desta pelo controle do grupo francês, o que lhes permitiria semear a discórdia e talvez, um dia, encontrar uma minoria contra nós" (26 de outubro de 1929).

Freud simplesmente respondeu: "Os acontecimentos que vêm ocorrendo no grupo parisiense me entristecem" (5 de novembro de

1929). Numa carta anterior, de 5 de fevereiro de 1928, já não havia ele expressado sua tristeza? — "... Aturde-me, às vezes, que os próprios analistas não sejam fundamentalmente modificados por sua relação com a análise."

Essa vista d'olhos da correspondência Freud-Laforgue há de permitir às jovens gerações de analistas, esperamos, descobrir os mitos e fantasias que se escondem por trás da realidade histórica do movimento psicanalítico, seja essa história antiga ou contemporânea.

NOTAS

* Texto publicado originalmente nos *Annales Médico-Psychologiques*, vol. 126, t. I, nº 2, fevereiro 1968, Masson, Paris.

1. Fazemos questão de agradecer à Sra. Laforgue por sua gentileza de nos confiar a fotocópia dessa correspondência, cujos manuscritos estão em seu poder e cuja tradução ela providenciou com o Dr. Mittelmann, e por ter-nos concedido sua autorização para publicá-la nos *Annales Médico-Psychologiques*.
2. Tratava-se das obras completas de Anatole France.
3. Grifo nosso.
4. Esse era um paciente de Laforgue que fora consultar Freud.
5. Em 1935.

2.
Memorial*

> "Aturde-me, às vezes, que os próprios analistas não sejam radicalmente modificados por sua relação com a análise."
>
> Freud a Laforgue, 5 de fevereiro de 1928.

Quando Freud, na *História do Movimento Psicanalítico* (1914), fez o triste balanço da literatura psicanalítica de língua francesa,[1] ele ignorava que dois futuros laureados com o Prêmio Nobel, Bergson e Romain Rolland, tinham sido seus primeiros leitores. Se tivesse sabido, talvez houvesse demonstrado menos amargura ante o país que se obstinava em desconhecê-lo. Não tinha ele citado Bergson longamente no *Chiste* (1905), e não iria Romain Rolland, tão admirado por ele, tornar-se seu amigo?

Após o armistício, a França foi inundada por uma onda de chauvinismo que retardou ainda mais a penetração da psicanálise. Entretanto, o ano de 1921 foi marcado por dois acontecimentos alvissareiros: em Genebra, surgiu a primeira tradução francesa[2] que Freud tanto havia esperado; em Paris, Eugénie Sokolnicka, depois de um longo périplo, estabeleceu-se como psicanalista, com o assentimento de Freud. Num dia do inverno de 1922-1923, Paul Bourget a apresentou a Georges Heuyer, que logo lhe propôs trabalhar no Sainte-Anne.[3] Mas ela fracassou junto ao meio médico. Não totalmente, contudo, posto que se tornou analista de Laforgue e Pichon, futuro médico da rede hospitalar de Paris e genro de Pierre Janet.

Nessa conjuntura, René Laforgue era o homem da situação: era médico e, como alsaciano, perfeitamente bilíngüe. De fato, nascera em 5 de novembro de 1894 em Than (Alto Reno), ao pé dos Vosgos. Em 1913, descobrira a psicanálise em *Die Traumdeutung*. Alistado a contragosto no exército alemão, foi enviado para a frente russa, onde por pouco não morreu de tifo. Ao término de seus estudos de medicina, feitos em Berlim, Paris e Estrasburgo, defendeu em 1922 uma tese sobre *A Afetividade dos Esquizofrênicos do Ponto de Vista Psicanalítico*. Nela, citou Freud, Bleuler e Jung. Depois de ocupar um posto de psiquiatra no manicômio de Hoerdt (Baixo Reno), voltou em 1923 a Paris, onde Claude lhe confiou, na Clínica de Sainte-Anne, um posto de assistente e a responsabilidade por um serviço de atendimento psicanalítico. Em 25 de outubro de 1923, Laforgue remeteu uma primeira carta a Freud. Tinha vinte e nove anos. Freud estava com sessenta e sete anos e havia sofrido, seis meses antes, sua primeira intervenção. Os dois se corresponderam até 1937 e trocaram uma centena de cartas. Essa correspondência tem, para o leitor francês, um interesse particular, uma vez que lhe permite assistir ao nascimento do movimento psicanalítico em nosso país. Mas tem também um alcance mais genérico, pois se constituiu numa oportunidade para discussões teóricas dentre as quais algumas continuam atuais. Nessas cartas, por fim, os dois protagonistas, freqüentemente em confronto, revelam com tanta franqueza suas reações mais íntimas que, vez por outra, o leitor corre o risco de experimentar um certo incômodo; é que nenhuma passagem foi omitida, ao contrário do que se deu com a maioria das trocas de correspondência de Freud até hoje publicadas.

O NASCIMENTO DO MOVIMENTO PSICANALÍTICO FRANCÊS

Eugénie Sokolnicka, condenada a freqüentar apenas os meios literários, em particular o grupo da *Nouvelle Revue Française*, e que, além disso, não conseguira em 1920 fundar um grupo psicanalítico em seu próprio país, a Polônia, não tinha nenhuma probabilidade de conquistar para a "causa" o meio médico parisiense, onde a xenofobia e o anti-semitismo continuavam vivos. E no entanto, não apenas Freud aprovara sua ida para Paris como também, acima disso, considerava-a sua "legítima representante" e desejava poder deslocar-se até Paris para reforçar a posição dela. Sendo assim, somente Laforgue podia ser, ao mesmo tempo, interlocutor de Freud e chefe do grupo de onde nasceria, em 1926, a Sociedade Psicanalítica de Paris.

Sua confiança, seu entusiasmo e seu dinamismo lhe permitiriam superar muitos obstáculos. Já em 1923, ele só falava na tradução e publicação de livros e artigos para colocar a psicanálise ao alcance do público francês. Freud, porém, colocou-o imediatamente em guarda; ele desconfiava dos franceses, cujo chauvinismo cultural e cujo culto da razão implicavam o risco de trair o espírito da psicanálise: "Nada se consegue através das concessões à opinião pública ou aos preconceitos reinantes. Esse procedimento, além disso, é inteiramente contrário ao espírito da psicanálise, cuja técnica jamais é a de querer camuflar ou atenuar resistências. A experiência também ensinou que as pessoas que tomam o caminho dos compromissos, das atenuações, em suma, do oportunismo diplomático, acabam por ver-se, elas mesmas, afastadas de sua rota, e a partir daí não podem participar do desenvolvimento ulterior da psicanálise." Era uma advertência severa. Mas o ancião continuava cético quanto a sua eficácia: "Desejo que minha advertência tenha sucesso junto ao senhor, mas, infelizmente, não tenho certeza disso." Laforgue, por sua vez, afirmou-se contrário às concessões. Os homens das concessões e atenuações eram, por exemplo, Hesnard e Pichon. Freud, aliás, reconheceria isso pouco depois: "... O senhor não fez nenhuma concessão e não temeu despertar a contradição."

O que Freud também combateu foi todo o vocabulário dos franceses, provavelmente devido a Pichon, co-autor de uma gramática célebre. Dentre todos os neologismos psicanalíticos mal recebidos, o único a encontrar acolhida aos olhos de Freud foi a palavra amância [*aimance*], que os franceses propuseram para traduzir *libido*. Mas ele também se irritava com as perpétuas referências ao *espírito latino*: "E esses rapapés supérluos diante do *espírito latino*!", escreveu Freud a propósito de Hesnard. Encontramos um vestígio disso no capítulo VI da *Selbsdarstellung* [*Um Estudo Autobiográfico*] (1925), onde ele ironizou a oposição entre o *espírito teutônico* e o *espírito latino,* que não conseguia suportar o modo de pensar da psicanálise.

Desde o início, portanto, Freud teve algumas razões para ficar desconfiado, embora fosse sensível à "perfeição" com que Laforgue manejava a língua alemã. Por isso é que logo enviou Eitingon a Paris, a fim de tomar contato com o movimento francês nascente. Essa visita deve ter ocorrido nos últimos dias de 1924. Na mesma época, ele encarregou Rank de cuidar do problema das publicações, embora pedisse para ser consultado quanto à escolha das obras a serem traduzidas. Por seu lado, sem dúvida por instigação de Eitingon, Laforgue entrou em contato com Jones. Assim, o movimento francês era controlado por diversos lados.

Laforgue, portanto, não tinha uma tarefa simples. Competia-lhe, ao mesmo tempo, obter a aprovação da Associação Internacional para o movimento que ele dirigia e vencer as resistências do meio médico parisiense. Por isso é que se apoiou o máximo possível em Claude, que lhe abriu as portas da faculdade, onde a psicanálise passou a ser ensinada no grande anfiteatro, coisa que nunca mais se voltaria a ver. Apoiou-se também na autoridade de Langevin, na ocasião em que teve que lutar contra um temível adversário, Georges Dumas.

Em fevereiro de 1925, Laforgue iniciou suas primeiras análises didáticas e, no outono, fez uma *tournée* de conferências pela Romênia. No mesmo ano, fez a Freud o encaminhamento de Marie Bonaparte, em cuja casa tinha estado com Rank certa noite. A partir daí, portanto, a Princesa é que asseguraria a ligação com Freud e o grupo parisiense. Por outro lado, Rank não tardaria a entrar em dissidência, e Jones é que passou a fazer visitas a Paris, enquanto Laforgue fazia viagens freqüentes à Áustria, visitando Freud por ocasião das férias.

Antes mesmo que se fundasse a Sociedade de Paris, Laforgue submeteu sua candidatura à Sociedade Psicanalítica de Viena e pediu para substituir a conferência tradicional pela apresentação de seus trabalhos, o que lhe foi concedido. E, no fim do ano de 1925, foi eleito por unanimidade.

Nessa mesma época, o grupo parisiense fez um excelente recrutamento na pessoa de Loewenstein, que deixou Berlim para se instalar em Paris, graças à intercessão de Marie Bonaparte. O grupo compreendia então dez membros, dentre eles a Sra. Sokolnicka e Hesnard, que jamais se decidiu a fazer uma análise didática. Esses dez eram: Allendy, Borel, Codet, Hesnard, a Sra. Laforgue, Laforgue, Loewenstein, Parcheminey, Pichon e a Sra. Sokolnicka.

Em 1 de agosto de 1926, realizou-se em Genebra a I Conferência dos Psicanalistas de Língua Francesa, na véspera da abertura do Congresso dos Médicos Alienistas. A proximidade dos dois congressos teve por objetivo ampliar os contatos entre psicanalistas e psiquiatras. Nesse mesmo ano, Rank deixou Viena para se instalar nos Estados Unidos, e Freud se deu por satisfeito com o fato de que Laforgue o condenasse "como era devido". Sendo Eitingon o presidente da Associação Internacional, Laforgue lhe escreveu para solicitar a vinculação do grupo parisiense àquela associação.

A atividade dos analistas franceses era cada vez maior. Tratou-se de fundar um Instituto Freud e, principalmente, uma revista, que seria o pretexto para as primeiras divergências no seio do grupo. Mas voltaremos a isso com maiores detalhes. Antes mesmo da fundação da Sociedade de Paris, dois clãs se haviam formado: um ortodoxo, e o outro desejando, ao que parece, uma psicanálise adaptada ao "espírito latino". Também deve ter havido discussões a propósito da análise didática, como faz crer a seguinte frase de Laforgue a respeito da *Questão da Análise Leiga* (1926):[4] "Tenho grandes expectativas quanto à tradução dela para o francês, devido à clareza de suas elaborações relativas ao sentido e à finalidade da análise; há que não esquecer de enfatizar a necessidade de uma boa formação psicanalítica! — porque também aqui começam a se perder bastante em divagações." Apesar de tudo, Laforgue continuou otimista. E, no dia 4 de novembro de 1926, foi fundada a Sociedade Psicanalítica de Paris. Compreendia nove membros, dentre os quais Marie Bonaparte, mas Codet e a Sra. Laforgue não faziam parte dela. Laforgue era o presidente, a Sra. Sokolnicka, vice-presidente, e Loewenstein, secretário-tesoureiro. O primeiro número da revista saiu oito meses depois, seguindo-se a ásperas discussões. Pichon era o secretário geral.

As conferências dos psicanalistas de língua francesa realizaram-se em Blois, em 1927, e em Paris, em 1928. A psicanálise foi progressivamente ganhando terreno na França, enquanto, simultaneamente, as tensões se agravavam no seio da Sociedade de Paris, o que Laforgue explicou pelo caráter prematuro de sua fundação. Eis como resumiu a situação em sua carta de 26 de outubro de 1929: "Uma minoria muito ativa de nosso grupo é contra a Associação Internacional dos Psicanalistas e contra a análise leiga." É difícil saber quem constituía essa minoria, porque a Sociedade abarcava, em junho de 1929, 15 membros efetivos e 12 membros associados. Pessoalmente, estaríamos inclinados a pensar que Borel, Codet e Pichon se encontrariam entre os minoritários. Tratava-se, na verdade, de uma luta pelo poder. A minoria não mais queria que a revista fosse controlada por uma comissão diretiva (Marie Bonaparte, Hesnard, Laforgue, Odier e Saussure), e sim pelo conjunto da sociedade, já que o subtítulo da publicação era *Órgão Oficial da Sociedade Psicanalítica de Paris*. Para responder a essa argumentação, Laforgue propôs a Freud que ele assumisse a direção da revista, que passaria então a se intitular *Revista Internacional de Psicanálise*. Freud se contentou em responder três semanas depois: "O que está acontecendo no grupo parisiense também me contraria. Dei razão à Princesa (aguarde seu retorno para retomar o assunto em pauta), e por isso é que não lhe escrevi nada sobre o assunto." Resposta de Laforgue: "Estou otimista, apesar de tudo." Dali por diante, não voltaria a falar com Freud sobre a vida da Sociedade de Paris.

A questão das publicações e das traduções também ocupou um grande espaço nos primórdios da correspondência. A primeira editora a se interessar pela psicanálise foi a Payot. Foi com ela, inclusive, que se pensou em editar uma revista, embora isso permanecesse como projeto, e foi para ela que Laforgue solicitou a Freud os direitos de tradução. Poderíamos crer que Laforgue, bilíngüe perfeito, se apressasse em traduzir Freud. Não houve nada disso. Ele redigiu numerosos artigos em francês ou alemão, que enviava prontamente a Freud para colher sua opinião. Na verdade, excetuando Meyerson, que traduziu a *Traumdeutung* [*A Interpretação dos Sonhos*], os principais tradutores de Freud antes da guerra foram Jankélévitch e Marie Bonaparte.

O nascimento da *Revue Française de Psychanalyse* foi bastante difícil. Já em sua primeira carta, Laforgue anunciou uma revista intitulada *Coletânea de Estudos Franceses de Psicanálise*, a ser publicada na editora Payot. Ela nunca viria à luz. A *Revue Française de Psychanalyse* seria publicada quatro anos depois, pela editora Doïn e Cie. O título inicialmente considerado foi *Revista Internacional de Psicanálise, publicada sob os auspícios do Sr. Professor Freud*. Mas, para não ofender Claude, que muito fazia pela psicanálise, alguns quiseram associar seu nome ao de Freud. Este, informado do projeto, respondeu pela volta do correio: "Teria sido para mim uma verdadeira alegria se os senhores tivessem colocado meu nome na capa, e, espontaneamente, não teria me ocorrido a idéia de que Claude pudesse levar isso a mal, já que ele certamente não pode ter ilusões sobre sua reduzida participação na psicanálise." Para Freud, o essencial era não permanecer sob a influência de Claude, e principalmente deixar registrada a pertença à Associação Internacional, e assim, "proteger-se da suspeita de oportunismo e ecletismo em matéria de análise". Freud propôs como modelo a revista inglesa. É compreensível que, depois dessas discussões, ele se tenha polidamente recusado a fornecer um artigo para o primeiro número, pretextando não sentir necessidade de escrever. Aliás, ele já se recusara a preparar um artigo para o centenário de Charcot. Finalmente, o primeiro número da *Revue Française de Psychanalyse* saiu do prelo em 25 de junho de 1927, trazendo a seguinte menção na página de capa: "Esta revista se coloca sob os altos auspícios do Professor S. Freud", sem que se fizesse qualquer alusão a Claude. Inversamente, a pertença do grupo parisiense à Associação Internacional não foi citada. O conselho de Freud não fora seguido. Podemos supor que tenha havido um acordo entre a minoria chauvinista e a maioria dirigida por Laforgue: a minoria cedeu quanto à questão do patrocínio exclusivo de Freud, mas obteve ganho de causa na questão da pertença à Associação Internacional. Freud teria preferido, por razões de política psicanalítica, que o acordo se fizesse no sentido inverso. A partir do segundo número da revista, porém, Laforgue conseguiu que surgisse a menção desejada: *Seção Francesa da Associação Psicanalítica Internacional.*

DISCUSSÕES TEÓRICAS

A discussão teórica mais interessante que opôs Freud e Laforgue referiu-se à noção de escotomização. Mas convém também lembrar as discussões sobre a técnica, sobre *O Futuro de uma Ilusão,* sobre o trauma do nascimento e mais alguns outros assuntos, aos quais simplesmente faremos alusão.

Essa correspondência revela dois fatos à luz dos quais essas discussões devem ser consideradas. O primeiro fato é o desconhecimento e a rejeição, por parte de Laforgue, de uma grande parte da metapsicologia freudiana. Essa rejeição, por outro lado, foi parcialmente motivada por uma incompreensão confessa. Por exemplo, Laforgue declarou muito francamente "nunca [ter] observado componentes puramente orais", não enxergar "com clareza o processo psicológico da melancolia", e não compreender a noção de representante-representação, que aliás permaneceria obscura para muitos outros depois dele. Freud não deixou, nessa oportunidade, de sublinhar tal resistência diante da metapsicologia: "O senhor não aceita a representação metapsicológica, que se esforça por caracterizar o acontecimento psíquico por seus aspectos dinâmico, tópico e econômico, por assim dizer, segundo três coordenadas."

O segundo fato era a tendência do grupo parisiense a modificar o vocabulário e até os conceitos propostos por Freud. Laforgue, Hesnard, Pichon e outros, provavelmente, queriam criar uma psicanálise de estilo francês, que possuísse sua terminologia, ou até suas ferramentas conceituais, certamente derivadas do freudismo, mas adaptadas à língua e à mentalidade francesas. Pichon, além disso, era um rematado mestre na fabricação de neologismos, como o testemunha sua prosa pessoal. Freud rejeitaria firmemente, embora sem brutalidade, palavras como *esquizonóia, resultante vital, oblatividade* e *possessividade,* cuja serventia não enxergava. Seu emprego, aliás, seria efêmero.

As teorias de Rank sobre o trauma do nascimento parecem ter colhido prontamente a adesão de Laforgue, o que acarretou sem demora uma reação de Freud: "Nesse ponto, a opinião geral de modo algum chegou a se pronunciar sobre essa novidade, e se inclina fortemente para o ceticismo." Mas, como sempre, as observações de Freud não bastaram para acalmar o contestador, que não apenas não abandonou a idéia do trauma do nascimento, como lhe acrescentou ainda a do trauma do desmame.

Entretanto, também acontecia Freud aplaudir uma novidade, como aconteceu com respeito ao artigo intitulado "Da angústia ao orgasmo", de 1930:[5] "Muito obrigado por seu interessante estudo, que li e li com avidez. Ali está um grupo inteiro de fenômenos que apresentam a angústia sob um novo aspecto e levantam novos problemas [...]. A frase — ponto culminante de seu trabalho — segundo a qual, no neurótico, a crise de angústia substitui o orgasmo tem em si algo de francamente sedutor." É que Freud reencontrou nisso uma linha de pensamento que lhe era cara. Todavia, contestou a expressão "erotização da angústia". É lamentável que Laforgue não tenha levado mais adiante uma idéia original e que era propriedade sua, a despeito dos protestos de Jones, que reivindicou sua paternidade.

Numa carta de 1925, Laforgue declarou a Freud interessar-se pelas relações entre a ciência e a religião, e formulou a pergunta: "Em que medida pode a ciência assumir o papel da religião?" A essa pergunta Freud não respondeu, ou melhor, respondê-la-ia dois anos depois, através do *Futuro de uma Ilusão.* Quanto a Laforgue, ele acolheu essa obra com entusiasmo, mas logo levantou a questão de saber se um fator afetivo não era indispensável ao homem para que ele acedesse à cultura e à ciência, o que teria como conseqüência "colocar a psicanálise no lugar da religião" e — por que não? — colocar Freud "no lugar do papa ou de Deus". Freud o censurou por superestimar "esse livrinho realmente modesto", e reconheceu que o acesso à cultura não podia "produzir-se de maneira puramente racional" e que era necessário "recorrer às ligações afetivas correspondentes". Freud não mudaria de atitude no tocante à religião, mas Laforgue lhe conferiria um lugar cada vez maior em seu pensamento. Em março de 1954, ele anotou em seu diário a lembrança de uma conversa que remontava a 1928 ou 1929, durante a qual Freud lhe teria dito, a propósito do *Futuro de uma Ilusão*: "Esse é meu pior livro; não é um livro de Freud." A lembrança é antiga, e nenhum outro testemunho corrobora tal afirmação.

As discussões sobre a técnica foram, da parte de Freud, uma oportunidade para novas advertências, porque Laforgue, provavelmente sob a influência de Ferenczi, também nesse campo era fortemente tentado pelas inovações. Os dois relatórios apresentados por Loewenstein e ele na II Conferência dos Psicanalistas de Língua Francesa (Paris, 1928) tiveram por tema a técnica.[6] A idéia que Laforgue expôs a Freud foi que a técnica clássica só era aplicável aos casos típicos, e que, no tocante às "exceções", era preciso adaptá-la a cada caso. Ora, como que por acaso, na França, "as 'exceções' muito freqüentemente representam a 'regra', ao passo que os chamados casos clássicos deveriam, antes, ser computados entre as exceções". Assim, Laforgue descreveu em seu relatório alguns casos que não podiam ser considerados clássicos. Seu objetivo era instruir os iniciantes sobre as dificuldades da análise. Mas sua formulação foi ainda mais longe, já que ele afirmou ter encontrado dificuldades em análises em que acreditara ter que se "agarrar com um excesso de escrúpulos a certos princípios da técnica", ao passo que tudo corria melhor quando ele se valia de uma "atitude humana" para com o paciente e de uma "apreensão intuitiva dos problemas", o que lhe parecia tão importante quanto a técnica. Para Laforgue, tratava-se, de fato, de alguma coisa que vivenciamos sem poder exprimir. Sempre dentro dessa linha, esclareceu: "Podemos facilitar grandemente as coisas para o iniciante, se o fizermos compreender a necessidade de poder ser um 'homem livre', pelo menos no que concerne" à concepção do caso e à técnica. Em suma, tratava-se de alertar os analistas em formação para os perigos da técnica clássica.

Freud respondeu sem demora, criticando, por solicitação expressa de Laforgue, as posições deste último. Mostrou-se de acordo com as descrições clínicas dos "tipos de caráter neuróticos ou tipos neuróticos de caráter" contidos no relatório.[7] Para ele, esses tipos resultavam de uma "distorção" excessiva do eu durante sua "adaptação secundária aos produtos da neurose"; logo, não era desejável basear-se neles, nem no tocante à formação analítica nem para fins de classificação dos casos. Além disso, "uma medida exata das coisas" o tinha "levado a adiar provisoriamente o estudo desses tipos, sem desconhecer" seu interesse. Freud também concordou com o fato de que "reconhecer tal ou qual tipo" provocava, no correr da análise, "uma mudança na técnica do analista", mas quis "modificar um pouco" a posição de Laforgue diante da técnica clássica. Daí esta advertência: "Se o senhor quiser dar ao iniciante o sentimento de poder ser um homem livre, de não ser constrangido a se ater servilmente à regra e de estar autorizado a se entregar a sua intuição e a dar livre curso a sua humanidade, temo que o senhor chegue a maus resultados." Freud explicou as "tendências oposicionistas" de Laforgue pelo fato de que este considerava a técnica clássica, erroneamente, como algo fechado e definitivo: "Não se trata, pois, de instaurar a liberdade na técnica, mas de continuar a limitá-la onde ela continua a subsistir hoje em dia, de substituir cada vez mais a intuição, indispensável e incomunicável, por instruções bem fundamentadas. Mas nem tudo pode ser feito de uma só vez, e sua linha oposicionista é profusa em perigos imediatos ameaçadores." Essas colocações moderadas, mas firmes, não convenceriam Laforgue; pelo contrário, provocariam nele um certo trabalho auto-analítico, como veremos adiante.

Nessa troca epistolar tão dissimétrica, o ponto forte das discussões teóricas foi, incontestavelmente, a polêmica a propósito da noção de *escotomização*. Como simples prova disso, fornecemos o fato de que Freud discutiu a questão em dois pontos de sua obra: em *Inibição, Sintoma e Angústia* e em seu artigo sobre o fetichismo. A palavra está ausente dos dicionários, mas às vezes é empregada nos meios psiquiátricos. No dia 1º de maio de 1925, Laforgue dirigiu-se a Freud: "Odier me escreveu dizendo que, para 'escotomização', o senhor já havia proposto 'maculação' e que, no entanto, essa idéia não fora conservada; eu não sabia disso e voltarei futuramente a suas idéias concernentes ao ponto cego psíquico. A palavra escotomização é freqüentemente empregada na sala de plantão dos médicos, todas as vezes que alguém quer ignorar o outro." Tendo Laforgue remetido a Viena diversos artigos em que essa noção aparecia, Freud se julgou obrigado a dar sua opinião: "Um ponto muito importante me parece ser que, no *recalque, Verdrängung,* o senhor distingue uma escotomização. Creio que isso não tem nenhuma razão de ser. Enunciamos que o recalque consiste em que uma pulsão é reprimida e em que o fato de ser consciente é retirado de seu representante-representação. Por que cindir em dois esse processo unitário? Além disso, nunca empreguei palavras como escotomizar ou maculação. Quanto às outras diferenças que o senhor estabelece entre recalcar e escotomizar, não as compreendo." Laforgue, que ficou com a impressão de não ter sido compreendido, tentou elucidar seu pensamento: "A escotomização é um ponto que se torna particularmente importante quando se quer dissecar a esquizofrenia. Acreditamos poder ligar o desconhecimento (*Verkennung*) da realidade à escotomização, que corresponde ao desejo infantil, *e portanto não recalcado,* de não reconhecer o mundo externo, mas de colocar no lugar dele o próprio eu. Nessas condições, o processo de recalcamento não teria superado as etapas primitivas normalmente, mas, ao contrário, tê-las-ia deixado subsistir."

Essa noção não tranqüilizou Freud, pois ele prometeu voltar a refletir sobre o assunto. Contudo, passadas algumas semanas, confessou não se "aperceber claramente do que é o conceito de escotomização", acrescentando prontamente: "mas que isso não o aborreça". Depois de ler o artigo de Laforgue sobre o recalque e a escotomização,[8] Freud lhe explicou, em fevereiro de 1926, porque aquele conceito e sua relação com o recalque lhe causavam tamanhas dificuldades. É que Laforgue não adotava a metapsicologia e, em particular, os três aspectos, dinâmico, tópico e econômico, e as três camadas, consciente, pré-consciente e inconsciente. Assim, Freud encarregou a Princesa de instruí-lo sobre essas questões.

Para Freud, a discussão pessoal com Laforgue estava encerrada, e ele levou o debate para a praça pública. Em *Inibição, Sintoma e Angústia* (1926), escreveu: "[o contra-investimento histérico] assume a forma de uma vigilância particular que, através de limitações do eu, evita as situações em que a percepção deveria produzir-se e consegue retirar a atenção dessa percepção, caso ela surja apesar de tudo. Alguns autores franceses (Laforgue) escolheram recentemente, para caracterizar esse processo da histeria, o termo escotomização."[9] Essa declaração foi bastante surpreendente, primeiro por se assemelhar a um reconhecimento implícito do termo, e segundo porque Laforgue jamais falara da escotomização a propósito da histeria.

No ano seguinte, no artigo intitulado "O Fetichismo" (1927), Freud se posicionou mais claramente e rejeitou o termo. Depois de evocar a posição da criança pequena que ao mesmo tempo recusa e admite a castração feminina, escreveu: "Se não me engano, Laforgue diria, num caso semelhante, que a criança 'escotomiza' a percepção da falta do pênis na mulher." E acrescentou numa nota de rodapé: "Corrijo-me, afirmando que tenho todas as razões para supor que Laforgue justamente não diria isso. Ele mesmo explicou que 'escotomização' é um termo cuja origem se encontra na descrição da demência precoce, que não provém da transposição da concepção psicanalítica para as psicoses e não pode se aplicar aos processos do desenvolvimento e da formação das neuroses. Sua apresentação no texto se esforça por deixar clara essa incompatibilidade." E, mais adiante, no texto: "O termo 'escotomização' parece-me particularmente impróprio, pois desperta a idéia de que a percepção foi completamente eliminada, como nos casos em que uma impressão visual atinge o ponto cego da retina. Ao contrário, a situação que descrevemos mostra que a percepção persiste e que se empreende uma ação enérgica para manter sua renegação." [10]

Em 1928, Laforgue continuou a sustentar sua posição. E ela não se modificaria em seu livro de 1937, *Relativité de la Réalité,* onde ele assemelhou a renegação e a escotomização.

Hoje em dia, os psicanalistas já não falam em escotomização, mas ainda assim, em *Os Progressos da Psicanálise,* a escola kleiniana continuava, em 1952, a fazer referência a essa noção, especialmente Joan Rivière e Susan Isaacs.[11]

Por último, a assimilação da escotomização à renegação por Laforgue escondeu um grave mal-entendido. De fato, em seu *Vocabulário,* Laplanche e Pontalis mostraram claramente que a renegação não está ligada à percepção: "Se é a 'falta de pênis' da mulher que é renegada, é difícil falar em percepção ou em realidade, pois uma ausência não é percebida como tal; só se torna realidade na medida em que é relacionada com uma presença possível. Se é a própria castração que é rejeitada, a renegação se referiria, não a uma percepção (já que a castração nunca é percebida como tal), mas a uma teoria explicativa dos fatos (uma 'teoria sexual infantil')." *

Se para Freud, portanto, a renegação está estreitamente relacionada com a castração e, por conseguinte, é alheia à percepção, o

---

* Vale lembrar que, na tradução do *Vocabulário* para o português (Lisboa, Moraes Eds., 1ª ed., 1971), *déni* recebeu a tradução de "Recusa (— da Realidade)", que designa o verbete correspondente. (N.T.)

mesmo não parece acontecer com Laforgue no que concerne à escotomização. Esta se refere à realidade externa perceptível e presente, o que deve fazer com que seja distinguida da renegação. Em outras palavras, no caso da renegação, o sujeito reconhece o que não existe, e portanto, aquilo que não percebeu, enquanto, no caso da escotomização, desconhece o que existe e que percebeu. Aliás, foi nesse sentido que a escola kleiniana compreendeu a escotomização, considerando esse processo como corolário da percepção do mundo externo.

Se é assim, o termo escotomização é absolutamente impróprio e, nesse caso, a crítica de Freud é perfeitamente justificada. Convém, portanto, substituir esse termo por outro. De fato, ele só poderia aplicar-se a uma não-percepção, análoga à que observamos nos casos em que uma parte do campo perceptivo é invadida ou amputada por um escotoma, auditivo ou visual, por exemplo.

A crítica pertinente que fazem Laplanche e Pontalis do conceito de renegação da realidade leva a crer que, provavelmente, ele não pode explicar sozinho todas as falhas (faltas e anomalias) passíveis de afetar os processos de percepção e reconhecimento da realidade externa. De qualquer modo, é muito provável que a discussão sobre a escotomização não tenha sido inútil, pois levou Freud a uma elaboração mais aprofundada do conceito de renegação: a que encontramos no artigo sobre o fetichismo.

CORRESPONDÊNCIAS

Esse conjunto de cartas não é interessante apenas para a história do movimento psicanalítico francês e de suas primeiras posições teóricas, mas o é igualmente, como qualquer correspondência de Freud, para a história da análise, a história das relações do fundador com seus discípulos. Na verdade, como se observou com acerto, corresponder-se com Freud equivalia mais ou menos a fazer uma análise com ele, mesmo que este último não o desejasse. Por isso é que a mutilação parcial de uma correspondência, como a que houve com Arnold Zweig, por exemplo, priva a história da psicanálise de documentos preciosos. Observe-se, a esse respeito, que as correspondências de Freud nem sempre foram objeto de estudos sistemáticos.

Assim, tentaremos ler nas cartas de Freud e Laforgue aquilo que constitui sua originalidade e retraçar o movimento de um intercâmbio que se encerrou por um desligamento progressivo de Freud em relação a Laforgue. Quando esse intercâmbio começou, em outubro de 1923, a postura das duas partes parecia clara. Laforgue: "Agora que o movimento psicanalítico vai ganhando forma na França e que os primeiros sucessos foram obtidos, sinto necessidade de travar um contato mais estreito com o Mestre da psicanálise e com a Escola vienense." Freud: "Tantas vezes ouvi falar a seu respeito que me alegra particularmente, enfim, entrar em contato pessoal com o senhor, e constatar, nesta oportunidade, a perfeição com que o senhor maneja a língua alemã." Portanto, tratava-se simplesmente de uma perspectiva de colaboração calorosa a serviço da psicanálise. Tudo foi contemplado: publicações francesas, traduções, conferências. Todos os obstáculos pareciam superáveis. Entretanto, como vimos, Freud fez um alerta contra as concessões. Não havia nenhuma nota pessoal, a não ser por esta curiosa observação de Laforgue sobre sua própria análise: "[...] a Sra. Sokolnicka, que teve paciência suficiente para enfrentar um trabalho penoso [...], teve muito mérito em suportar, pois não teve sua tarefa facilitada, e mais de uma vez me chamou de um verdadeiro diabo." Dessa vez, o discípulo é que punha o Mestre respeitado em guarda contra ele mesmo. O Mestre decerto compreendia o que significava falar, e se contentou em responder que se alegrava com o encontro próximo e aguardava com impaciência a oportunidade de ler o livro que Laforgue mandara editar. O intercâmbio preliminar durou um mês (cinco cartas). No ano seguinte (1924), continuou pobre (apenas uma carta de Laforgue e três remessas de Freud), restringindo-se a problemas de publicação. Foi como que um período de latência ou incubação.

Em 1925 e 1926, a troca se intensificou, atingiu seu auge e assumiu um tom pessoal, ou mesmo analítico. Laforgue admirava e contestava, submetia-se e se revoltava. O conflito de ambivalência eclodiu abertamente. Freud se contentava em relembrar as posturas teóricas corretas, ao mesmo tempo em que dava mostras da mais extrema tolerância frente às incessantes inovações do ponta de lança dos parisienses. Apesar de tudo, Freud lhe tinha confiança, achava que a psicanálise não seria traída por ele e rendia homenagens a sua dedicação.

Mas um adleriano, chamado Wesberg, lançou uma semente de discórdia na mente de Laforgue, ao lhe anunciar que, com seus "comentários pessoais", ele se "faria expulsar da Igreja de Freud". Num mesmo movimento, Laforgue tomou consciência da inquietação nele provocada por esse comentário, protestou sua "grande admiração" e pediu ajuda e apoio. A resposta não se fez esperar: "Não deixe o adleriano aniquilar seu julgamento. Não há nenhum perigo de que o senhor seja rejeitado como herege para fora da comunidade dos ortodoxos." E Freud esclareceu que suas críticas não faziam senão responder ao "anseio explícito" de seu correspondente. Na carta seguinte, Laforgue escreveu: "Mas sei por experiência que não escapei a meu destino [. . .]" Um ano depois, por ocasião da partida de Rank, Freud lhe devolveria seu comentário como que em eco: "Parece-me que ele se irá separar totalmente de nós [. . .] Nada fiz para empurrá-lo para fora. A vontade inconsciente do Homem é seu destino." Assim, no momento em que o intercâmbio era mais intenso, mais caloroso e mais tolerante, já que Freud "conferia legitimidade psicanalítica" às posições de seu discípulo contestador, foi nesse momento que surgiu a fantasia de exclusão que, muito depois, seria posta em ato num contexto totalmente diferente. Provisoriamente, como que para lutar contra o desejo de se excluir, Laforgue procurou reforçar suas ligações com Freud. Pediu para ser aceito como membro da Associação Vienense e intercedeu junto a Freud para que ele aceitasse Marie Bonaparte em análise. Seus desejos foram atendidos, já que ele foi prontamente eleito por unanimidade, na mesma época em que "a Princesa [ia] fazendo uma belíssima análise [. . .]". O intercâmbio não se interromperia, a relação não estava extinta. Os sentimentos afetuosos de Laforgue explodiram: "Desejei ardentemente que o senhor me considerasse como fazendo parte de seus alunos mais próximos." Laforgue desejaria ter vivido aqueles "tempos heróicos da psicanálise" e sofria com o "abismo" que separava sua geração da de Freud, mesmo "a despeito dos laços mais ternos". A tempestade havia passado e ele podia prosseguir numa relação realmente analítica, enquanto Freud podia esperar que o movimento se implantasse solidamente na França. Se Laforgue entrasse em dissidência, a Princesa poderia concluir a obra iniciada. Mas isso não estava em questão. Freud, ao mesmo tempo, criticou-o com firmeza, agradeceu-lhe cordialmente por sua "colaboração extremamente preciosa" e o cumprimentou por suas qualidades de dirigente do grupo parisiense. Não cremos que se tratasse, nesse ponto, de lisonja. Isso não fazia parte do estilo de Freud. Mas sabemos que, para ele, apenas uma coisa importava: o futuro da psicanálise. Assim, ele tinha que encorajar todos os que trabalhassem para garanti-lo.

Se sua ambivalência persistiu, Laforgue conscientizou-se dela mais claramente por ocasião do septuagésimo aniversário de Freud, ao qual não pôde assistir: "Assim, ocorre-me muitas vezes ser forçado a assistir de longe aos triunfos do pai, e espero vivamente, no entanto, que isso não seja a reprodução de antigos esquemas." A partir daí, Freud soube o que fazer, e traiu seus sentimentos ao creditar à Princesa um gesto de Laforgue — a remessa das obras de Anatole France, em nome do grupo parisiense. Nem por isso Freud abandonou o aluno, que continuava a combater ardorosamente pela vitória do movimento psicanalítico francês, não lhe poupou incentivos e felicitações por seus sucessos rápidos "nesse meio tão difícil", reconheceu que ele havia "realizado muitas coisas" e lhe anunciou que, em sua viagem seguinte a Viena, ele seria recebido "com todas as honras". Entretanto, Freud continuou esperando vencer aquelas resistências que se expressavam através de tantas inovações teóricas arriscadas, mas fez questão absoluta de que as discussões, particularmente sobre a escotomização, tivessem "lugar no próprio interior" do campo da psicanálise freudiana, e de que Laforgue não se sentisse nem um pouco aborrecido com suas críticas. Por outro lado, a relação não corria o risco de se romper, já que Laforgue passou a visitar Freud pelo menos uma vez por ano. O ano seguinte (1927) foi calmo e sereno.

No correr dos meses — estamos agora em 1928 —, Laforgue prosseguiu na polêmica teórica contra Freud, que o advertiu sobre os perigos de suas "tendências oposicionistas". Assim continuou a análise. A atitude firme de Freud deu resultados. Quando Laforgue lhe escreveu dizendo que suas palavras encontravam nele um eco, e que era "reconfortante sentir que o caminho da livre expressão diante do 'Pai' reverenciado não está barrado", Freud lhe respondeu que acolhia "com muita simpatia" aquela "análise rigorosa" da atitude de Laforgue, mas esperava que aquela "autocrítica, longe de provir de uma depressão", lhe "[trouxesse] esclarecimento e reconforto".

É neste ponto que convém esclarecer o papel dos terceiros entre Freud e Laforgue. Vimos o efeito das palavras do adleriano e adivinhamos agora o papel da Princesa. Todavia, foi preciso esperar pelo fim de 1928 para que a conscientização suscitada pelas observações anteriores de Freud se efetuasse. Ela foi o resultado de cinco anos de análise epistolar em que se confrontaram a coragem e o espírito de rebeldia de um, a paciência e a firmeza do outro. O que não havia eclodido a propósito da Princesa surgiu bruscamente a propósito de um paciente de Laforgue, o Sr. P..., que vinha há dois anos dividindo seu tempo entre Paris e Viena, opondo o Mestre ao aluno e vice-versa. Façamos uma longa citação de Laforgue: "Obrigado, cordialmente obrigado por sua carta tão amistosa. O que compreendi sobre meu comportamento perante o senhor de modo algum me levou à depressão. Ao contrário, fiquei contente e quase feliz por ter conseguido assenhorear-me dessas dificuldades. Lamento apenas que o senhor tenha sido importunado com a história de P. . . Mais uma vez, tenho a impressão de haver deslocado os afetos suscitados em mim pela 'perda' da 'Princesa' em seu favor, e de os haver transposto para uma situação análoga." Freud respondeu com um silêncio (um cartão-postal acusando recebimento de um trabalho), deixou que se passassem três semanas e declarou: "Retrospectivamente, estou muito satisfeito com o sucesso de minhas críticas.." Nenhuma alusão à situação triangular que Laforgue acabara de evocar.

Quando Freud criticava, Laforgue se rebelava, e quando, uma vez, em 1929, por ocasião do trabalho intitulado *Da Angústia ao Orgasmo,* Freud se entusiasmou, Laforgue ficou deprimido, tornou-se amargo, renunciou a qualquer originalidade e disse ter apenas um objetivo: "percorrer valentemente o caminho" traçado por Freud. Era muito justo que ele não atribuísse ao mestre o mérito por suas próprias idéias. Essa depressão anunciava um fim, e Freud provavelmente o antecipou quando, em 1930, agradeceu a Laforgue pelo envio de seu estudo sobre Baudelaire e se declarou "agradavelmente surpreso" com a dedicatória impressa no topo do trabalho. De fato, era a um desligamento progressivo de Freud que assistíamos. As missivas tornaram-se mais breves, mais impessoais, sem modificação aparente de um lado e do outro, com a mesma cordialidade recíproca e, por parte de Laforgue, com deferência e submissão, num contraste impressionante com a presunção impetuosa do começo. O desejo de conformidade manifestou-se na carta em que, em resposta a uma circular, ele tratou do salvamento da editora, lançou a idéia de um Comitê de Gerenciamento e chegou até a se comprometer a contribuir pessoalmente com uma polpuda soma anual. Em Wiesbaden, em setembro de 1932, o *Comitê* foi criado. Marie Bonaparte ocupou o lugar que Laforgue parecia esperar. No mês seguinte, Freud interrompeu abruptamente o intercâmbio a propósito do caso do Sr. P. Estava tudo acabado, sem que nada tivesse sido escrito e, talvez, nem sequer dito. Por trás da polidez e da cordialidade aparente das fórmulas, já não havia mais nada, nem mesmo quando Laforgue convidou alguns dos filhos de Freud a passar férias em sua propriedade da Cotê d'Azur. Para Freud, a história desse encontro epistolar estava encerrada. Ele não voltaria a escrever, após um breve cartão-postal datado de 1933. Laforgue continuou escrevendo até dezembro de 1937. Sua última carta fez alusão aos dois primeiros ensaios sobre Moisés, publicados na *Imago;* lembrou que, numa dissertação sobre *A Influência de Israel no Pensamento Moderno,* ele havia sustentado a mesma concepção, e anunciou sua visita de Ano Novo. No ano seguinte, a caminho do exílio, Freud fez uma curta parada em Paris, onde, algumas semanas depois, seria aberto o XV Congresso Internacional de Psicanálise. Os esforços de Laforgue não tinham sido em vão.

Passado um ano, Freud faleceu. Até sua própria morte, em 1962, Laforgue prosseguiria, na solidão, nessa relação que não podia ter tido outro fim, por não ter começado em outras circunstâncias.[12]

NOTAS

* Texto publicado originalmente na *Nouvelle Revue de Psychanalyse,* nº 15, primavera, 1977, pp. 235–249, Paris.

1. Pp. 105 e 106 da edição francesa, Paris, Payot, 1966.

2. S. Freud, *Fünf Vorlesungen über Psychoanalyse,* 1910, traduzido por Yves Le Lay sob o título de "Origine et Développement de la Psychanalyse". *Revue de Genève,* 1920, nº 6 (dezembro), pp. 865–875; 1921, nº 7 (janeiro), pp. 80–87, e 1921, nº 8 (fevereiro), pp. 195–220 [*Cinco Lições de Psicanálise,* Ed. *Standard* Brasileira (*E.S.B.*), vol. XI, não revisto].

3. Após a morte de Ernest Dupré, em 1921, e antes que Claude fosse nomeado titular da cadeira no Sainte-Anne, foi Georges Heuyer, fundador da primeira cadeira de neuropsiquiatria infantil na França, que respondeu interinamente pela cadeira de doenças mentais. Tão logo Claude tomou posse, apressou-se em afastar a Sra. Sokolnicka, porque ela não era médica.

4. Traduzido para o francês sob o título de *Psychanalyse et Médecine,* com *Ma Vie et la Psychanalyse,* Gallimard, 1928 [*A Questão da Análise Leiga, E.S.B.* vol. XX, não revisto]. A análise "leiga" — *Laienanalyse* — designava a análise praticada por não-médicos.

5. Esse título, evidentemente, faz pensar no de Pierre Janet: *De l'Angoisse à l'Extase, Études sur les Croyances et les Sentiments* [Da Angústia ao Êxtase, Estudos sobre as Crenças e os Sentimentos]. Os dois volumes dessa obra foram publicados, respectivamente, em 1926 e 1928.

6. Na *Revue Française de Psychanalyse* de 1928, encontramos no número 1 o relatório de Loewenstein, intitulado "La Technique Psychanalytique", e, no número 2, a tradução de um artigo de Ferenczi sobre "L'Élasticité de la Technique

Psychanalytique", artigo que precedeu o relatório de Laforgue sobre "La Pratique Psychanalytique".

7. Eram eles: a eterna criança; o poderoso-impotente; o perverso-impulsivo perigoso; o esquizofrênico; a falsa vítima; e o mártir da neurose.

8. R. Laforgue, "Verdrängung und Skotomisation", *Intern. Zeitsch. ärztlich. Psychoanal.*, 1926, *12*, pp. 54-65.

9. P. 87 da edição francesa de 1965, tradução de Michel Tort, P.U.F. [*Inibição, Sintoma e Angústia, E.S.B.*, vol. XX, não revisto].

10. In *La Vie Sexuelle*, Paris, P.U.F., 1969. As citações encontram-se na p. 134. O artigo foi traduzido por Denise Berger. ["O Fetichismo", *E.S.B.*, vol. XXI, não revisto.]

11. Ver pp. 38 e 102 da edição francesa de 1966 [*Os Progressos da Psicanálise*, Rio, Zahar, 1978].

12. Fazemos questão de agradecer cordialmente à Sra. Délia Laforgue, que nos forneceu a fotocópia integral dessa correspondência e sempre respondeu com amabilidade a nossos pedidos de informações.

3.

O Conceito de Renegação em Freud

Alucinação Negativa, Renegação da Realidade e Escotomização*

Essas três noções e expressões do vocabulário psiquiátrico e psicanalítico surgiram, historicamente, na ordem em que as enunciamos. Para compreender seu parentesco e sua significação psicopatológica, faremos inicialmente seu estudo histórico.

ESTUDO HISTÓRICO

A ALUCINAÇÃO NEGATIVA

Paradoxal em sua aparência, essa expressão foi criada por H. Bernheim (1884, pp. 26 e seguintes) para designar um fenômeno evidenciado por Liébault e numerosos autores. Ela dá conta de um certo tipo de efeito passível de ser provocado pela sugestão sob hipnose, a saber, a ausência de percepção de um objeto presente no campo perceptivo do sujeito depois da hipnose. De fato, se a sugestão sob hipnose pode levar o sujeito a "ver" o que não existe em seu campo visual (*alucinação positiva*), ela é capaz, inversamente, de impedi-lo de "ver" o que realmente ocupa seu campo perceptivo (*alucinação negativa*). Desse fenômeno, Bernheim (1891) forneceu um eloqüente exemplo pessoal, ao qual Freud faria alusão (1895, 1905a).

Na segunda edição de seu livro, Bernheim (1888, pp. 64-65) assinalou que a expressão *alucinação negativa* tinha sido criticada por Binet e Féré na *Revue Philosophique* de janeiro de 1885. Citouos: "Essa denominação é singularmente mal escolhida, pois não se trata em absoluto de alucinações. Só se pode compreender bem a natureza desse distúrbio sensitivo ao compará-lo com as paralisias sistemáticas do movimento [...]. Trata-se, no tocante ao olho, como em relação ao braço, de um fenômeno de inibição que produz uma paralisia sistemática."

Essa discussão seria retomada por Binet (1892) no capítulo VI de seu livro sobre *As Alterações da Personalidade*. Binet propôs substituir a expressão *alucinação negativa* por *anestesia sistemática*, ou até por *percepção inconsciente*. Para ele, tratava-se apenas de uma "forma, uma variedade da anestesia histérica espontânea; [...] a legitimidade dessa aproximação me parece fora de dúvida [...]" (p. 270). Qualquer que fosse a terminologia empregada, o essencial eram a conservação e o caráter inconsciente da percepção: "a percepção, proibida por sugestão, sofre o mesmo destino das sensações provenientes das regiões anestésicas; fica relegada a uma consciência segunda, onde determina idéias, raciocínios e atos que são igualmente inconscientes para a personalidade principal" (*ibid.*). E Binet prosseguiu em sua crítica, recordando a Bernheim que o fenômeno batizado por ele tinha sido descrito muito tempo antes por numerosos autores, dos quais o primeiro parecia ter sido Bertrand (1823, p. 256). Por último, descreveu as experiências que permitiam "mostrar que o objeto invisível é realmente percebido" (p. 274).

Em 1889, ano em que foi publicado seu livro sobre o hipnotismo, A. Forel sublinhou, numa comunicação ao I Congresso Internacional de Hipnotismo (Paris, agosto de 1889), a existência de uma ligação íntima entre os fenômenos positivos e negativos da alucinação: "... a alucinação negativa do hipnotizado é constantemente complementada por um ou vários fenômenos de alucinação positiva" (p. 125). Na mesma comunicação, Forel ampliou o alcance do fenômeno da alucinação negativa, já que reconheceu sua existência, não apenas no estado hipnótico, mas também nos estados de alienação. E se adiantou a algumas concepções de Freud e H. Ey, ao escrever: "as percepções ilusórias consistem, na maior parte do tempo, numa combinação de fenômenos positivos e fenômenos negativos, isto é, provavelmente, de dinamogênese e inibição" (p. 126).

No mesmo ano de 1889, Freud fez uma sinopse do livro de Forel e publicou a tradução da edição de 1886 do livro de Bernheim, e depois se deslocou até Nancy, em julho, para se encontrar com Liébault e Bernheim. Por fim, talvez tenha participado, em agosto, do congresso de hipnotismo em Paris. Portanto, conhecia o fenômeno batizado de "alucinação negativa". Isso explica que Breuer e ele o tenham mencionado em seus *Estudos sobre a Histeria.* Breuer (1895) escreveu, a propósito de Anna O.: "Tratava-se, no caso, da 'alucinação negativa' tantas vezes demonstrada experimentalmente desde então" (p. 19).[1]

Freud, por seu turno, utilizaria regularmente esse conceito em diversos trabalhos distribuídos entre 1895 e 1917. Nos *Estudos sobre a Histeria* (1895), podemos ler: "[...] lembrei-me, para minha felicidade, de ter ouvido Bernheim dizer que as lembranças do sonambulismo só eram aparentemente esquecidas no estado de vigília. Podiam ser evocadas por uma pequena exortação, aliada a um contato da mão para assinalar um outro estado da consciência. Por exemplo, ele havia criado numa sonâmbula a alucinação negativa de que ele próprio não mais estava presente" (pp. 85-86). Essa experiência fora descrita no livro de Bernheim (1891) traduzido por Freud em 1892. E, mais adiante, no mesmo texto de 1895: "Essa experiência, simultaneamente surpreendente e instrutiva, serviu-me de modelo [...]. Aos poucos, atrevi-me a tal ponto que, aos doentes que alegavam não ter visto nada ou pensado em nada, passei a dizer que isso não era possível" (p. 86).

Todavia, o trabalho de Freud (1901) em que ele mencionou com mais freqüência a alucinação negativa foi, incontestavelmente, *Sobre a Psicopatologia da Vida Cotidiana,* onde forneceu quatro exemplos pessoais. O primeiro é a observação 2 do capítulo VI, onde Freud relatou não se haver lembrado de ter lido uma passagem relativa ao rei da Macedônia, Alexandre (prenome de seu irmão): "Reencontrei então, sem dificuldade, a passagem sobre a arte grega na época de Alexandre, e constatei, para meu grande espanto, que, em minhas investigações anteriores, eu lera em diversas ocasiões a página que continha essa passagem, mas que a havia saltado todas as vezes, como que sob a influência de uma alucinação negativa" (p. 124). O segundo exemplo seguiu-se ao anterior. Numa carta. Freud lera uma palavra incorretamente e deixara de ler outra: "*a* pobre Guillaume M.", em vez de "*o* pobre Dr. G.M." (p. 125).

O terceiro exemplo só surgiu na edição de 1910 (cap. X, observação 16): "[...] lembrei-me de maneira precisa e segura de ter visto na estação de Colônia, a alguns passos do trem que acabara de deixar, e na mesma plataforma, um grande cartaz com a inscrição: 'Rotterdam-Hook de Holanda'. Ali estava, esperando, o trem que eu deveria ter tomado para continuar minha viagem. Foi por uma 'cegueira" (*Verblendung*) realmente inconcebível que me afastei dessa indicação clara para ir procurar o trem em outro lugar" (p. 263).

Finalmente, no capítulo XII, seção D, Freud explicou pela alucinação negativa uma "curiosa coincidência" entre sua fantasia e o encontro, justamente, com as pessoas apresentadas em sua fantasia: "A reflexão subseqüente destruiu a aparência do maravilhoso. Eu estivera andando por uma rua inteiramente reta e larga, quase completamente deserta, em direção a esse casal, de quem estava, numa olhadela rápida, afastado uns vinte passos, talvez, e havia percebido e rocenhecido suas figuras imponentes, mas essa percepção — à maneira de uma alucinação negativa — fora suprimida, em decorrência dos motivos afetivos que se impuseram, naquele momento, na fantasia surgida de maneira aparentemente espontânea" [2] (*Gesammelte Werke,* IV, p. 293). Assim, através desses quatro exemplos, o fenômeno da alucinação negativa saiu do domínio da hipnose e da patologia para concernir ao psiquismo normal.

Quatro anos depois, Freud (1905a) voltou a esse fenômeno: "Assim como podemos forçar o hipnotizado a ver o que não está presente, também podemos impedi-lo de ver algo que está presente e que quer se impor a seus sentidos, como por exemplo, uma certa pessoa (a chamada alucinação negativa), e essa pessoa constata, então, que lhe é impossível fazer-se observar pelo hipnotizado, seja através de que estimulação for; é tratada por ele 'como se fosse ar' (*wie Luft*)" (*G.W.*, vol V, p. 308). No mesmo ano, analisando a paixão de Dora pelo Sr. K., Freud observou, sem designá-la, a alucinação negativa: "Iniciei a discussão sobre esse assunto com uma pequena experiência, que teve sucesso dessa vez, como de hábito. Havia na mesa, por acaso, uma grande caixa de fósforos. Pedi a Dora que olhasse e dissesse se podia perceber sobre a mesa algum objeto que não estivesse habitualmente ali. Ela não viu nada" (1905b p. 65). Da mesma forma, em seu estudo sobre o romance de Jensen (1907), Freud observou: "Hanold, que, segundo as censuras da jovem, tinha o dom da 'alucinação negativa' e possuía a arte de não ver nem reconhecer as pessoas presentes, devia ter tido, desde o início, o conhecimento inconsciente daquilo que só viemos a saber mais tarde" (p. 176).

Por último, no *Suplemento Metapsicológico à Teoria do Sonho,* Freud (1917) foi ainda mais longe, já que, a exemplo de Forel

(1889), associou estreitamente os dois tipos de alucinações, positiva e negativa, dando à segunda uma importância capital. Numa nota de rodapé, escreveu: "Acrescento, para completar, que qualquer tentativa de explicação da alucinação deveria atacar, primeiramente, não a alucinação positiva, mas sim a alucinação negativa" (p. 142). Veremos o destino que seria dado por H. Ey (1973) a essa parte do *Suplemento Metapsicológico*. Essa nota de rodapé adquire seu sentido pleno ao retomarmos o próprio texto: "[...] a *amência*[3] é a reação a uma perda que a realidade afirma, mas que o eu tem de renegar por ser insuportável. O eu então rompe a relação com a realidade, *retira do sistema das percepções, do sistema Cs., o investimento,*[4] ou talvez, melhor dizendo, um investimento cuja natureza particular possa ser objeto de uma investigação suplementar. Assim, desviado o eu da realidade, a prova da realidade é afastada, as fantasias desejantes — não recalcadas e inteiramente conscientes — podem penetrar no sistema e, a partir daí, são reconhecidas como uma realidade melhor. Tal retirada pode ser computada entre os processos de recalcamento; a *amência* nos apresenta o interessante espetáculo de um eu que se cinde de um de seus órgãos, talvez aquele que lhe era seu mais fiel servidor e que lhe estava ligado da maneira mais íntima" (pp. 143-144). Em outras palavras, é preciso que haja primeiro uma alucinação negativa para que surja a alucinação positiva. Apesar da importância que pareceu atribuir-lhe, Freud nunca mais voltaria a mencionar esse processo, embora ele lhe houvesse permitido, como veremos, afastar sem discussão a noção de escotomização proposta por Laforgue e Pichon.

A retomada da questão da alucinação negativa por alguns psicanalistas contemporâneos não trouxe nenhuma contribuição muito decisiva, mas, antes, uma certa obscuridade. Assim é que C. de Monchaux (1964) assimilou a alucinação negativa à forma primária da renegação,[5] enquanto Green a considerou, inicialmente, como alucinação negativa da mãe quanto ao bebê (1967a, 1967b), e depois, no adulto, como alucinação negativa da imagem de si no espelho (1970).[6] Entretanto, em seu último trabalho (1977), ele se afastou ainda mais do fenômeno observado, fazendo da alucinação negativa um puro conceito teórico, "pré-condição de qualquer teoria da representação, quer se trate do sonho ou da alucinação" (p. 652). Tanto que, por fim, o fato clínico observado deixou de ser a "ausência de representação, como o sugere a ausência da imagem no espelho, mas *representação da ausência de representação*" (*ibid.*), transformando-se, em última instância, no "*vazio do pensamento*" que a alucinação positiva vem preencher. Eis-nos bem longe dos autores do século XIX e de Freud.

Paradoxalmente, a reflexão de Henri Ey foi muito mais próxima da de Freud. Em seu *Tratado das Alucinações* (1973), referiu-se com freqüência à alucinação negativa, que definiu da seguinte maneira: "Ausência de percepção de um objeto a ser percebido no campo perceptivo. Muitas vezes, por exemplo, trata-se da impossibilidade de um sujeito de ver sua imagem num espelho" (p. 1442). Como Forel e Freud, H. Ey associou os dois tipos de alucinações. Para ele, o conceito de despersonalização correspondia ao de alucinação negativa. Escreveu Ey: "Que o estudo da 'percepção sem objeto' se ligue necessariamente ao da negação do corpo é algo que não nos pode surpreender, se compreendermos com clareza que a alucinação não consiste na construção positiva de um objeto ou de uma imagem, mas na própria negação (ou, se quisermos, no avesso) da realidade" (p. 292). Para Ey, entretanto, o principal interesse do *Suplemento Metapsicológico* residia no fato de ele ter testemunhado uma ruptura, uma "virada" na teoria freudiana da alucinação; é que, nesse texto, Freud encontrou a explicação desse fenômeno, não mais no inconsciente, porém no consciente (sistema Cs.), que, por intermédio da alucinação negativa (desinvestimento do sistema das percepções), permite o surgimento da alucinação positiva. Para H. Ey (1973), esse texto fornece a prova de que qualquer teoria fundamentada na onipotência do inconsciente trai o pensamento freudiano.

Para encerrar a história da alucinação negativa, é apropriado recordar que Maupassant (1886), em *Le Horla,* utilizou o fenômeno para fins literários: "Pois bem!... enxergava-se como em plena luz do dia, e não me vi em meu espelho!... Ele estava vazio, claro, profundo, repleto de luz! Minha imagem não estava lá dentro... e eu estava bem em frente a ele! Via o grande vidro límpido de alto a baixo" (p. 1121).

A RENEGAÇÃO (DA REALIDADE)

Esse conceito, estritamente freudiano, foi objeto de um excelente estudo no *Vocabulário da Psicanálise,* de Laplanche e Pontalis

(1967). Por isso nos contentaremos em relembrar seus pontos essenciais, ao mesmo tempo complementando-os com alguns comentários. Eis a definição do termo: "Modo de defesa que consiste numa recusa, pelo sujeito, a reconhecer a realidade de uma percepção traumatizante, essencialmente a da ausência do pênis na mulher" (p. 115).

Se, para esses autores, foi a partir de 1924 que Freud começou a empregar o termo *Verleugnung*[7] num sentido bastante específico, foi em *Sobre o Narcisismo*: *Introdução* (1914), segundo De Wolf (1975), que ele apareceu pela primeira vez: "[...] *womit ja die Verleugnung der kindlichen Sexualität im Zusammenhange steht*"[8] (*G.W.*, vol. X, p. 157). Dois anos depois, o "sentido específico" foi atestado pelo seguinte texto das *Conferências Introdutórias sobre Psicanálise* (1916-1917): "Quando um menino descobre em sua irmã ou numa coleguinha de folguedos a existência da vagina, ele começa por negar (*verleugnen*) o testemunho de seus sentidos [...]" (p. 341, e *G.W.*, vol. XI, p. 328). Nessa mesma obra, sempre a propósito da sexualidade infantil, Freud fala do renegado (*des Verleugneten*) (p. 336 e *G.W.*, vol XI, p. 323).

Do ponto de vista teórico, porém, o *Suplemento Metapsicológico à Teoria do Sonho* (1917) apresenta maior interesse. Lemos ali: "[...] *Die Amentia ist die Reaktion auf einen Verlust*,[9] *den die Realität behauptet, der aber vom Ich als unerträglich verleugnet werden soll*" [10] (*G.W.*, vol. X, p. 424). É curioso notar que foi num texto em que se abordava a alucinação negativa que Freud deu à noção de renegação seu alcance geral, como se quisesse ultrapassar o sentido estrito e "específico" encontrado na *Introdução*. Outra observação: foi no momento em que considerou o processo de renegação em seu sentido mais genérico que Freud abandonou definitivamente a expressão "alucinação negativa", que não havia criado.

No texto sobre o fetichismo (1927) e no *Esboço de Psicanálise* (1940), Freud expôs mais aprofundadamente sua concepção da renegação, referida à castração e à ausência do pênis na mulher. A propósito disso, Laplanche e Pontalis (1967) complementaram e renovaram proveitosamente a concepção freudiana: "Se a renegação da castração é o protótipo, e talvez até a origem das outras renegações da realidade, convém nos interrogarmos sobre o que Freud entende por 'realidade' da castração ou por percepção desta. Se é a 'falta de pênis' da mulher que é renegada, é difícil falar em percepção ou em realidade, porque uma ausência não é percebida como tal, e só se torna realidade na medida em que é relacionada com uma presença possível. Se é a própria castração que é rejeitada, a renegação incidiria, não numa percepção (pois a castração nunca é percebida como tal), mas numa teoria explicativa dos fatos (uma 'teoria sexual infantil')" (p. 116). O conceito de renegação, como vemos, não deixa de levantar questões. E, no entanto, ocupa um lugar importante na teoria freudiana após a virada dos anos vinte, em particular na teoria das perversões e das psicoses.

A ESCOTOMIZAÇÃO

Ausente dos grandes dicionários da língua francesa, esse termo só apareceu na nova edição do *Petit Robert* (1977): "Exclusão inconsciente de uma realidade externa do campo da consciência. Emprega-se também *escotomizar*." O termo está igualmente presente no *Manuel Alphabétique de Psychiatrie* de A. Porot, pelo menos na quinta edição revista (1975): "Termo proposto por Laforgue e Pichon, correspondente à *Verleugnung* de Freud. Trata-se de um mecanismo psíquico inconsciente, de uma 'cegueira específica' (R. Cahen) e seletiva, através da qual o sujeito faz desaparecerem do campo de sua consciência, ou de sua memória, alguns fatos, algumas lembranças portadoras de uma carga afetiva dolorosa ou desagradável." Veremos que esta última definição é, sem dúvida, menos correta que a do *Petit Robert.*

A correspondência entre Freud e Laforgue (1977), como nós já sublinhamos (Bourguignon, 1967, 1977), permite esclarecer a origem do termo. Escreveu Laforgue em 1 de maio de 1925: "A palavra escotomização tem sido freqüentemente empregada na sala de plantão dos médicos, todas as vezes que alguém quer ignorar o outro." No meio composto pelas salas de plantão de médicos (Salpêtrière, Bicêtre), após a guerra de 1914-1918, vivia um homem que tinha um gosto pronunciado pelos neologismos doutos: Edouard Pichon, autor de uma volumosa gramática francesa — redigida com seu tio Damourette — e membro fundador da *Sociedade Psicanalítica de Paris,* bem como do *Grupo da Evolução Psiquiátrica.* Não é disparatado, portanto, atribuir-lhe a paternidade do termo *esco-*

tomização, que Laforgue utilizou para fazer dele um conceito psicanalítico, fonte de longas discussões com Freud.

Ainda em 1 de maio de 1925, escreveu Laforgue: "Odier me escreveu dizendo que, para 'escotomização', o senhor já havia proposto 'maculação' e que, no entanto, essa idéia não fora conservada." Ao que Freud retrucou, a propósito de artigos de Laforgue: "Um ponto muito importante me parece ser que, no *recalque, Verdrängung,* o senhor distingue uma *escotomização.* Creio que isso não tem nenhuma razão de ser. Enunciamos que o recalque consiste em que uma pulsão é reprimida e em que o fato de ser consciente é retirado de seu representante-representação. Por que cindir em dois esse processo unitário? Além disso, nunca empreguei palavras como escotomizar ou maculação. Quanto às outras diferenças que o senhor estabelece entre recalcar e escotomizar, não as compreendo" (pp. 263-264).

Todavia, Freud continuou atormentado pela questão. Ainda mais que Laforgue, procurando ser compreendido, reiniciou o debate em 10 de junho de 1925: "A escotomização é um ponto que se torna particularmente importante quando se quer dissecar a esquizofrenia. Acreditamos poder ligar o desconhecimento da realidade à escotomização, que corresponde ao desejo infantil, *e portanto não recalcado,* de não reconhecer o mundo externo, e sim de colocar no lugar dele o próprio eu. Nessas condições, o processo de recalcamento não teria superado as etapas primitivas normalmente, mas, ao contrário, tê-la-ias deixado subsistir." Em resposta, Freud confessou que continuava a não se "aperceber claramente do que é o conceito de escotomização". Nem por isso a *Internationale Zeitschrift* deixou de publicar um artigo de Laforgue (1926a) sobre o assunto.

Em 18 de fevereiro de 1926, Freud escreveu: "Li de ponta a ponta seu artigo em alemão sobre a escotomização. Compreendo agora porque esse conceito e sua relação com o recalque apresentam para mim tantas dificuldades. Observo que, num ponto, o senhor não aceita a representação metapsicológica, que se esforça por caracterizar o acontecimento psíquico por seus aspectos dinâmico, tópico e econômico, por assim dizer, segundo três coordenadas. É particularmente por desprezar a coordenada tópica que o senhor renuncia a uma espécie de certeza, embora esta se faça sentir no conjunto. O senhor não se preocupa com o que acontece nas três camadas do consciente, pré-consciente e inconsciente, e os fenômenos então se mostram dúbios. Provavelmente, o senhor não ousou apresentar a seus compatriotas essa parcela de complicação e de especulação."

Um segundo artigo de Laforgue (1926b) mostrou inalteradas as suas posições. Quanto a Freud, ele suspendeu a discussão epistolar e levou o debate para a praça pública, por ocasião de duas publicações. De fato, a discussão se iniciara em maio de 1925, no momento em que ele estava concluindo *Inibição, Sintoma e Angústia* (1926). Ora, é provável que o "Apêndice A (Modificações Introduzidas em Concepções Previamente Expressas)" tenha sido redigido entre julho e dezembro de 1925, enquanto Freud procurava compreender a noção de escotomização. No primeiro parágrafo (*a. Resistência e Contra-investimento*), Freud esclareceu que, na histeria, a moção pulsional recalcada podia ser ativada tanto do interior quanto do exterior. "De fato", escreveu ele, "o contra-investimento histérico é preferencialmente dirigido para o exterior, contra a percepção perigosa; assume a forma de uma vigilância particular que, através de limitações do eu, evita as situações em que a percepção se produziria e consegue retirar a atenção dessa percepção, caso ela surja apesar de tudo. Alguns autores franceses (Laforgue) escolheram recentemente, para caracterizar esse processo da histeria, o nome de 'escotomização'." E Freud calculou ser preciso "admitir que existe uma relação particularmente íntima entre o recalque e o contra-investimento externo [...]" (pp. 86 e 87).

Esse texto prova: (1) que Freud não rejeitou totalmente o termo escotomização; (2) que lhe conferiu uma acepção diferente da sugerida por Laforgue; (3) que reconheceu o processo na histeria, onde Laforgue não o havia observado. Ora, em maio de 1925, ele tinha lido, em manuscrito, o artigo de Laforgue (1926a) sobre o recalcamento e a escotomização (carta de 28 de maio).

No fim de 1927 saiu publicado o artigo sobre o fetichismo. Nesse momento, Freud se posicionou mais claramente. Já no começo do artigo, depois de evocar a posição do garotinho que, ao mesmo tempo, recusa e admite a ausência do pênis na mulher, escreveu: "Se não me engano, Laforgue diria, num caso semelhante, que o menino 'escotomiza' a percepção da falta de pênis na mulher." E tratou de acrescentar prontamente, numa nota de rodapé: "Corrijo-me, afirmando que tenho todas as razões para supor que, justamente, Laforgue não diria isso. Ele mesmo explicou que 'escotomização' é um termo cuja origem se encontra na descrição da demência precoce, que não provém da transposição da concepção psicanalítica para as psicoses e não pode se aplicar aos processos do desenvolvimento e da formação das neuroses. O texto se esforça por deixar clara essa incompatibilidade" (p. 134).

Freud buscou então uma palavra que designasse o processo de não-percepção da ausência do pênis. Para ele, continuava a se tratar de recalcamento, mas Freud consentiu em dissociar o processo concernente ao afeto do processo relativo à representação. Nessas circunstâncias, considerou: "O termo escotomização' parece-me particularmente impróprio, pois desperta a idéia de que a percepção foi completamente eliminada, como nos casos em que uma impressão visual atinge o ponto cego da retina. Ao contrário, a situação que descrevemos mostra que a percepção persiste e que se empreendeu uma ação muito enérgica para manter sua renegação" (p. 134). Mais adiante (pp. 136 e 137), Freud retomou no texto o verbo *escotomizar,* a fim de mostrar como era inadequado e frisar, de passagem, que a escotomização nada tinha a ver com a psicose.

Esse artigo sobre o fetichismo (1927) suscita três observações: (1) Freud reconheceu que Laforgue relacionava a escotomização com a esquizofrenia, e não com a histeria, relação esta, aliás, cuja existência negou; (2) rejeitou o emprego metafórico do termo escotomização, embora empregasse o termo renegação num sentido um tanto metafórico; (3) para afastar a qualquer preço a noção de escotomização, chegou até a desorganizar sua concepção do recalcamento, processo que, para ele, concernia à representação, e não ao afeto. Ora, no artigo de 1927, Freud não hesitou em se contradizer e em escrever: "Se quisermos separar mais claramente nele [no recalcamento] o destino da representação e o do afeto, e reservar a expressão 'recalque' para o afeto, seria correto, quanto ao destino da representação, dizer em alemão *Verleugnung*" (p. 134).

Em sua carta de 6 de janeiro de 1928, Laforgue continuou a defender o conceito de escotomização contra as críticas de Freud. Dez anos depois, em *Relativité de la Réalité* (1937), continuava a distinguir a escotomização da renegação: "Freud diz que sua mente [a do doente] efetua uma espécie de renegação (*Verleugnung*). Aliando-nos a Pichon, dizemos que ele faz uma escotomização. Esse termo nos parece mais apropriado, já que se trata de um processo inconsciente e que a renegação se aplica mais a uma operação consciente" (p. 21). Tal como Freud só entendia *escotomização* no sentido próprio, Laforgue se recusava a entender *Verleugnung* no sentido figurado. Nessa mesma obra, ele também insistiu na distinção que seria justificado fazer entre recalque e escotomização. Para Laforgue, o recalque "representaria a atividade psíquica que tende a rechaçar para o inconsciente tudo o que impede o ser de realizar o contato com a realidade e o presente, enquanto a *escotomização* tende a recalcar a realidade e o presente em prol daquilo que deveria ser recalcado, ou, como diz Freud, reprimido" (p. 21). Ao mesmo tempo, ele moderou sua posição e observou que a *escotomização* não era um processo unicamente próprio da esquizofrenia.

Num artigo póstumo, Pichon (1947), a quem devemos a palavra *escotomização,* fê-la penetrar no campo psicolingüístico e a articulou com a noção de foraclusão, igualmente criada por ele: "Aí está, portanto, uma segunda noção a ser confrontada com a de discordancial: a das coisas que escapam ao percebimento de nossos sentidos e de nosso intelecto, ou que escotomizamos. É a noção de *foraclusão*" (p. 45). Assinalemos de passagem que, nesse artigo, Pichon deu origem à negação da "aliança" entre o foraclusivo e o discordancial.

Atualmente, o termo escotomização quase desapareceu do vocabulário psiquiátrico e psicanalítico. Mesmo assim, a escola kleiniana lhe permaneceu fiel. Joan Rivière (1936), depois de insistir na importância da projeção e da introjeção, escreveu: "[...] não tenho nenhuma intenção de subestimar a importância de inúmeros outros mecanismos que atuam com maior ou menor intensidade desde o início, nem, principalmente, a da renegação e da escotomização, que se ligam diretamente ao estádio alucinatório, e nem, logo depois, a do recalcamento propriamente dito" (p. 38).

Essa distinção entre renegação e escotomização seria retomada e precisada por Susan Isaacs (1948): "[...] o mecanismo de renegação se expressa no psiquismo do sujeito mais ou menos da seguinte maneira: 'Se eu não o admitir (trata-se de um fato doloroso), ele não existe'; ou então: 'Se eu não o admitir, ninguém mais saberá que é verdade'. [...] O mecanismo de escotomização é vivido mais ou menos nos seguintes termos: 'Naquilo que não vejo, não preciso acreditar'; ou então: 'O que eu não vejo, os outros também não vêem, e não existe' [...]" (p. 102). A distinção introduzida por Susan Isaacs entre renegação e escotomização não é, portanto, exatamente superponível à de Laforgue. Para ela, a renegação é da ordem da crença, ao passo que a escotomização é da ordem da percepção; mas, em qualquer dos casos, os dois mecanismos levam a um desconhecimento da realidade.

Para concluir, guardaremos desse histórico os seguintes pontos:

(1) A alucinação negativa é um fenômeno freqüente e clinicamente bem definido;

(2) A renegação se originou na alucinação negativa, a qual veio substituir. Semelhante a ela nos primeiros tempos, veria seu sentido desviar-se pouco a pouco, sob o efeito de atração do complexo de castração. A discussão de Freud com Laforgue estimulou essa derivação semântica, sem no entanto esclarecer o problema;

(3) Apesar das tentativas de Laforgue para fazer dela um conceito psicanalítico forte, a escotomização deve ser considerada equivalente à alucinação negativa.

PSICOLOGIA, METAPSICOLOGIA E PSICOPATOLOGIA

Os tratados de psicologia e de psicofisiologia costumam deixar de lado a percepção inconsciente, "negativa", "não percebida". E no entanto, esse parece constituir um processo psíquico de particular freqüência, tanto no sujeito normal quanto na psicopatologia. Os psicanalistas não se deixaram enganar, mas, desde a época de Bernheim e Binet, foram praticamente os únicos, ainda que pouco numerosos, a pressentir o alcance geral desse fenômeno.

A percepção, bem como seus distúrbios de origem psíquica, estão no cerne dos problemas teóricos e práticos da psicanálise e da psiquiatria. Ocorre que, se o eu tem que se defender do mundo interno das fantasias, tem também que se defender das estimulações de origem externa que sempre são suscetíveis de despertar lembranças, fantasias ou afetos insuportáveis. Assim, os distúrbios da percepção pelos quais nos interessamos fazem parte do conjunto de mecanismos de defesa que se opõem ao desprazer e à angústia, passíveis de ter origem dentro e fora de nós. Entretanto, deixando de lado o fato de que é freqüente podermos fugir de um estímulo externo, a oposição entre mundo externo e mundo interno não é tão nítida quanto parece, já que só percebemos o mundo externo depois de sua penetração em nós, isto é, depois de sua incorporação em nosso mundo interno, ou pelo menos numa parte deste.

Os distúrbios psíquicos da percepção, em geral, não têm por finalidade apenas evitar-nos o desprazer, mas às vezes têm por meta levar-nos a aceder ao prazer, fazendo-nos perceber o mundo de maneira diferente da que ele é, ou nos fazendo tomar nossos desejos por realidades, como acontecia com Freud (1901) durante suas viagens, quando passeava pelas ruas de uma cidade em que estivesse de passagem: "Leio em todas as tabuletas que encontro a palavra *Antigüidades*. Essa ilusão trai a paixão aventureira do colecionador" (p. 126).

Ao todo, quatro atitudes são possíveis diante de uma realidade insuportável: (1) modificar a percepção que se tem dela no sentido dos próprios desejos ou temores, o que equivale à ilusão; (2) tornar a percepção inconsciente, o que equivale à alucinação negativa; (3) dividir-se diante da realidade e, ao mesmo tempo, reconhecê-la e recusá-la, o que corresponde à renegação no sentido estrito do termo; (4) perceber o que não existe, o que corresponde à alucinação que poderíamos qualificar de positiva.

Se admitirmos que os distúrbios da percepção são passíveis de implicar, a qualquer momento, os cinco sentidos, compreenderemos a importância de seu papel na vida psíquica. Todavia, não convém esquecer as dificuldades que surgem da terminologia adotada. Assim, expressões como *alucinação negativa, renegação da realidade* e *escotomização* são todas criticáveis, pois, afora seu sentido técnico específico, dão origem a muitos outros que são extremamente distintos de seu sentido próprio.

Antes de abordarmos a análise metapsicológica e psicopatológica da alucinação negativa, da renegação e da escotomização, convém situarmos esses fenômenos em relação uns aos outros e estudarmos suas relações, tanto entre si como com os processos mais gerais do recalcamento e da defesa.

RELAÇÕES ENTRE A ALUCINAÇÃO NEGATIVA, A RENEGAÇÃO E A ESCOTOMIZAÇÃO

A alucinação negativa foi descrita por ocasião das experiências de sugestão hipnótica. Mas, se essas circunstâncias foram reveladoras do fenômeno, elas contribuíram intensamente para sua desvalorização, ou até para seu esquecimento. E, no entanto, temos visto sua freqüência, tanto no âmbito da psicologia normal quanto no da psicopatologia. Por isso é que se revela lamentável que não tenham prevalecido outras denominações, como as propostas por Binet (1892), *percepção inconsciente,* ou por Freud (1907), *conhecimento inconsciente* (*unbewusste Kenntnis*), denominações estas que têm a vantagem de enfatizar o aspecto perceptivo do fenômeno. Com efeito, o fato capital na alucinação negativa é a realidade da percepção, como o demonstraram Binet (1892), através da experiência, e Freud, através da auto-observação relatada na edição de 1910 de *Sobre a Psicopatologia da Vida Cotidiana* (1901). Além disso, também poderíamos falar de percepção inconsciente nos casos dos reflexos condicionados produzidos por estímulos sensoriais subliminares.

Assim sendo, devemos reconhecer que a *escotomização* em nada se distingue da alucinação negativa, nem por sua natureza, nem por seu alcance. Só nos resta observar, com Freud (1927), que o termo é inteiramente impróprio, já que dá a entender que não houve percepção. A mesma crítica pode ser feita a propósito do termo *cegueira* (*Verblendung*), empregado por Freud na auto-observação acima mencionada. Ora, o próprio Laforgue (1937) reconheceu que efetivamente existe percepção na escotomização. Portanto, não há razão para conservar este último termo, e por isso não mais nos serviremos dele na seqüência deste trabalho.

Finalmente, o conceito de *renegação,* em seu sentido inicial e amplo, é igualmente assimilável ao de alucinação negativa. De fato, no *Suplemento Metapsicológico,* Freud (1917) descreveu a renegação como uma alucinação negativa e esboçou o estudo metapsicológico desse processo desencadeado por uma percepção "insuportável". Esse sentido amplo é ainda encontrado no *Esboço* (1940), onde Freud fala do eu infantil que se defende de uma exigência penosa do mundo externo "através da renegação das percepções que informam sobre essa exigência da realidade" (*G.W.,* vol. XVII, p. 134).[11] Consideramos, portanto, que só há razão para conservar dois conceitos designados por dois termos bem distintos: alucinação negativa e renegação, no sentido estrito e específico, abandonando-se os termos escotomização e renegação no sentido amplo.

Contudo, como mostraram Laplanche e Pontalis (1967), o conceito de renegação levanta muitas dificuldades, quando tomado em seu sentido estrito e específico de reconhecimento associado a um não-reconhecimento da ausência do pênis na mulher. Nessa acepção, ele deve ser claramente distinguido do conceito de alucinação negativa. De fato, se, nesta última, a percepção que provocou um afeto de desprazer torna-se imediatamente inconsciente, na renegação, no sentido estrito, a percepção desagradável continua consciente e reconhecida, mas, ao mesmo tempo, é renegada. O sujeito não admite a realidade insuportável, como bem o exprimiu S. Isaacs (1948). O fetichista sabe que a mulher não tem pênis, mas "não tem coragem, apesar disso,* de afirmar que realmente viu um pênis" (*G.W.*, vol. XVII, p. 123).[12] E é justamente por saber que não existe pênis que ele o substitui por um fetiche, permitindo-lhe esse compromisso escapar à angústia de castração. A renegação no sentido estrito e específico, portanto, deve ser distinguida da alucinação negativa e da renegação no sentido amplo. Na verdade, tudo se dá como se fosse possível ao sujeito escapar de uma percepção dolorosa imprevista, tornando-a inconsciente, embora lhe seja impossível tornar inconsciente a percepção dolorosa do que existe (o sexo feminino), quando ele espera ver — ou deseja ver — o que não existe (o pênis na mulher). Todavia, uma outra diferença entre a renegação e a alucinação negativa merece ser sublinhada, dada a sua importância. A alucinação negativa, de fato, é um fenômeno instantâneo, não duradouro, porque escapa definitivamente à consciência, ao passo que, na renegação, os efeitos da percepção são duradouros; a renegação se instala, geralmente por toda a vida, no psiquismo do fetichista, por exemplo.

Resta ainda uma questão colocada: terá Freud realmente abandonado a noção de alucinação negativa, depois de ter recorrido a ela durante mais de vinte anos? Poderíamos responder pela afirmativa e admitir que ele efetivamente abandonou, junto com o termo, o processo por ele designado. Tal abandono se explicaria, nesse caso, pelo fato de o complexo de Édipo e o de castração, aos quais está ligada a renegação em seu sentido estrito, terem assumido, no correr dos anos, uma importância crescente na teoria psicanalítica. Mas essa resposta é muito pouco provável, quando sabemos que

---

* Isto é, apesar de haver renegado a percepção da falta do pênis — o que equivaleria à afirmação de sua presença. (N.T.)

Freud nada deixava escapar da complexidade dos fenômenos observados. Ora, sabemos o lugar ocupado pela alucinação negativa na vida cotidiana e no desenrolar do tratamento psicanalítico. Por isso é que se mostra mais verossímil admitir — e os textos nos autorizam a isso — que, para Freud, a *Verleugnung* (renegação), no sentido amplo, simplesmente tomou o lugar da alucinação negativa, expressão julgada demasiadamente paradoxal e excessivamente próxima do vocabulário da psicofisiologia das sensações. Essa escolha pode ter correspondido ao princípio da economia dos conceitos, que é uma exigência da teoria e do discurso científico. Sem contar que Freud sempre procurou criar um vocabulário especificamente psicanalítico, em vez de retomar o da psicologia clássica. Continua a ser curioso, entretanto, que, nesse ponto, ele tenha sido perturbado pela discussão sobre a escotomização.

Abordemos agora o problema das relações da alucinação negativa e da renegação com o *recalcamento*. Mais uma vez, devemos levar em consideração o fato de que, para Freud, também o termo recalque tinha um sentido próprio, específico, e um sentido amplo, como mostraram Laplanche e Pontalis (1967). No sentido próprio, o recalcamento tem como efeito manter no inconsciente as representações ligadas a uma pulsão, ao passo que, no sentido amplo, como sublinhado por Freud (1915a), "[...] a essência do recalcamento consiste apenas nisto: afastar e manter à distância do consciente" (p. 47). Essa definição, portanto, aplica-se tanto às moções pulsionais quanto às exterocepções. Aliás, esse sentido foi atestado, a propósito da alucinação negativa, no *Suplemento Metapsicológico* (1917), onde Freud fala do eu que "retira do sistema das percepções, do sistema Cs., o investimento [...]" (p. 143), e onde ele esclarece seu pensamento nos seguintes termos: "tal retirada pode ser computada entre os processos de recalcamento" (p. 144). Eis porque Laforgue não compreendia que Freud assemelhasse a escotomização a um processo de recalcamento.

ANÁLISE DOS PROCESSOS

Quer se trate da alucinação negativa, da renegação ou de qualquer outro processo relacionado com a percepção sensorial, devemos levar em conta a "posição prévia" do sujeito no momento em que se produz a percepção. A psicologia clássica e a psicanálise se unem para nos dizer que o ato de perceber é indissociável da dinâmica psíquica. Essa posição prévia, no caso da criança pequena que percebe o sexo feminino, é a teoria sexual que ela houver adotado. Se, segundo essa teoria, existir apenas um tipo de órgão sexual, o pênis, estará realizada a primeira condição para que se instale a renegação. Outro exemplo: se Freud não tivesse sido previamente ferido em seu amor próprio pelo casal que encontrou na rua,[13] não teria sido afetado, em relação a eles, pela alucinação negativa. Tê-los-ia "visto" imediatamente. Um terceiro exemplo, retirado da literatura, é-nos fornecido por E. Poe (1841) em "A Carta Roubada". Se o chefe de polícia e seus agentes não encontraram a carta roubada, foi porque tinham uma teoria falsa quanto às possibilidades que o ministro teria de "escondê-la". Assim, uma teoria falsa impede a criança pequena de "ver" que há uma coisa ausente, e impede o chefe de polícia e seus agentes de verem que uma coisa está presente. Na auto-observação de Freud, um certo afeto desagradável é que constitui a causada alucinação negativa. Em outros casos, seria um desejo ou um medo.

Assim, essa "posição prévia", essa concepção das coisas que precede sua percepção, articula-se com o desejo e com o princípio do prazer. O desejo do garotinho é que todo o mundo possua um pênis, e o do chefe de polícia, que a eficácia de seus métodos seja demonstrada. Pois bem, em ambos os casos, desejo e realidade externa acham-se em contradição; por isso, a percepção, quer se trate do sexo feminino sem pênis ou da carta exposta à vista de todos, é insuportável e desencadeia prontamente um mecanismo de defesa (a alucinação negativa ou renegação). Esse ponto de vista, aliás, é aplicável à sugestão hipnótica, onde a ordem do hipnotizador assume o lugar do desejo do hipnotizado. Todas as observações da alucinação negativa e da renegação confirmam esse ponto de vista.

Se levarmos nossa reflexão mais adiante, poderemos dizer que, na investigação científica, muitas vezes, as teorias aceitas e os desejos dos pesquisadores, ao desencadearem processos de renegação ou de alucinação negativa, constituem um grande obstáculo epistemológico. E, dentro dessa perspectiva, podemos dizer que uma descoberta nunca é outra coisa senão o resultado do encontro fortuito de uma fantasia desejante com a realidade, ou da renúncia do investigador àqueles dentre seus desejos que se acham em contradição com a realidade.

A *primeira fase,* tanto da renegação quanto da alucinação negativa, portanto, é essa "posição prévia" que acabamos de evocar. Dada esta, sobrevém uma estimulação externa que é prontamente percebida como insuportável, por diversas razões: por ter despertado uma lembrança dolorosa, transmitido uma informação desagradável de ouvir — por exemplo, uma interpretação, no caso do tratamento psicanalítico —, imposto uma exigência inaceitável, ativado uma pulsão cuja satisfação é julgada perigosa, ou por qualquer outra razão. Essa é a *segunda fase* do processo. Na maioria dos casos de alucinação negativa, a percepção insuportável fica imediatamente inconsciente e assim permanece em definitivo. Mas, na auto-observação de Freud a respeito do incidente ocorrido na estação de Colônia, vimos que a percepção pode, numa etapa posterior, voltar a se tornar consciente. Seja como for, consideramos demonstrada a realidade da percepção, que, por outro lado, permanece consciente no caso da renegação no sentido estrito do termo.

Na *terceira fase,* quase contemporânea da segunda, a percepção é suspensa pelo emprego de diversos processos. O processo mais simples é a retirada do investimento do sistema percepção-consciência (Pc-Cs); a retirada pode ser complementada por um superinvestimento colateral, voltando-se então a atenção para outros objetos. Por fim, a propósito da histeria, Freud (1926) descreveu um processo de contra-investimento. Este se "dirige preferencialmente para o exterior, contra a percepção perigosa, assume a forma de uma vigilância particular que, através de limitações do eu, evita as situações em que a percepção se produziria e consegue retirar a atenção dessa percepção, caso ela surja apesar de tudo" (pp. 86-87). Mas, na totalidade dos casos, o processo não pode limitar-se ao sistema Pc-Cs, porque a representação nascida da percepção tem que ser mantida inconsciente pelo emprego de um processo de recalcamento, como Binet (1892) já havia observado.

O que, na *quarta fase,* onde observamos o resultado desse conjunto de processos, distingue a alucinação negativa da renegação (no sentido estrito) é a existência ou não de uma clivagem do eu. De fato, se na alucinação negativa, na maioria das vezes, o eu adota uma atitude unívoca de não-reconhecimento de percepção, na renegação ele se cliva, parte reconhecendo a realidade, enquanto outra parte a renega. É a existência da clivagem no eu na psicose que faz com que a renegação da realidade, nesse caso, seja observada com tanta freqüência. Assim, vemos que, salvo pela clivagem do eu, todos os processos descritos são comuns à alucinação negativa e à renegação.

No *Suplemento Metapsicológico* (1917), esse conjunto foi complementado por uma última fase, representando um derradeiro mecanismo de defesa contra a percepção insuportável: referimo-nos à alucinação positiva. O que não quer dizer que todas as alucinações dependam desse mecanismo, descrito por Freud a propósito da confusão alucinatória aguda (a *amentia* de Meynert). Mas, tal como Forel (1889), Henri Ey (1973) generalizou esse mecanismo para o conjunto das alucinações, insistindo no fato de que, na alucinação, a negação da realidade é mais importante do que a "construção positiva de um objeto ou de uma imagem [...]" (p. 292). Esse ponto de vista, que faz do desinvestimento do sistema Pc-Cs a fundação sobre a qual se edifica a alucinação, é reforçado, de certa maneira, pelas experiências de privação sensorial, durante as quais aparecem, no sujeito normal, fenômenos alucinatórios.

DIFICULDADES

Para terminar, gostaríamos de insistir no fato de que tudo está longe de ser claro no mecanismo da alucinação negativa, e que diversas perguntas continuam sem resposta. As dificuldades se prendem ao fato de que, normalmente, percepção e consciência estão ligadas, e por isso Freud fez delas um sistema (Pc-Cs) que representava, a seu ver, o "núcleo do eu" (1923). Ora, a alucinação negativa só pode ser concebida como uma forma particular de dissociação ou clivagem desse sistema, já que um dos elementos (Pc) pode funcionar independentemente do outro (Cs). Ao menos, isso é o que devemos admitir ao postularmos, na origem da alucinação negativa, a exigência de um reconhecimento inconsciente da percepção. Aliás, Freud (1917) não hesitou, nesse aspecto, em falar do "eu que faz uma cisão com um de seus órgãos, aquele que talvez fosse seu mais fiel servidor e que lhe estava ligado da maneira mais íntima" (p. 144).

Todavia, como essa hipótese levanta algumas dificuldades, temos o direito de propor outra, ou melhor, duas outras que, explicando o fenômeno, evitem o recurso à idéia de uma cisão do sistema Pc-Cs, caso nos recusemos a admitir a existência de uma clivagem do eu na alucinação negativa. Primeira hipótese: podemos imaginar que a retirada do investimento do sistema das percepções, da atenção, é tão rápida que a percepção não deixa nenhum vestígio no aparelho psíquico, embora tenha sido conscientemente reconhecida. Segunda hipótese: a percepção é esquecida porque a representação do objeto percebido é imediatamente recalcada. Mas, persistirá ela em estado latente no pré-consciente (Pcs), caso em que seria posteriormente evocável, o que raramente se observou, a não ser nas experiências de Binet (1889), ou será que ela chega ao inconsciente (Ics), de onde sua evocação posterior se torna pouco provável? Esta última possibilidade não deixa de ser razoável, se admitirmos com Freud (1915b) que: "Todas as vias que levam da percepção ao Ics normalmente permanecem livres" (p. 107). Talvez algumas dessas dificuldades pudessem ter sido superadas, se Freud (1917) tivesse dado prosseguimento à investigação que anunciou nos seguintes termos, no *Suplemento Metapsicológico,* a propósito da retirada do investimento: "[...] ou talvez, melhor dizendo, um investimento cuja natureza particular poderá ser objeto de uma investigação suplementar" (p. 143). Se quisermos ver na "Nota sobre o 'Bloco Mágico' " (1925) o fruto dessa investigação, teremos que admitir que essa nota não nos permitiu superar nossas dificuldades.

Ao retomar detalhadamente o histórico do conceito de renegação, de 1917 a 1938, percebemos que este levanta tantas dificuldades quanto a alucinação negativa. Essas dificuldades, à parte a assinalada por Laplanche e Pontalis (1967), são de duas ordens, semântica e metapsicológica. Vimos que a renegação tem um sentido amplo, idêntico ao da alucinação negativa, e um sentido estrito específico. Mas não insistimos no fato de que, no *Fetichismo* (1927), Freud chegou a assimilá-la em todos os aspectos a um processo de recalcamento: "Se quisermos separar mais claramente nele [no recalcamento] o destino da representação e o do afeto, e reservar a expressão 'recalque' para o afeto, seria correto, quanto ao destino da representação, dizer em alemão *Verleugnung*" (p. 134). Pessoalmente, julgamos que não se deve levar em conta essa frase em que Freud, preso em sua polêmica com Laforgue, seguramente perturbou seu pensamento.

As dificuldades metapsicológicas prendem-se mais ao fato de que, na obra de Freud (1927, 1940), a renegação (no sentido estrito) está longe de ser unívoca, ainda que o processo repouse, na totalidade dos casos, na clivagem do eu. Na verdade, parece que, em seu sentido específico, a renegação se caracteriza pela persistência "lado a lado, por toda a vida, sem se influenciarem mutuamente" (*G.W.*, XVII, p. 134),[14] de duas atitudes contrárias: reconhecimento e não-reconhecimento da realidade. A rigor, as coisas são mais complexas, e convém fazer uma distinção entre os casos das psicoses, do fetichismo e das neuroses.

No caso da psicose, Freud (1927) escreveu "Assim, posso manter minha suposição de que, na psicose, uma das correntes, a que se fundamenta na realidade, realmente desaparece" (p. 137). Já no *Esboço* ele se mostrou mais moderado: "O problema da psicose seria simples e transparente se a eliminação da realidade fosse plenamente realizável. Mas isso parece só se produzir raramente, ou talvez nunca" (*G.W.*, vol. XVII, p. 132).[15]

A situação é igualmente ambígua no caso do fetichismo, onde Freud (1940) distingue os fetichistas sem angústia de castração, que parecem ter recalcado definitivamente a corrente de pensamento que reconhecia a ausência do pênis feminino, e os fetichistas com angústia de castração, que conservam perfeitamente conscientes a recusa e o reconhecimento dessa ausência, não passando tais renegações, então, de "meias medidas, de tentativas abortadas de eliminação da realidade" (*G.W.*, vol. XVII, p. 134).[16]

Por fim, quando se trata da neurose, o problema é igualmente complexo, já que, ao lado do conflito neurótico clássico entre o eu e o isso, Freud (1927) abre espaço para a renegação e para a clivagem do eu num caso de "neurose obsessiva medianamente severa", onde as duas atitudes opostas, de reconhecimento e recusa, permaneceram conscientes num paciente que oscilava sempre entre dois pensamentos: "um de que seu pai ainda estava vivo e impedia sua atividade, e outro de que, ao contrário, estando o pai morto, ele podia justificadamente considerar-se seu sucessor" (p. 137). E isso, muito embora a percepção traumática dessa morte houvesse afetado o paciente em sua tenra idade.

É muito provável, portanto, que a clivagem do eu e a renegação designem mecanismos diversos, ou pelo menos certamente complexos.

OBSERVAÇÕES CLÍNICAS

Todas essas reflexões e discussões poderiam passar por uma expressão de bizantinismo metapsicológico, se não tivessem nenhum alcance clínico prático. Ora, não é esse o caso, já que a renegação e, mais ainda, a alucinação negativa são processos psíquicos cotidianamente encontrados pelo psiquiatra e pelo psicanalista. Não apenas em seus pacientes, mas também, por vezes, neles mesmos. E talvez seja a própria banalidade desses fenômenos que explica o desinteresse de que eles são vítimas, especialmente a alucinação negativa, porque a renegação tem retido mais a atenção dos psicanalistas.

A alucinação negativa e a renegação podem ser encontradas tanto no curso da observação psiquiátrica quanto no curso de uma psicoterapia e, em particular, durante a análise. Esses processos são sempre indicadores que devem reter a atenção do clínico, a quem assinalam a existência de uma defesa que convém respeitar desde o começo, pois geralmente diz respeito a um setor importante da problemática do sujeito.

Em psiquiatria, é na entrevista que se observa a alucinação negativa. Ela sempre ocorre de maneira abrupta e inopinada, e é raro ser retrospectivamente relatada, como no caso das auto-observações de Freud (1901). Subitamente, uma palavra pronunciada ou uma pergunta formulada pelo psiquiatra "não são ouvidas", muito embora nada indique um relaxamento da atenção do doente. Aliás, a estrutura psicopatológica deste tanto pode ser a de um neurótico quanto a de um psicótico. Se o fenômeno, na maioria das vezes, é relativo à visão ou à audição, pode igualmente concernir a outras modalidades da percepção, como o tato, por exemplo.

Assim é que dois pacientes histéricos nos relataram tê-la experimentado durante as relações sexuais. Num dos casos, tratava-se de uma moça que não havia percebido nada do coito que estivera na origem de sua primeira gravidez e de seu casamento. No entanto, lembrava-se perfeitamente do contexto em que o acontecimento tivera lugar e continuava a se formular perguntas sobre o que havia ocorrido. Essa alucinação negativa, por outro lado, não voltara a se reproduzir posteriormente. Num outro caso, um rapaz, em diversas ocasiões, após a penetração, deixara repentinamente de perceber seu pênis e não se apercebera da ejaculação. Essas observações devem ser aproximadas do comentário feito por H. Ey (1973) a propósito dos fenômenos de despersonalização, porque, para esse autor, "a negação do corpo não deveria surpreender-nos, se compreendêssemos claramente que a alucinação não consiste na construção positiva de um objeto ou de uma imagem, mas na própria negação (ou, se preferirmos, no avesso) da realidade" (p. 292). Isso é o que a observação de qulaquer estado alucinatório permite facilmente confirmar.

Todavia, a alucinação negativa deve ser distinguida da renegação da realidade, onde a percepção é simultaneamente reconhecida e renegada. Tampouco deve ser confundida com os casos de não-percepção relacionados com um desinvestimento global dos sistemas perceptivos, pois está sempre associada a uma atenção intensa, ou pelo menos normal. Pensamos aqui no caso dos mártires cristãos, que, segundo dizem, às vezes ficavam insensíveis aos suplícios sofridos, ou no caso do místico perdido em êxtase, ou ainda no do soldado arrebatado no ardor do combate, que não percebe o ferimento que acabou de sofrer.

Quanto à renegação, ela não costuma ser diretamente observada, mas é relatada pelo sujeito, na maioria das vezes, durante a anamnese, porque o acontecimento não foi apagado da memória. Essa é, inclusive, uma das características que a distinguem da alucinação negativa. Em geral, é observada em sujeitos psicóticos. Citaremos como exemplos apenas o caso de uma esquizofrênica que renegava veementemente a existência dos sinais de gravidez que a fizemos observar, e o de uma histérica que conhecia "intelectualmente" a anatomia de seus órgãos genitais, mas declarava não perceber nada de seu orifício vaginal, cuja existência recusava, embora tivesse a impressão de ter um buraco no tórax, do lado de antigas lesões tuberculosas.

Entretanto, em alguns casos, o limite entre a renegação e a alucinação negativa é impreciso, podendo um dos processos atingir algumas percepções, enquanto o outro afeta outros dados sensoriais. Esse era o caso de uma moça, grávida de quatro meses, que tinha perfeito conhecimento do aumento do volume de seu abdômen e da suspensão de suas regras, já que fora consultar um ginecologista, mas que não queria imputá-los a uma gravidez indesejada enquanto, ao mesmo tempo, não havia percebido nem a modificação de seus mamilos nem os movimentos do feto. Contudo, não era psicótica.

Essa recusa da gravidez se exprimiu, depois do parto, pela recusa a amamentar e pelo desejo de retomar imediatamente seu trabalho de médica. Seria interessante saber quais seriam, mais tarde, as repercussões dessa atitude no futuro do filho.

A situação psicoterápica, particularmente a psicanalítica, é uma oportunidade privilegiada para observar tanto a alucinação negativa quanto a renegação, que sempre fornecem ao terapeuta indicações preciosas para a condução do tratamento. O caso mais banal é o da interpretação "não ouvida" pelo sujeito, embora ele fique atento às palavras de seu analista. Vemos nisso uma indicação do caráter prematuro da interpretação proposta. Em outras situações, a interpretação é corretamente percebida, mas se torna imediatamente objeto de uma denegação feroz. Percebe-se aí que os processos de alucinação negativa, renegação e denegação (*Verneinung*) não são totalmente estranhos uns aos outros, como bem o pressentira Pichon (1947). Há também casos em que o sujeito "não ouve" o que diz e, vez por outra, recusa-se a admiti-lo quando isso lhe é apontado, como no caso do *lapsus linguae*, que, em regra geral, é vítima da alucinação negativa daquele que o profere.

Na análise, porém, nem todo o "não percebido" deve ser forçosamente imputado à alucinação negativa. Os estados de elação ou, inversamente, os estados de angústia às vezes fazem o paciente escapar do ambiente. Foi assim que, no momento em que descrevia um estado de elação intensa, uma jovem histérica não percebeu, bem perto, o barulho insuportável de uma britadeira.

Não convém o terapeuta esquecer que a contra-transferência também se pode manifestar nele, através da alucinação negativa das palavras — especialmente as agressivas, mas justificadas — de seu paciente. Nesse caso, quando este último não a denuncia, a alucinação negativa lhe continua permanentemente desconhecida. Quanto a sua renegação de certas realidades que lhe são desagradáveis, o analista tem consciência delas, o que lhe permite dar prosseguimento a sua auto-análise.

Concluindo, cremos que a importância da renegação, e sobretudo a da alucinação negativa, são erroneamente subestimadas. Provavelmente, por se tratar de processos que têm sua origem no eu, tão desacreditado na França, muito embora este tenha que se defender tanto — se não mais — do mundo externo quanto das pulsões, tanto das percepções insuportáveis, das quais nem sempre pode fugir a tempo, quanto das mais perigosas fantasias desejantes. Por fim, provavelmente seria justificado considerar a alucinação negativa, em sua origem ontogenética, como uma experiência afetiva primária de finalidade defensiva, destinada a proteger o bebê das percepções intoleráveis que a mãe não afasta e/ou que provoca. Em tal situação, é evidente que dissociar a percepção da consciência representa a mais eficaz das proteções.

NOTAS

* Texto publicado originalmente nos *Annales Médico-Psychologiques*, vol. 138, nº 2, fevereiro 1980, Masson, Paris.

1. No tocante aos trabalhos cujo original está em inglês ou alemão, a paginação das citações, salvo menção em contrário, é a das edições em língua francesa citadas na bibliografia.

2. Retraduzimos essa passagem, já que a tradução de Jankélévitch (p. 304) é excessivamente falha. Observe-se que esse exemplo só surgiu no livro a partir da edição de 1907.

3. A *amentia* de Meynert é a confusão alucinatória aguda.

4. Grifo nosso.

5. O texto a que aludimos fala em "denegação". Trata-se, evidentemente, de um erro.

6. Trata-se da autoscopia negativa de J. Lhermitte (1939).

7. A tradução de *Verleugnung* tem-se prestado a discussões. Rosolato prefere traduzir essa palavra por *désaveu* [denegação, desmentido], em vez de *déni* [renegação, recusa]. A tradução inglesa é *disavowal*.

8. "[...] a renegação da sexualidade infantil efetivamente se relaciona com essa atitude" (p. 96). Trata-se da atitude parental que consiste em ocultar e esquecer todos os defeitos do filho.

9. *Verlust* se traduz por *perda*, mas tem também o sentido mais genérico de *dano, prejuízo*.

10. "[...] a amência é a reação a uma perda que a realidade afirma, mas que o eu tem que renegar [desmentir] por ser insuportável" (p. 143).

11. Não retomamos a tradução francesa de A. Berman (pp. 81-82), pois ela está longe de ser literal.

12. Não retomamos a tradução de A. Berman (pp. 81-82).

13. Ver *supra* a observação extraída do capítulo X, seção D, de *Sobre a Psicopatologia da Vida Cotidiana* (*G.W.*, vol. IV, p. 293, trad. francesa, p. 304) [trad. brasileira, *E.S.B.*, vol. VI, revisto].

14. Edição francesa do *Esboço*, p. 81.

15. *Ibid.*, p. 79.

16. Edição francesa, p. 82.

BIBLIOGRAFIA

1. Bernheim, H., 1884, *De la Suggestion dans l'État Hypnotique et dans l'État de Veille,* Paris, ed. Octave Doïn.

2. Bernheim, H., 1888, *De la Suggestion et de ses Applications à la Thérapeutique,* segunda edição corrigida, Paris, ed. Octave Doïn.

3. Bernheim, H., 1981, *Hypnotisme, Suggestion, Psychothérapie. Études Nouvelles,* Paris, ed. Octave Doïn.

4. Bertrand, A.-J.-F., 1872, *Traité du Somnambulisme et des Différentes Modifications qu'il Présente,* Paris, Dentu.

5. Binet, A., 1892, *Les Altérations de la Personnalité,* Paris, ed. Félix Alcan.

6. Bourguignon, A., 1967, "La Discussion entre Freud e Laforgue sur la 'Scotomisation' ", *Bulletin de l'Assoc. Psychanal. de France,* nº 3, segundo semestre de 1967, pp. 243–249.

7. Bourguignon, A., 1977, "Mémorial", *Nouv. Rev. Psychanal.,* primavera de 1977, no. 15, pp. 235–249 [cap. II deste volume].

8. Breuer, J., 1895, "Beobachtung I. Frl. Anna O...", *in* J. Breuer e S. Freud, *Studien über Hysterie,* Leipzig e Viena, Franz Deuticke, tradução francesa, *Études sur l'Hystérie,* Paris, Presses Universitaires de France, 1956 [*Estudos sobre a Histeria,* Edição *Standard* Brasileira das Obras Psicológicas Completas de Sigmund Freud (*E.S.B.*), Rio, Imago, vol. II, 2ª ed., revista].

9. De Wolf, M., 1975, "La Méconnaissance de la Sexualité à l'Intérieur du Rapport Parents–Enfants", *Topique,* nº 15, maio de 1975, pp. 123–155.

10. Ey, H., 1973, *Traité des Hallucinations,* 2 vols., Paris, Masson.

11. Forel, A., 1889, "De l'Hallucination Négative chez les Aliénés et de la Différence entre l'Hallucination des Hypnotisés et celle des Aliénes", *I Congresso Internacional de Hipnotismo* (8–12 de agosto de 1889). Sinopses publicadas por E. Bérillon, Paris, ed. Octave Doïn, 1890, pp. 122–128.

12. Freud, S., 1895, "Beobachtung III, Frl. Lucie R...", *in* J. Breuer e S. Freud, *Studien über Hysterie,* Leipzig e Viena, Franz Deuticke, 1895; trad. francesa, *Études sur l'Hystérie,* Paris, P.U.F., 1956 [*Estudos sobre a Histeria, op. cit.*].

13. Freud, S., 1901, *Zur Psychopathologie des Alltagsleben* (*über Vergessen, Versprechen, Vergreifen, Aberglaube und Irrtum*), Berlim, Karger, trad. franc., *Psychopathologie de la Vie Quotidienne,* Paris, Payot, 1960 [*Sobre a Psicopatologia da Vida Cotidiana, E.S.B.,* vol. VI, 2ª ed., revista].

14. Freud, S., 1905, "Psychische Behandlung (Seelenbehandlung)", *in* R. Kossmann e J. Weiss, *Die Gesundheit,* I, pp. 368–384, Stuttgart, Berlim e Leipzig, Union deutsche Verlagsgesellschaft ["Tratamento Psíquico ou Anímico)", *E.S.B.,* vol. VII, 2ª ed., revista].

15. Freud, S., 1905b, "Bruchstuck einer Hysterie Analyse", *Mschr. Psychiat. Neurol.,* 18, nºs 4 e 5, pp. 285–310 e 408–467, trad. franc. *in* S. Freud, *Cinq Psychanalyses,* Paris, Denoel, 1936, pp. 7–109 ["Fragmento da Análise de um Caso de Histeria", *E.S.B.,* vol. VII, 2ª ed., revista].

16. Freud, S., 1907, *Der Wahn und die Traume in W. Jensens Gradiva,* Leipzig e Viena, Heller (*Schriften zur angewandten Seelenkunde,* Vol. 1), trad.

francesa, *Délire et Rêves dans la "Gradiva" de Jensen*, Paris, Gallimard, 1949 ["Delírios e Sonhos na 'Gradiva' de Jensen", *E.S.B.*, IX, 1ª ed.].

17. Freud, S., 1914, "Zur Einführung des Narzissmus", *Jb. Psychoan.*, 6, pp. 1–24, trad. francesa *in* S. Freud, *La Vie Sexuelle*, Paris, Presses Universitaires de France, 1969, pp. 81–105 ["Sobre o Narcisismo: Introdução", *E.S.B.*, vol. XIV, 1ª ed., não revisto].

18. Freud, S., 1915a, "Die Verdrängung", *Int. Z Psychoanal.*, 3, pp. 129–138, trad. francesa *in* S. Freud, *Métapsychologie*, Paris, Gallimard, 1968, pp. 45–63 ["A Repressão", *E.S.B.*, vol. XIV, 1ª ed., não revisto].

19. Freud, S., 1915b, "Das Unbewusste", *Int. Z Psychoanal.*, 3, pp. 189–203 e 257–269, trad. francesa *in* S. Freud, *Métapsychologie*, Paris, Gallimard, pp. 65–123 ["O Inconsciente", *E.S.B.*, vol. XIV, 1ª ed., não revista].

20. Freud, S., 1916–1917, *Vorlesungen zur Einführung in die Psychoanalyse*, Leipzig e Viena, Heller. Dois volumes publicados em 1916, e o terceiro volume em 1917, trad. francesa *Introduction à la Psychanalyse*, Paris, Payot, 1961 [*Conferências Introdutórias sobre Psicanálise*, E.S.B., vols. XV e XVI, 1ª ed., não revistas].

21. Freud, S., 1917, "Metapsychologische Ergänzung zur Traumlehre", *Int. Z. Psychoanal.*, 4, pp. 277–287, trad. francesa *in* S. Freud, *Métapsychologie*, Paris, Gallimard, 1968, pp. 125–146 ["Suplemento Metapsicológico à Teoria dos Sonhos", *E.S.B.*, vol. XIV, 1ª ed. não revista].

22. Freud. S., 1923, *Das Ich und das Es*, Leipzig, Viena e Zurique. Internationaler Psychoanalytischer Verlag, trad. francesa *in* S. Freud, *Essais de Psychanalyse*, Paris, Payot, 1965 [*O Ego e o Id*, *E.S.B.*, vol. XIX, 1ª ed., não revista].

23. Freud, S., 1925, "Notiz über den 'Wunderblock' ", *Int. Z. Psychoanal.*, 11, pp. 1–5 ["Nota sobre o 'Bloco Mágico' ", *E.S.B.*, vol. XIX, 1ª ed., não revista].

24. Freud, S., 1926, *Hemmung, Symptom und Angst*, Leipzig, Viena e Zurique, Internationaler Psychoanalytischer Verlag, trad. francesa, *Inhibition, Symptôme et Angoisse*, Paris, Presses Universitaires de France, 1965 [*Inibições, Sintomas e Ansiedade*, *E.S.B.*, vol. XX, 1ª ed., não revista].

25. Freud, S., 1927, "Fetischismus", *Int. Z. Psychoanal.*, 13, pp. 373–378, trad. francesa *in* S. Freud, *La Vie Sexuelle*, Paris, Presses Universitaires de France, 1969, pp. 133–138 ["Fetichismo", *E.S.B.*, vol. XXI, 1ª ed.].

26. Freud, S., 1940, *Abriss der Psychoanalyse*, *Int. Z. Psychoanal.* 25, no. 1, pp. 7–67, trad. francesa, S. Freud, *Abrégé de Psychanalyse*, Paris, Presses Universitaires de France, 1949 [*Um Esboço de Psicanálise*, *E.S.B.*, vol. XXIII, 1ª ed., não revista].

27. Freud, S. e Laforgue, R., 1977, "Correspondance" (trad. fr.), *Nouvelle Revue de Psychanalyse*, primavera de 1977, nº 15, pp. 251–314.

28. Green, A., 1967a, "Le Narcissisme Primaire: Structure ou État (ii)", *L'Inconscient*, nº 2, abril–junho de 1967, pp. 89–116.

29. Green, A., 1967b, "Les Fondements Différenciateurs des Images Parentales. L'Hallucination Négative de la Mère et l'Identification Primordiale au Père", *Rev. Franç. Psychanal.*, 31, nºs 5–6, pp. 896–906.

30. Green, A., 1970, "L'Affect", *Rev. Franç. Psychanal.*, 34, nºs 5–6, pp. 885–1169.

31. Green, A., 1977, "L'Hallucination Négative. Note pour un Addendum à un Traité des Hallucinations", *Evol. Psychiat.*, 42, pp. 645–656.

32. Isaacs, S., 1948, "The Nature and Function of Phantasy", *Int. J. Psychoanal.*, 29, pp. 73–97; reproduzido *in* Riviere, J. (org.), *Developments in Psychoanalysis*, Londres, Hogarth Press, 1952, trad. francesa, *Développements de la Psychanalyse*, Paris, Presses Universitaires de France, 1966, pp. 64–114 ["A Natureza e a Função da Fantasia", *Os Progressos da Psicanálise*, Rio, Zahar Eds., 2ª ed., 1978].

33. Laforgue, R., 1926a, "Verdrängung und Skotomisation", *Int. Z. Psychoanal.*, 12, pp. 54–65.

34. Laforgue, R., 1962b, "Über Skotomisation in der Schizophrenie", *Int. Z. Psychoanal.*, 12, pp. 451–456.

35. Laforgue, R., 1928, "Überlegungen zum Begriff der Verdrängung", *Int. Z. Psychoanal.*, 14, pp. 371–374.

36. Laforgue, R., 1937, *Relativité de la Réalité. Réflexions sur les Limites de la Pensée et de la Genèse du Besoin de Causalité*, Paris, Denoël.

37. Laplanche, J. e Pontalis, J.-B., 1967, *Vocabulaire de la Psychanalyse*, Paris, Presses Universitaires de France [*Vocabulário da Psicanálise*, Lisboa, Moraes Eds., 1971].

38. Lhermitte, J., 1939, *L'Image de notre Corps*, Paris, Éditions de la Nouvelle Revue Critique.

39. Maupassant, G. de, 1886, *Le Horla*, *in* vol. II de *Contes et Nouvelles*, Paris, Éditions Albin Michel, 2 vols., 1956–1957.

40. Monchaux, C. de, 1964, "La Pensée et l'Hallucination Négative", *Rev. Franç. Psychanal.*, 28, nº 1, pp. 85–91.

41. Pichon, E., 1947, "Mort, Angoisse, Négation", *Évolut. Psychiat.*, vol. XII, abril de 1947, pp. 19–46.

42. Poe, E.A., 1841, "The Purloined Letter", *The Chamber's Journal*, novembro de 1841. Trad. francesa *in* E.A. Poe, *Oeuvres en Prose*, Paris, Gallimard (Bibliothèque de La Pléiade), 1951, pp. 45–64.

43. Porot, A., 1952, *Manuel Alphabétique de Psychiatrie*, Paris, Presses Universitaires de France, 5ª ed. revista e atualizada, 1975.

44. Riviere, J., 1936, "On the Genesis of Psychical Conflict in Earliest Infancy", *in J. Psychoanal.*, 17, pp. 395–422, reproduzido *in* J. Riviere (org.), *Developments in Psycho-Analysis*, Londres, Hogarth Press, 1952, trad. francesa, *Développements de la Psychanalyse*, Paris, Presses Universitaires de France, 1966, pp. 35–63 ["Sobre a Gênese do Conflito Psíquico nos Primórdios da Infância", in *Os Progressos da Psicanálise*, *op. cit.*].

45. Robert, P., 1958, *Dictionnaire Alphabétique et Analogique de la Langue Française*, 6 volumes + um suplemento, Paris, Société du Nouveau Littré, 1958–1970.

46. Robert, P., 1977, *Le Petit Robert, Dictionnaire Alphabétique et Analogique de la Langue Française*, Paris, Société du Nouveau Littré, nova edição inteiramente atualizada e ampliada.

II

Psicanálise e Ciência

4.

As Funções do Sonho*

A *Traumdeutung* [12] foi escrita mais de meio século antes do início das investigações neurofisiológicas sobre o sonho.[1] Inversamente, essas pesquisas foram iniciadas e prosseguidas na ignorância quase absoluta da obra freudiana. A *Traumdeutung,* portanto, foi o primeiro estudo científico coerente que se sustentou sobre o sonho. Esse discurso se fechou em si mesmo, simultaneamente em função de seu objeto, o sentido do sonho, e em função da especificidade de seus conceitos. Não recorreu a nenhuma outra ciência a não ser a psicanálise, porque não tinha nenhuma necessidade de auxílio nem de contribuições externas para sustentar suas demonstrações. Bastou-se inteiramente a si mesmo. Escrito em 1899, o livro poderia tê-lo sido ainda hoje, sem o recurso dos conhecimentos neurofisiológicos contemporâneos.

A partir de 1953 [1], em quase todos os laboratórios de neurofisiologia do mundo, centenas, talvez, de pesquisadores produziram discursos paralelos ao anterior, a respeito de um fenômeno muito correntemente chamado de *fase paradoxal*:[2] um discurso fenomenológico sobre o comportamento do sujeito durante essa fase, um discurso eletroencefalográfico (EEG), neuroanatômico, neurofarmacológico e até neuroquímico, todos esses discursos correspondendo aos diversos níveis possíveis de observação. Mas, fato notável, nenhum desses discursos, apesar de sua coerência, definidos em seu objeto e específicos em seus conceitos, jamais recorre à palavra *sonho,* e menos ainda à noção de *sentido do sonho*. Conseqüentemente, nada devem à *Traumdeutung*. E é possível, sem risco de erro, afirmar que a maioria dos fisiologistas que trabalham com a fase paradoxal jamais tenha lido essa obra, cujo conhecimento, no entanto, lhes teria permitido orientar melhor suas pesquisas.

Ora, como é hoje fato comprovado [1, 3, 21, 25], é durante a fase paradoxal que surge a atividade psíquica específica chamada sonho. Mas essa comprovação teria sido impossível, se Freud não tivesse fornecido previamente as características psicológicas do sonho, porque, uma vez que a atividade psíquica nunca se interrompe durante a noite, era preciso possuir critérios válidos para distinguir a atividade que sobrevém durante as fases paradoxais da que aparece o sono propriamente dito.

Assim, dois sistemas, dois discursos científicos paralelos e heterogêneos, foram elaborados, ambos concernindo, de uma maneira ou de outra, à mesma atividade psíquica. Esses dois sistemas devem ser — e são — não-contraditórios, mas, ainda assim, irredutíveis um ao outro. Por conseguinte, a questão que se coloca é situá-los em sua relação mútua.

François Jacob [14] propôs recentemente um esquema histórico-estrutural do discurso biológico: "Não existe uma organização do ser vivo, mas uma série de organizações encaixadas umas nas outras, como 'bonecas russas' [. . .]. Mais além de cada estrutura acessível à análise, acaba por se revelar uma nova estrutura, de ordem superior, que integra a primeira e lhe confere suas propriedades. Só se acede a esta transtornando aquela, decompondo o espaço do organismo para recompô-lo segundo outras leis." [3] Até mesmo o sistema biológico revela descontinuidades, rupturas do discurso. Por exemplo, o discurso sobre a estrutura de primeira ordem, sobre a disposição das superfícies visíveis, é heterogêneo aos discursos sobre as estruturas de segunda (órgãos e funções), terceira (cromossomos e genes) e quarta ordens (molécula de ácido nucléico).

Se existe ruptura entre os diversos discursos que constituem o sistema biológico, uma ruptura ainda mais abrupta existe entre o sistema biológico e o sistema psicanalítico, ruptura esta que deve acarretar a perda de uma ilusão persistente: a da possibilidade de articulação entre os dois sistemas. Tal evidência levou Jean Laplanche [18] a entender o discurso "biológico" de Freud como uma metáfora: se assim não fosse, nada poderia explicar o "enigmático absurdo" da letra desse discurso.

Ao contrário, no seio do sistema psicanalítico, é menos fácil distinguir níveis ou ordens do que no seio do sistema biológico. De fato, onde se situaria o corte entre a teoria e a prática, entre o dinâmico, o econômico e o tópico, dado que, mais ainda do que a biologia, a psicanálise constrói sua realidade?

Mas poderemos algum dia realizar o desejo de Jacob, de "associar os diferentes níveis de observação para referir cada um a seus vizinhos",[4] e não teria isso um sentido de referir o psicanalítico ao biológico? Não pensamos assim. Como, de agora em diante, o corte já não se situa entre as substâncias, corpo e mente, mas entre discursos e sistemas lógicos, nada se opõe a que as mesmas palavras sejam encontradas, com conotações diferentes, no discurso psicanalítico e no discurso biológico. Por exemplo, voltando ao sonho e à fase paradoxal, encontramos o mesmo termo, *motilidade,* nos dois discursos. Mas, no discurso psicanalítico, essa palavra faz referência a um esquema do aparelho psíquico, indispensável à teoria, embora alheio à "realidade" fisiológica, ao passo que, no discurso biológico, ela faz referência à atonia muscular (estrutura de primeira ordem), ao estado elétrico das vias motoras centrais e periféricas, do centro anatômico (*locus coeruleus*) que comanda a atonia, e à natureza noradrenérgica dos neurônios desse centro, estando todos esses dados relacionados com a estrutura de segunda ordem de Jacob. A mesma observação seria válida para a palavra *alucinação* e muitas outras. A identificação de uma mesma palavra em diversos discursos paralelos não significa a busca de um determinismo, de uma relação causal ou de qualquer outra "relação" entre estruturas heterogêneas, como Piaget [23] continua a reclamar.

Esse é, a nosso ver, o principal interesse dos estudos recentes sobre o sonho. Eles não contribuíram em quase nada para o sistema psicanalítico, ao qual alguns devem muito, mas contribuem de maneira válida para a pesquisa epistemológica.

Assim, devemos agora considerar o problema da função do sonho com base num duplo registro, psicanalítico e biológico (fase paradoxal), sendo forçados a empregar termos comuns que têm acepções próprias em cada um desses registros.

No sistema psicanalítico, a função do sonho é a realização de um desejo, por sua vez correlata, de uma função de descarga e de uma função de ligação. Passando para o sistema biológico, encontramos estas duas últimas funções, com acepções diferentes, e lhes acrescentamos uma função de estimulação e uma função de substituição. Esperamos que o leitor identifique facilmente em que sistema se situa nosso discurso, na medida em que não tivermos tentado, a despeito de nós mesmos, preencher com fantasias o espaço irredutível que separa a psicanálise da biologia.

A PRIVAÇÃO DO SONHO

É possível suprimir mais facilmente as fases paradoxais nos animais do que no homem. No ser humano, mantida durante quatro a sete dias, tal privação acarreta distúrbios: ansiedade, descoordenação motora, perturbações da memória e da noção do tempo, irritabilidade e desatenção; por vezes, observa-se uma bulimia. Em dois sujeitos estudados por W.C. Dement [7], uma privação de duas semanas acarretou o surgimento de uma síndrome psicótica indiscutível. Em decorrência disso, tais experiências não foram repetidas. Quando se suprimem, simultaneamente, a fase paradoxal e o sono propriamente dito, os sinais de psicose aparecem ao cabo de cem a cento e vinte horas.

Depois dessas experiências, os sujeitos entram imediatamente numa fase de recuperação em que a duração das fases paradoxais aumenta consideravelmente, mas esse aumento nunca chega a compensar a perda provocada pela privação. Nunca existe, portanto, uma recuperação total.

As experiências de privação onírica mostraram que a fase paradoxal — os sonhos — tem uma função biológica, mas não permitiram, por si só, precisar a natureza dessa função. Esta, na verdade, só pode ser deduzida de um estudo conjunto de todas as pesquisas consagradas à fase paradoxal.

AS DIVERSAS TEORIAS SOBRE A FUNÇÃO DO SONHO

No primeiro capítulo da *Traumdeutung,* Freud sublinhou que Robert, em 1866, é quem fora mais longe no estudo da função do sonho, no qual ele reconhecia uma dupla atividade de descarga e integração. E Freud pareceu fazer sua essa teoria, pois seu texto[5] é constituído, seja de citações de Robert, seja de frases pessoais interletradas. Robert escreveu: "Um homem de quem se retirasse a possibilidade de sonhar enlouqueceria ao cabo de algum tempo, porque uma massa enorme de pensamentos inacabados, informes, e de impressões superficiais se acumularia em seu cérebro e sufocaria os conjuntos bem acabados que a memória pudesse ter conservado." Freud escreveu e grifou: "*Os sonhos são a eliminação de pensamentos sufocados na origem* [. . .] *Os sonhos têm um poder de cura, de alívio.*" E assim resumiu a teoria de Robert: o sonho "é um processo somático de todas as noites, situado no nível do aparelho psíquico, e que tem por função proteger esse aparelho de um excesso de tensão, ou, se me permitirem mudar de imagem, retirar o esterco da mente." Assim, Robert foi o primeiro a atribuir ao sonho uma função "psicofísica", e Freud, a lhe atribuir um sentido e uma função psicanalítica.

Sessenta anos depois, entre os fisiologistas, Jouvet concebeu a fase paradoxal, inicialmente, como um "arqueo-sono", dependendo seu desencadeamento das estruturas mais antigas do encéfalo. As investigações filogenéticas, e principalmente o fato, inicialmente sustentado por nós [3], de que o estado de sonho é um verdadeiro estado de despertar, e não de sono, levaram-no a abandonar essa hipótese.

Em 1963 [15] e mais recentemente [17], Jouvet formulou outra hipótese. Presumiu que as informações recebidas durante a vigília são estocadas no nível molecular, em parte em favor do sonho. À vigília corresponderiam a recepção e a gravação das informações, ao sono — que precede o sonho —, sua seleção, e ao sonho, sua fixação. Essa teoria, bastante gratuita, contraria a teoria purgativa de Robert.

Snyder [27] situou-se numa perspectiva evolucionista e finalista. A fase paradoxal teria uma dupla função de homeostase e de alerta. Serviria para manter o nível do tônus cortical, que tende a baixar durante o sono. Desempenharia, portanto, o mesmo papel dos aferentes sensoriais durante a vigília. Essa função seria particularmente importante nos mamíferos em geral, tanto do ponto de vista ontogenético, porque sua maturação nervosa é muito demorada, como do ponto de vista filogenético, porque os mamíferos primitivos têm um sono muito prolongado: o opossum, por exemplo, dorme dezenove em cada vinte e quatro horas. Snyder presume que os pequenos mamíferos primitivos só puderam escapar de seus predadores graças a essa colocaço em estado de alerta, periodicamente provocada durante as fases paradoxais. Estas desempenhariam, portanto, uma dupla função: manter o equilíbrio energético do sistema nervoso central da maneira mais econômica, ao mesmo tempo protegendo o indivíduo do perigo. Como se vê, a imaginação não abdica de seus direitos entre os fisiologistas.

A teoria de Roffwarg, Muzio e Dement [26] é mais solidamente fundamentada, mas igualmente parcial. Para esses autores, a fase paradoxal teria, antes de mais nada, uma função de maturação, durante o período em que o sistema nervoso central ainda não é permeável às estimulações externas. Os influxos ascendentes, indo do tronco cerebral (ponte) para o córtex, preparariam este último para receber as mensagens sensoriais e, secundariamente, o córtex modularia as descargas pônticas. Assim, "o sonho, nascido no tronco cerebral, veste-se no córtex".

Fain e David [8], cujo relatório é anterior às mais importantes descobertas neurofisiológicas, viram com clareza a função homeostática do sonho na economia psíquica e as possíveis substituições entre as descargas motoras e a atividade onírica.

Por mais interessantes que sejam, todas essas hipóteses teóricas continuam parciais; por isso é que julgamos útil retomar o problema da função da fase paradoxal, levando em conta todos os dados atuais. Atribuiremos à fase paradoxal quatro funções principais: de estimulação, descarga, substituição e ligação. Dissociadas em prol da clareza da exposição, essas quatro funções são, na verdade, estreitamente dependentes entre si.

A FUNÇÃO DE ESTIMULAÇÃO

Retomaremos aqui, sem nada lhe acrescentar, a teoria de Roffwarg, Muzio e Dement [26]. A função de estimulação da fase paradoxal deve ser considerada em duas etapas da ontogênese: antes e depois da maturidade neuronal.

Como já vimos, durante a fase paradoxal, são os estímulos endógenos, nascidos no tronco cerebral, que substituem os estímulos externos do estado de vigília. Nesse momento, os centros corticais são tão ativos quanto na vigília, tanto os centros motores quanto os centros sensoriais, o que nos fez dizer que o sonho não seria um estado de sono, mas um estado de despertar, no qual uma vigilância extrema é exercida sobre o mundo das alucinações oníricas.

No decorrer da maturação neuronal, as estimulações vindas da ponte devem contribuir para a conclusão desse processo. De fato, desde Berger (citado por Piéron [24]), sabemos que a estimulação é necessária à completa maturação das vias sensoriais — visuais, no caso da experiência de Berger. Como a estimulação do sistema nervoso central pelos centros pônticos começa já na vida intra-uterina, é lógico atribuir-lhe uma função de amadurecimento. O que resta por determinar é o momento da gestação em que essa função entra em jogo.

Se a maturação das vias proprioceptiva, táctil, auditiva e gustativa pode, *in utero,* ser parcialmente imputada a estímulos externos, o mesmo não pode acontecer com as vias visuais, sobre as quais os estímulos pônticos são os únicos capazes de exercer uma função maturacional. A experiência mostra, por outro lado, que são as partes do sistema nervoso central mais ativas durante a fase paradoxal que se mielinizam *in utero* (áreas sensoriais primárias, área motora principal, sistema límbico e rinencéfalo). Portanto, graças à fase paradoxal, durante a qual mais tarde surgirá o sonho, e graças às estimulações endógenas aferentes e eferentes que a acompanham, o sistema nervoso central se prepara para suas futuras funções muito antes que estas apareçam.

Após a maturação neuronal, a persistência da fase paradoxal, embora em quantidade menor, leva a crer que essa fase satisfaz a necessidade de estimulação endógena que se manifesta durante o sono. De maturacional que era, a função de estimulação torna-se homeostática. Mas não se deve esquecer que à estimulação pôntica se associam as excitações que provêm permanentemente do interior do organismo, mesmo durante o sono.

Todos esses dados neurofisiológicos também servem para nos indicar que as formulações do capítulo VII da *Traumdeutung* não devem ser tomadas num sentido literal, mas num sentido metafórico, e para nos lembrar que qualquer articulação da metapsicologia com a fisiologia é epistemologicamente inaceitável. Por exemplo, quando Freud escreve que "o que se passa no sonho alucinatório não pode ser descrito por nós de outra maneira senão dizendo que a excitação toma uma via *retrógrada*",[6] isso é perfeitamente lógico do ponto de vista metapsicológico, e o neurofisiologista é que estará errado se der a *retrógrado* o sentido de antidrômico.

A FUNÇÃO DE DESCARGA

A função de estimulação da fase paradoxal tem como corolário a função de descarga, já que todo estímulo de intensidade suficiente provoca uma resposta do sistema nervoso central.

Assim, consideraremos muito sucintamente a natureza das excitações a que fica submetido o sistema nervoso central e as vias de descarga que se oferecem às respostas subseqüentes a essas excitações. As excitações podem provir, seja do exterior, seja do interior do organismo. As que provêm do exterior podem ser consideradas, ou do ponto de vista de sua natureza e intensidade, ou do ponto de vista de sua significação para o sujeito. Somente a consideração simultânea desses dois pontos de vista pode ser julgada científica. Assinalemos, de passagem, a existência de "percepções" sem conscientização da excitação, como se pode ver no curso do sonho, ou como se pode comprovar pela obtenção de reflexos condicionados a partir de estímulos subliminares.

As excitações que, vindas do interior do organismo, chegam ao sistema nervoso central são de extrema diversidade, tomando quer a via neuronal, quer a via humoral. Habitualmente, não são percebidas no nível consciente. Mas algumas podem traduzir-se por afetos, associados ou não a representações.

Para além de um certo limiar, toda excitação acarreta uma resposta, uma descarga imediata ou retardada, seja nos sistemas somáticos periféricos, seja no encéfalo, ou ainda nos dois ao mesmo tempo. As descargas somáticas podem dizer respeito aos órgãos da vida vegetativa e/ou aos da vida de relação. No nível vegetativo, traduzem-se por modificações da musculatura lisa e dos diversos órgãos secretores e excretores. No nível relacional, traduzem-se por uma atividade motora estriada e/ou psico-sensorial. Por fim, a atividade psíquica, sob todas as suas formas, seja qual for a importância de seu acompanhamento somático, pode, em certa medida, ser assemelhada a uma atividade de descarga, caso contribua para a cessação da excitação.

Sendo a fase paradoxal o estado em que o indivíduo está menos submetido às excitações externas, mais isolado do mundo externo — mais ainda do que durante o sono —, as excitações a serem descarregadas durante o sonho são quase que exclusivamente de origem interna. Essas excitações constituem a fonte das pulsões sexuais e das pulsões de autopreservação.

Os estudos ontogenéticos dos neurofisiologistas tiveram o mérito de mostrar como evolui, no curso do crescimento do indivíduo, a função de descarga própria da fase paradoxal.

In utero, as modalidade da fase paradoxal permanecem desconhecidas, em sua maioria. Sua data de aparecimento continua imprecisa. O fato de que o *nucleus reticularis pontis caudalis*[7] possa, no gato pôntico, entrar em atividade de maneira espontânea e periódica — com a regularidade de um relógio, diz Jouvet [16] — permite supor que, num estádio inicial, a fase paradoxal representa apenas uma pura atividade de estimulação ascendente dos centros superiores. Essa estimulação talvez seja, inclusive, a única a que o sistema nervoso central fica sujeito, enquanto não aparecem as excitações de origem periférica.

Numa etapa posterior, as excitações vindas da periferia tornam-se mais numerosas e mais intensas, porque já se desenvolveram algumas aferências sensoriais, bem como algumas funções de relação, como a deglutição [20]. Esse aumento das excitações parece dar-se paralelamente a um aumento do tempo de fase paradoxal, que prossegue até o nascimento. Por conseguinte, a função de estimulação reservada à fase paradoxal já não fica isolada, e a função de descarga torna-se predominante, como testemunha a intensificação dos movimentos fetais durante as fases paradoxais da mãe. Nesse estádio da ontogênese, a descarga durante a fase paradoxal do feto tem que ser feita de maneira difusa e inespecífica por todas as vias disponíveis, acima de tudo a vegetativa e a motora estriada, a tônica e a fásica. Esse segundo estádio é concluído no nascimento. Não se exclui a hipótese de que um vago esboço de atividade psíquica apareça já no final da gestação, no curso da fase paradoxal.

O terceiro estádio situa-se entre o nascimento e o sétimo ou oitavo meses. Em função de suas necessidades já não serem automaticamente satisfeitas e de suas atividades motoras e sensoriais serem reforçadas, o recém-nascido vive uma sucessão contínua de experiência de satisfação e frustração, particularmente orais, que deixam traços mnêmicos cada vez mais estáveis.

A observação do recém-nascido durante a fase paradoxal prova que as excitações de origem oral são, nessa época, mais importantes do que as excitações genitais. De fato, a fase paradoxal pode ser provocada por estimulações bucais ou peribucais, e pode ser acompanhada por contrações dos músculos labiais, ao passo que a ereção peniana continua fraca e pouco duradoura.

O nascimento é também marcado por uma diminuição brutal do tempo da fase paradoxal, diminuição esta que, no espaço de alguns meses, é da ordem de 80%; paralelamente, aumenta a duração do estado de vigília. Progressivamente, a via de descarga motora periférica se fecha durante a fase paradoxal, enquanto a atividade alucinatória torna-se cada vez mais manifesta, como se uma das vias de descarga substituísse a outra. Para dar uma idéia da importância das descargas motoras durante a fase paradoxal no nascimento, lembramos que os gatinhos recém-nascidos, por exemplo, parecem mais despertos durante a fase paradoxal do que no estado de vigília. À medida que a atividade de vigília vai-se intensificando, a quantidade de fase paradoxal diminui. Isso é o que explica que os animais nidífugos (ruminantes) tenham, no nascimento, menos fase paradoxal do que os nidícolas (roedores, felídeos etc.).

Já na primeira infância, a fase paradoxal conclui sua evolução. Praticamente não varia mais, nem em qualidade nem em quantidade, até a morte, salvo no que concerne à ereção peniana, que se torna mais intensa e mais duradoura depois da infância. O tônus muscular fica definitivamente abolido; subsistem apenas algumas tênues contrações fásicas distais. As manifestações vegetativas que acompanham o sonho não se modificam.

Em suma, a neurofisiologia teve o mérito de nos provar que, durante o sonho, a função de descarga não concerne apenas à esfera psico-sensorial, mas diz respeito também ao sistema vegetativo e, acessoriamente, ao sistema motor fásico.

Os autores antigos — já o vimos a propósito da concepção de Robert — falavam mais em função purgativa, catártica ou purificadora. Freud, aliás, integrou isso em sua teoria: "[. . .] O sonho descarrega a mente, como uma válvula [. . .]".[8] Quando a excitação ligada às necessidades mais elementares, como a fome e a sede, não pode ser descarregada durante o dia, o sonho se oferece como via de descarga; é o caso dos sonhos de conveniência. Mas, no sistema psicanalítico, a função de descarga do sonho se aplica, antes de mais nada, às tensões nascidas do desejo, e se exerce pelo caminho da realização alucinatória.

Está claro que, se conservamos a mesma expressão, função de descarga, para falar dos dois pontos de vista, o psicanalítico e o neurofisiológico, isso não implica que haja entre esses dois pontos de vista outras relações senão as analógicas.

A FUNÇÃO DE SUBSTITUIÇÃO

No âmbito da neurofisiologia da fase paradoxal, o emprego do conceito de substituição se impõe para explicar fenômenos observados tanto no nível dos processos de excitação quanto no dos processos de descarga.

A privação sensorial espontânea representada pelo sono acarreta, inevitavelmente, ao cabo de aproximadamente noventa minutos, o surgimento da fase paradoxal, que vem substituir as estimulações externas, tornadas ineficazes ou mesmo ausentes. Da mesma forma, a privação sensorial experimental provoca uma ativação dos centros, traduzida em fenômenos de tipo alucinatório. Por fim, a privação sensorial localizada, decorrente de uma amputação, é acompanhada pelo aparecimento do fenômeno alucinatório chamado de "membro fantasma". Nesses três exemplos, podemos dizer que uma estimulação externa é substituída por uma estimulação de origem nervosa central: a realidade externa é substituída pelo sonho ou pela alucinação da vigília.

É mais difícil encontrar exemplos de substituição das excitações internas, porque sua supressão seria pouco compatível com a manutenção da vida. Entretanto, podemos citar, seguindo Fisher [9], o balanceamento entre a atividade genital e a atividade oral que, no gato, é consecutivo à privação da fase paradoxal, tornando-se uma tão mais importante quanto mais a outra é reduzida.

Os fenômenos de substituição mais interessantes e mais bem estudados são os que se observam entre a fase paradoxal e as crises epilépticas. Durante a noite, as crises do tipo Grande Mal tomam o lugar das fases paradoxais; numerosas crises temporais ocorrem por ocasião ou no começo de uma fase paradoxal [6]. Isso se traduz pelo fato de que as crises noturnas acarretam a redução ou até o desaparecimento das fases paradoxais [2]. O mesmo fenômeno é observado quando se provocam crises de epilepsia em animais, experimentalmente [5]. Ao contrário, a eliminação das fases paradoxais provoca um rebaixamento do limiar eletroconvulsivante [4]. E, durante o período de recuperação que se segue a uma privação prolongada de fases paradoxais, vemos surgir no animal uma intensa atividade motora que evoca o estado epiléptico [16]. Por isso é que se propôs ativar o EEG dos epilépticos através da privação de sono [22]. Tudo transcorre, portanto, como se a atividade motora da epilepsia pudesse substituir a atividade psico-sensorial da fase paradoxal. Finalmente, lembramos que, no curso da ontogênese da fase paradoxal, a via de descarga motora vai sendo progressivamente substituída pela psico-sensorial. Aliás, Freud havia observado, já em 1895, em seu *Projeto para uma Psicologia Científica* [11]: "Os sonhos *são desprovidos de descarga motora* e, na maioria das vezes, de elementos motores. Neles, achamo-nos paralisados."[9] Talvez essa seja uma condição necessária para a realização alucinatória do desejo.

A FUNÇÃO DE LIGAÇÃO

A importação de um conceito para um campo que lhe é estranho não pode ser feita sem algumas precauções. O conceito de ligação (*Bindung*) pertence à psicanálise, onde é empregado num sentido metafórico, e nós nos propomos utilizá-lo igualmente no campo da neurofisiologia, onde ele nos parece necessário. Mas podemos autorizar-nos por um precedente: o do conceito de integração, que Spencer empregava metaforicamente e que Sherrington importou para a neurofisiologia.

No sistema neurológico e em sentido lato, essa função corresponderia às operações através das quais o sistema nervoso central domina o afluxo de excitações, e em seguida orienta, depois de tê-la adiado ou não, sua descarga. Assim, podemos conceber diferentes modos de funcionamento do sistema nervoso central, conforme essa função seja ou não exercida. Em alguns casos, a resposta às excitações é uma descarga difusa que invade o corpo inteiro, como numa crise de epilepsia generalizada, por exemplo. Em outros casos, ao contrário, o sistema nervoso central canaliza as excitações, e depois regula e orienta a descarga. Essa função, portanto, é complementar às de integração e inibição.

A função de ligação da fase paradoxal é exercida, a princípio, pela orientação ascendente dos influxos que, nascidos na região pôntica, sobem até o córtex. Vimos que esse era um fator importante da maturação do sistema nervoso central.

A ligação age igualmente no nível das vias de descarga. Se a descarga característica da fase paradoxal é originalmente difusa, sabemos que o fechamento progressivo da via motora periférica passa a lhe impor que tome a via psico-sensorial. Em decorrência disso, a fase paradoxal desempenha um papel importante na adaptação do sistema nervoso central à realidade externa.

A existência de uma ação moduladora e inibidora dos centros corticais sobre as descargas pônticas ascendentes da fase paradoxal revela um terceiro aspecto da função de ligação desta última. O caso dos movimentos oculares rápidos que acompanham o sonho é a melhor ilustração disso.

Demonstrou-se, de um lado, que os cegos de nascença, embora seus sonhos não comportem nenhuma imagem visual, têm movimentos oculares rápidos, e, de outro lado, que esses mesmos movimentos oculares, nas pessoas dotadas de visão, têm orientação idêntica à que teriam se, em vez de olhar para a cena de seus sonhos, elas observassem uma cena igual na realidade.

A partir dessas observações, podemos enunciar a hipótese de que, originalmente, todas as manifestações somáticas (viscerais e musculares) contemporâneas da fase paradoxal são difusas, automáticas e desprovidas de orientação e significação. Num segundo momento, as experiências conscientes da vigília deixam vestígios que são revivificados durante a fase paradoxal. Como esses vestígios são estruturados, carregados de significação — em suma, ligados —, eles dão uma orientação e um sentido às imagens do sonho. Esse sentido, então, domina e subjuga as manifestações somáticas da fase paradoxal, que perdem seu caráter difuso, automático e insignificante. Assim, a fase paradoxal, principalmente pela ação moduladora do córtex, exerce uma função de ligação e coordenação sobre seus componentes psico-sensoriais, motores estriados e vegetativos.

Deixemos o sistema biológico e voltemos ao sistema psicanalítico, no qual talvez pareça paradoxal falarmos de ligação a propósito do sonho, dado que o conceito de energia ligada associa-se ao de processo secundário, e o conceito de energia livre, ao de processo primário. Mas a contradição é apenas aparente, se admitirmos, com J. Laplanche e J.-B. Pontalis [19], que "a própria energia livre, tal como a identificamos em psicanálise, não é uma descarga maciça de excitação, mas uma circulação ao longo de cadeias de representações que implicam 'elos' associativos", e se admitirmos que o processo de pensamento representa um "caso privilegiado de um funcionamento 'ligado' da energia".[10]

O capítulo VII da *Traumdeutung* mostra como essas duas funções, de descarga e ligação, intervêm no sonho. Mas há um caso em que a função de ligação é ineficaz, por ser insuficiente: é o caso do sonho de angústia (*Angsttraum*). Para Freud, esse é um caso de falha funcional, tal como se vê em todos os processos da vida. Ele não desmente em nada a teoria do sonho como realização de desejo. Convém, simplesmente, situá-lo no contexto da psicologia das neuroses.

Para a compreensão do exposto, convém observar, neste ponto, que Freud praticamente nunca falou do pesadelo em sua obra, salvo em três oportunidades.[11] Foi erroneamente, portanto, que os tradutores franceses traduziram *Angsttraum* por *cauchemar* [pesadelo]; a tradução inglesa, aliás, indica *anxiety dream*, e não *nightmare*. E pesadelo se diz, em alemão, *Alpdruck* ou *Alptraum*. É importante saber que Freud não assimilou o pesadelo ao sonho de angústia e que, na *Traumdeutung*, efetivamente distinguiu o *pavor nocturnus* (pesadelo da criança) do sonho. Na verdade, se o sonho de angústia não contradiz a teoria do sonho como realização de desejo, o mesmo não acontece com o pesadelo e com o "sonho traumático", que pode ser aproximado deste último.

Lembramos que, a propósito do "sonho traumático", em *Além do Princípio do Prazer* [13], Freud recoloca o problema: "Se não quisermos que os sonhos da neurose de acidente perturbem nossa tese da tendência do sonho a realizar um desejo, resta-nos o recurso de dizer que, nessa afecção, a função do sonho, como muitas outras coisas, é abalada e desvirtuada de suas finalidades, a menos que invoquemos as enigmáticas tendências masoquistas do eu." [12]

Os recentes trabalhos de Fisher [10], psicanalista e neurofisiologista, lançaram alguma luz sobre esse problema do sonho de angústia, do "sonho traumático" e do pesadelo, que pode ser assimilado a este último, pois é, habitualmente, a repetição de um antigo trauma. A conclusão desses trabalhos é que o pesadelo e o "sonho traumático" não são sonhos, propriamente falando, já que não aparecem durante a fase paradoxal, mas durante o sono propriamente dito, no estádio mais profundo de sono, o estádio IV.

Convém lembrarmos que Rechtschaffen [25] e Monroe [21] provaram que a atividade psíquica que ocorre durante o sono não tem a estrutura do sonho, mas uma estrutura comparável à do pensamento de vigília.

Fisher mostrou claramente que o estado onírico é aquele em que estamos mais bem defendidos contra a angústia. Mesmo no sonho de angústia, esta permanece moderada em suas manifestações psíquicas e somáticas. Ao contrário, durante o sono profundo do estádio IV, durante o pesadelo e o "sonho traumático", a angústia pode irromper maciçamente. De repente, o sujeito acorda, confuso, delirante e alucinado, tomado por uma angústia indescritível e pedindo socorro. Ao mesmo tempo, seus ritmos cardíacos e respiratório aumentam de maneira impressionante. Em contraste com essa situação dramática, observa-se que, durante a noite em que se produz o pesadelo, os sonhos são tranqüilos e desprovidos de angústia. Fisher comparou esses "sonhos traumáticos", esses pesadelos, a verdadeiros episódios psicóticos agudos reversíveis.

Essas observações nos parecem reforçar a teoria do sonho como realização de desejo, que, por conseguinte, não comportaria nenhuma exceção. Por outro lado, o sonho continuaria a ser o estado em que a função de ligação seria mais estável, justamente pelo fato de o aparelho psíquico estar intensamente investido, o que o torna "capaz de admitir um afluxo suplementar de energia e de transformá-la num investimento quiescente, ou seja, de 'ligá-la' psiquicamente".[13] Inversamente, durante o sono mais profundo, podemos admitir que haja um máximo de regressão do eu e um mínimo de investimento, e portanto, uma diminuição considerável da capacidade de ligação. E é graças a essas modificações do aparelho psíquico que os traços mnêmicos recalcados e não-ligados das experiências traumáticas irrompem na consciência, levando-se em conta o fato de que, "do lado de dentro, não pode haver para-excitações", e portanto, de que "as excitações provenientes das camadas mais profundas se transmitem diretamente ao sistema, sem sofrer diminuição [...]".[14] Assim, cremos ser justificado afirmar que, se o "sonho traumático" não é uma realização de desejo, nem está submetido ao princípio do prazer, mas é a expressão da compulsão à repetição, é por não constituir um sonho.

Por fim, mesmo dentro da perspectiva da segunda teoria das pulsões, encontramos a função de ligação a serviço do sonho, porque, como mostramos num trabalho anterior [3], o sonho deve ser considerado como a expressão da pulsão de vida, e o sono, como uma expressão da pulsão de morte. A rigor, o sonho pode ser tomado como uma das formas mais complexas da vida, na qual todas as atividades do ser acham-se estreitamente ligadas, ao passo que, durante o sono propriamente dito, assistimos a um desligamento progressivo: os ritmos cardíacos e respiratórios se lentificam, as secreções estancam e o nível de investimento se reduz no aparelho psíquico, à medida que o sono vai-se aprofundando. É o que Nerval já escrevia em *Aurélia*: "O sonho é uma segunda vida... Os primeiros instantes do sono são a imagem da morte..."

NOTAS

* Texto publicado originalmente na *Nouvelle Revue de Psychanalyse*, primavera, 1972, Paris.

1. Os números entre colchetes remetem às referências bibliográficas a serem encontradas no final do artigo.

2. Essa fase é chamada de *paradoxal* por duas razões. Primeiro, porque é no momento em que o EEG mais se assemelha ao da vigília que o sistema nervoso central acha-se mais isolado do mundo externo. Segundo, porque a abolição total do tônus muscular se associa, nessa fase, a uma atividade motora fásica das extremidades.

Outras denominações: fase paradoxal do sono (FP), sono rápido (SR), fase de movimentos oculares rápidos (MOR), *rapid eye movement sleep* (sono REM), e fase rombo-encefálica do sono (FRS).

3. *La Logique du Vivant,* p. 24.

4. *Op. cit.,* p. 343.

5. Cf. pp. 76 e 77 da edição francesa.

6. *G.W.,* II-III, p. 547; ed. fr., p. 460.

7. Trata-se do núcleo do tronco cerebral, que desencadeia o processo da fase paradoxal e é, por conseguinte, indispensável ao aparecimento do estado onírico.

8. *Der Traum die Seele wie ein Ventil entlaste* (...), *G.W.,* II-III, p. 596; ed. fr., p. 502.

9. Ed. fr., p. 354; ed. alemã, p. 422.

10. *In Vocabulaire de la Psychanalyse,* p. 223 e p. 135.

11. *G.W.,* II-III, pp. 4 e 37; *G.W.,* XV, p. 53.

12. *G.W.,* XIII, p. 11.

13. *G.W.,* XIII, p. 30.

14. *G.W.,* XIII, p. 28. Utilizamos, para nossas citações de *Além do Princípio do Prazer,* a tradução inédita de J. Laplanche e J.-B. Pontalis.

BIBLIOGRAFIA

1. Aserinsky, E. e Kleitman, N., "Regularly Occurring Periods of Eye Motility, and Concomitant Phenomena during Sleeú", *Science,* 1953, *118,* pp. 273-279.

2. Bordas-Ferrer, M., Talairach, J. e Bancaud, J., "Incidence des Accès sur l'Organisation du Sommeil de Nuit des Épileptiques", *Rev. Neurol.,* 1966, *115,* pp. 556-561.

3. Bourguignon, A., "Neurophysiologie du Rêve et Théorie Psychanalytique", *Psychiat. Enfant,* 1968, *11,* pp. 1-69.

4. Cohen, H.B. e Dement, W.C., "Sleep: Changes in Threshold to Electroconvulsive Shock in Rats after Deprivation of 'Paradoxical' Phase", *Science,* 1965, *150,* pp. 1318-1319.

5. Cohen, H.B. e Dement, W.C., "Sleep Suppression of Rapid Eye Movement Phase in the Cat after Electroconvulsive Shock", *Science,* 1966, *154,* pp. 396-398.

6. Delange, M., Cadilhac, J.-C., El Kassabgui, M., Cadilhac, J. e Passouant, P., "L'Organisation du Sommeil Nocturne chez les Épileptiques", *Rev. Neurol.,* 1966, *115,* pp. 561-562.

7. Dement, W.C., Parte III, "Research Studies: Dreams and Communication", *in Science and Psychoanalysis,* vol. VII. Nova York, Grune and Stratton, 1964.

8. Fain, M. e David, C., "Aspects Fonctionnels de la Vie Onirique", *Rev. Franç. Psychanal.*, 1963, *27*, número especial, pp. 241–343.

9. Fisher, C., "Dreaming and Sexuality", *in Psychoanalysis. A General Psychology: Essays in Honor of Heinz Hartmann*, org. de R.M. Loewenstein, L.M. Newman, M. Schur e A.J. Sonit, Nova York, International Universities Press, 1966, pp. 537–569.

10. Fisher, C., Byrne, J., Edwards, A. e Kahn, E., "A Psychophysiological Study of Nightmares", *J. Amer. Psychoanal. Assoc.*, 1970, *18*, pp. 747–782.

11. Freud, S., "Entwurf einer Psychologie", *in Aus den Anfängen der Psychoanalyse*, Londres, Imago Publishing, 1950. — "Esquisse d'une Psychologie Scientifique", *in Naissance de la Psychanalyse*, Presses Universitaires de France, 1956 [*Projeto para uma Psicologia Científica, E.S.B.*, vol. I, 2ª ed., revista].

12. Freud, S., *Die Traumdeutung, in Gesammelte Werke*, vols. I e II, Frankfurt am Main, S. Fischer Verlag, 1961, trad. fr., *L'Interprétation des Rêves*, Presses Universitaires de France, 1967 [*A Interpretação dos Sonhos, E.S.B.*, vols. IV e V, 2ª ed., revista].

13. Freud, S., "Jenseits des Lustprinzips", *in Gesammelte Werke*, vol. XIII, Frankfurt am Main, S. Fischer Verlag, 1963, trad. fr., "Au-delà du Principe de Plaisir", *in Essais de Psychanalyse*, Petite Bibliothèque Payot [*Além do Princípio do Prazer, E.S.B.*, vol. XVIII, 1ª ed.].

14. Jacob, F., *La Logique du Vivant*, Gallimard, 1970.

15. Jouvet, M., "La Phase Paradoxale du Sommeil", *Cahiers Méd. Lyonnais*, 1963, *39*, pp. 867–885.

16. Jouvet, M. "Étude de la Dualité des États de Sommeil et des Mécanismes de la Phase Paradoxale", *in Aspects Anatomo-Fonctionnels de la Physiologie du Sommeil*, Éditions du Centre Nacional de la Recherche Scientifique, 1965.

17. Jouvet, M., declarações feitas à revista *Réalités*, 1965, nº 237, pp. 94–96.

18. Laplanche, J., "Les Principes du Fonctionnement Psychique. Tentative de Mise au Point", *Rev. Franç. Psychanalyse*, 1969, *33*, pp. 185–200.

19. Laplanche, J. e Pontalis, J.-B., *Vocabulaire de la Psychanalyse*, Presses Universitaires de France, 1967 [*Vocabulário da Psicanálise*, Lisboa, Moraes Eds., 1971].

20. Milakovic, I., "The Hypothesis of a Deglutive (Prenatal) Stage in Libidinal Development", *Int. J. Psycho-Anal.*, 1967, *48*, pp. 76–82.

21. Monroe, L.J., Rechtschaffen, A., Foulkes, D. e Jensen, J., "Discriminability of REM and NREM Reports", *in J. Personal Social Psychol.*, 1965, *2*, pp. 456–460.

22. Oller-Daurella, L., "La Privation de Sommeil comme Méthode d'Activation de l'E.E.G. chez l'Épileptique", *Rev. Neurol.*, 1966, *115*, pp. 530–535.

23. Piaget, J., *Logique et Connaissance Scientifique* (sob a direção de J. Piaget), Gallimard, 1967.

24. Piéron, H., *De l'Actinie à l'Homme. Études de Psychophysiologie Comparée*, vol. II, Presses Universitaires de France, 1959.

25. Rechtschaffen, A., Verdone, P. e Wheaton, G., "Reports of Mental Activity during Sleep", *Canad. Psychiat. Assoc. J.*, 1963, *8*, pp. 409–414.

26. Roffwarg, H.P., Muzio, J.N. e Dement, W.C., "Ontogenetic Development of the Human Sleep-Dream Cycle", *Science*, 1966, *152*, pp. 604–619.

27. Snyder, F., "Toward an Evolutionary Theory of Dreaming", *Amer. J. Psychiat.*, 1966, *123*, pp. 121–136.

5.

A Psicanálise e as Ciências*

O problema das relações da psicanálise com as ciências é no mínimo controvertido e, ao abordá-lo, oferecemo-nos tanto às críticas dos biólogos quanto às dos psicanalistas praticantes; é que todo representante de uma disciplina reivindica mais ou menos para ela um estatuto de autonomia. Por isso, para evitar que a discussão degenere em polêmica, convém definir o que entendemos por psicanálise e por ciências.

Como o próprio Freud esclareceu, a palavra *psicanálise* tem uma acepção tríplice. No sentido mais trivial, designa um método terapêutico das neuroses, que é a análise típica. Afora qualquer objetivo terapêutico, ela se relaciona com um meio de investigação dos efeitos da atividade inconsciente sobre a do psiquismo pré-consciente/consciente. Por último — e é a isso que poderíamos justificadamente chamar de "núcleo sólido" da psicanálise —, a palavra remete a uma teoria muito precisa da estrutura e das funções do aparelho psíquico. É neste último sentido que empregarei a palavra psicanálise. É desnecessário lembrar que, na mente de Freud, essa teoria era mais importante do que as aplicações terapêuticas. Aliás, ela veio à luz, em sua formulação primeira, antes mesmo do emprego do método terapêutico, como o comprova o *Projeto para uma Psicologia Científica*, de 1895. Essa teoria nasceu de uma tentativa, rapidamente abandonada, de estabelecimento de uma correlação entre os dados ainda embrionários da neurobiologia e os conhecimentos psicológicos. Fundamentou-se, antes de mais nada, no método hipotético-dedutivo.

Para considerar todas as intersecções possíveis entre a psicanálise e as ciências, é impossível nos limitarmos às neurociências, porque a teoria freudiana pode receber esclarecimentos de todas as ciências biológicas, assim como estas podem extrair dela hipóteses fecundas. Assim, as ciências do desenvolvimento e da evolução, a etologia, as ciências do comportamento, as neurociências etc. não podem ficar alheias a uma teoria do aparelho psíquico que tem de estar em perpétua renovação (Bourguignon, 1981b). Portanto, considerarei apenas as ciências biológicas, sejam elas experimentais ou de observação — mas já não será esta uma experiência, como pensava Claude Bernard?

OBSERVAÇÕES

Para progredir, a ciência é forçada a recortar o real. Desse corte do real em diferentes níveis de organização nascem disciplinas científicas distintas, cada qual tendo seu objeto e seus métodos. Mas o corte imposto por nossa mente nos faz perder de vista, muitas vezes, que todos os níveis de organização acham-se numa interação constante, que formam um todo e que, por conseguinte, exercem restrições em relação uns aos outros. Nessas condições, é inconcebível que uma disciplina seja totalmente independente das demais. Entretanto, o trabalho de relacionamento das disciplinas entre si requer, evidentemente, uma extrema prudência.

Sem pretender discutir aqui o problema da cientificidade da psicanálise, que discuti em outro texto (1981a),* quero lembrar que Freud reconheceu implicitamente a existência de uma relação entre a teoria psicanalítica e a biologia, quando escreveu, em *Além do Princípio do Prazer* (1920): "As insuficiências de nossa descrição decerto se apagariam se já pudéssemos empregar, em vez dos termos psicológicos, termos fisiológicos ou químicos. Estes, é verdade, também só decorrem de uma linguagem imajada, mas esta nos é familiar há muito tempo, e talvez seja mais simples.

Em contrapartida, realmente convém nos darmos conta de que a necessidade de tomar empréstimos da ciência biológica aumentou consideravelmente o grau de incerteza de nossa especulação. A biologia é, efetivamente, um campo de possibilidades ilimitadas: devemos

* Essa publicação constitui o capítulo 6 do presente livro. (N.T.)

ter a expectativa de receber dela os mais surpreendentes esclarecimentos, não podemos adivinhar que respostas ela haverá de dar, dentro de algumas décadas, às perguntas que lhe formulamos. Talvez sejam respostas de tal natureza que façam desmoronar todo o edifício artificial de nossas hipóteses"[1] (pp. 109-110).

Esse trecho atesta a modéstia que costuma ser própria dos verdadeiros homens de ciência. Prova também que Freud não pretendia encerrar sua teoria numa fortaleza inacessível. Os que quisessem condená-la ao isolamento a levariam a correr o risco de um desvirtuamento filosófico-literário ou de uma degenerescência escolástica. Contrariamente ao que pensa Popper, a teoria do aparelho psíquico merece, por muitos aspectos, ser chamada científica, pois é ao mesmo tempo refutável em alguns pontos e confirmável em outros, como mostram os exemplos que se seguem.

ALGUNS DADOS BIOLÓGICOS QUE INTERESSAM À TEORIA PSICANALÍTICA

O sono

Por muitas vezes já expressei minha opinião sobre esse problema (1968, 1972, 1975 e 1982).

Não há dúvida de que a descoberta das fases paradoxais (fases do sonho) por Aserinsky esclareceu a distinção feita por Freud (1901) entre três tipos de sonhos. Sabemos, atualmente, que os "sonhos" do tipo 1 correspondem ao pensamento dos primeiros estádios de sono propriamente dito, e os sonhos de tipos 2 e 3, ao da fase paradoxal. Da mesma forma, a experimentação nos ensinou que ficamos realmente "paralisados" durante o sonho verdadeiro da fase paradoxal, em decorrência da abolição do tônus muscular. Por fim, a neurobiologia nos revelou que os pesadelos, dos quais Freud nunca falou,[2] sobrevêm no estádio IV do sono e, por conseguinte, não devem ser confundidos com os verdadeiros sonhos da fase paradoxal.

A repetição

Todos sabem que as noções de *amnésia infantil* e de *compulsão à repetição* ocupam um lugar importante na obra de Freud. Pois bem, as neurociências e a etologia nos permitem, atualmente, aceder a uma concepção mais satisfatória desses processos do que a proposta por Freud.

A teoria da estabilização seletiva das sinapses, proposta por Changeux (prefigurada no *Projeto* de 1895), implica a existência de uma fixação precoce das primeiras experiências de relacionamento do cérebro com o meio ambiente, sejam essas experiências sensório-motoras ou sócio-afetivas. O fenômeno de *imprinting* [impressão] observado pelos etologistas, portanto, é claramente explicado pela estabilização das sinapses.

Em nossa espécie, em vista da lentidão da maturação nervosa, as estruturas de que dependem a consciência reflexa e a rememoração só se tornam funcionais depois da fixação das primeiras experiências em estruturas inaptas para a rememoração. Nessas circunstâncias, podemos compreender por que as primeiras experiências, que são as mais significativas, não podem ser rememoradas, e porque elas tendem a se repetir, mesmo quando são fonte de sofrimento. Essas experiências são fixadas e estabilizadas da mesma maneira que as funções vitais. Não existe amnésia — muito pelo contrário —, mas uma impossibilidade de rememoração. A repetição não deve ser imputada a uma hipotética pulsão de morte, mas a uma necessária estabilidade das funções vitais e das relações primordiais com o ambiente, que, no ser humano, são predominantemente sociais.

A tópica psíquica

Freud postulou e demonstrou a existência de dois modos de funcionamento do psiquismo: inconsciente e pré-consciente/consciente. Os trabalhos de Shevrin evidenciaram, graças à técnica dos estímulos visuais subliminares e dos potenciais evocados, correlatos eletroencefalográficos desses dois modos de funcionamento.

Outro problema levantado por Freud, e que até o presente continua sem solução, embora seja fundamental, é o do *tornar-se consciente*. Freud considerava que, para um evento psíquico, o fato de se tornar consciente deveria corresponder a uma mudança de estado funcional; entretanto, por razões de comodidade, ele preferiu adotar a hipótese de uma mudança de lugar. Ora, nada prova que essa hipótese seja falsa, e não é temerário supor que um acontecimento psíquico se torne consciente ao chegar às camadas mais superficiais do córtex. Esse problema da conscientização é, a meu ver, o problema mais importante da psicologia. Pois bem, ele só poderá ser resolvido pelas neurociências.

A sexualidade

Aqui tocamos num dos pontos mais sensíveis da teoria freudiana, o que mais críticas e sarcasmos suscitou. De fato, o próprio Freud reconheceu que não podia dar uma solução definitiva ao problema: "Não nos esqueçamos: atualmente, não estamos de posse de um critério universalmente aceito da natureza sexual de um processo, a não ser, mais uma vez, pela relação com a função reprodutora, que devemos rejeitar como estreita demais; [. . .] as características químicas, que é ilícito supormos, só estão à espera de sua descoberta." [3] Mais uma vez, a intuição nesse ponto foi correta, mas esbarrou numa aporia: como provar a existência da sexualidade infantil se não dispomos de outro critério da natureza sexual de um processo, a não ser o relativo à reprodução? Em nossos dias, a biologia provou que os hormônios sexuais têm influência nos processos psíquicos e no comportamento muito antes da maturação das gônadas. Na verdade, já no nascimento, eles intervêm por um tempo curtíssimo (alguns dias) para "sexualizar" definitivamente o cérebro. Realmente existe, portanto, uma sexualidade independente dos órgãos genitais, e podemos até dizer que o Homem é o mais sexual dos animais de reprodução sexuada. Assim, paradoxalmente, a biologia é que veio provar a futilidade da censura de pansexualismo constantemente feita à psicanálise.

Essa marcação perinatal do encéfalo confirma, ao mesmo tempo, a hipótese avançada por Freud de uma *instauração difásica da sexualidade*.

Por fim, as pesquisas etológicas, particularmente as de Harlow, levaram a uma revisão da chamada teoria do apoio. Que vem a ser ela? Devido a sua fragilidade inicial, as pulsões sexuais só poderiam desenvolver-se apoiando-se nas pulsões de autopreservação. Em outras palavras, os cuidados prestados pela mãe é que reforçariam progressivamente as pulsões sexuais, cujas primeiras manifestações são, entre outras, os comportamentos de apego. Ora, a observação demonstrou que estes últimos se desenvolvem independentemente das relações de assistência. A melhor prova disso foi fornecida pelas crianças nascidas em campos de concentração e criadas em grupo, que se apegaram umas às outras, e não às pessoas, constantemente substituídas, que se encarregavam de cuidar delas.

CONCLUSÃO

Para mim, esses exemplos sucintos bastam para provar que a teoria psicanalítica, por força dos fatos, não pode ser fechada, e que se abre inevitavelmente para outras disciplinas coligadas, o que não significa que deve ser reduzida a estas. Trata-se, na verdade, de relações de intersecção, e não de inclusão. A especificidade da teoria continua irredutível. Mas, se a psicanálise, na qualidade de teoria, se recusasse a se confrontar com os dados trazidos por outras disciplinas, realmente não vemos como poderia continuar a se enriquecer e a se transformar.

NOTAS

* Texto publicado originalmente em *Psychologie Médicale,* 1988, *20,* 2: 195–197, SPEI, Paris.

1. Em muitas ocasiões já exprimi minha opinião a respeito desse problema (1968). A paginação aqui indicada é a da edição francesa, citada nas referências bibliográficas.

2. Foi por erro que a palavra *Angsttraum* foi traduzida por "pesadelo", e não por "sonho de angústia", o que é completamente diferente.

3. Conferência XX das *Conferências Introdutórias à Psicanálise* ("O Desenvolvimento da Libido e as Organizações Sexuais"), tradução pessoal.

BIBLIOGRAFIA

1. Aserinsky E. e Kleitman, N., "Regularly Occurring Periods of Eye Motility and Concomitant Phenomena during Sleep", *Science,* 1953, *118,* pp. 273–279.

2. Bourguignon, A., "Neurophysiologie du Rêve et Théorie Psychanalytique", *Psychiat. Enfant,* 1968, *11,* pp. 1–69.

3. Bourguignon, A., "Epistemological Remarks Concerning Research on Sleeping and Dreaming", *in G.C. Lairy* e P. Salzarulo (orgs.), *Experimental Study of Human Sleep: Methodological Problems,* Elsevier Scientific Publishing Co., Amsterdã, 1975, pp. 251–260.

4. Bourguignon, A., "Quelques Problèmes Épistémologiques Posés dans le Champ de la Psychanalyse Freudienne", *Psychanal. Université,* 1981, *6,* 23, pp. 381–414.

5. Bourguignon, A., "Fondements Neurologiques pour une Théorie de la Psychopathologie: un Nouveau Modèle", *Psychiat. Enfant,* 1981b, *24,* pp. 445–540.

6. Bourguignon, A. e Manus, A., "Rêve, Cauchemar et Délire", *Psychol. Med.,* 1982, *14,* pp. 1809–1815.

7. Changeux, J.–P., Courrège, P. e Danchin, A., "A Theory of the Epigenesis of Neuronal Networks by Selective Stabilisation of Synapses", *Proc. Nat. Acad. Sci. USA,* 1973, *70,* pp. 2974–2978.

8. Fisher, C., Byrne, J., Edwards, A. e Kahn, E., "A Psychophysiological Study of Nightmares", *J. Amer. Psychoanal. Assoc.,* 1970, *18,* pp. 747–782.

9. Freud, S. (1895), *Entwurf einer Psychologie, in Aus den Anfängen der Psycho–analyse,* Londres, Imago Publishing Co., 1950. trad. francesa. "Esquisse d'une Psychologie Scientifique", *in Naissance de la Psychanalyse,* 1956, Paris, Presses Universitaires de France ["Projeto para uma Psicologia Científica", *E.S.B.*, vol. V, 2ª ed., revista].

10. Freud, S. (1901), "Über den Traum", *in* L. Lowenfeld e H. Kurella, *Grenzfragen des Nerven– und Seelenleben,* Wiesbaden, Bergmann, trad. francesa, "Le Rêve et son Interprétation", 1925, Paris, Gallimard ["Sobre os Sonhos", *E.S.B.*, vol. V, 2ª ed. revista].

11. Freud, S. (1915), "Das Unbewusste", *Int. Z. Psychoanal., 3,* pp. 257–269, trad. francesa, "L'Inconscient", *in* S. Freud, *Métapsychologie,* Paris, Gallimard, 1968, pp. 65–123 ["O Inconsciente", *E.S.B.*, vol. XIV, 1ª edição, não revista].

12. Freud, S. (1916–1917), *Vorlesungen zur Einführung in die Psychoanalyse,* Leipzig e Viena, Heller, trad. francesa, *Introduction à la Psychanalyse,* Paris, Payot, 1961 [*Conferências Introdutórias sobre Psicanálise, E.S.B.*, vols. XV e XVI, 1ª ed., não revista].

13. Freud, S., *Jenseits des Lustprinzips,* Leipzig, Viena e Zurique, Internationaler Psycho–analytischer Verlag, 1920, trad. francesa, "Au–delà du Principe de Plaisir", *in* S. Freud, *Essais de Psychanalyse,* Paris, Payot, nova tradução, 1981 [*Além do Princípio do Prazer, E.S.B.*, vol. XVIII, 1ª ed., não revista].

14. Harlow, H.–F., "Love Created. Love Destroyed. Love Regained", *in* Chauvin, R. (org.), *Modèles Animaux du Comportement Humain* (pp. 13–58), Discussão (pp. 58–60), Paris, Éditions du Centre National de la Recherche Scientifique, 1972.

15. Jouvet, M. (1963), "Étude de la Dualité des États de Sommeil et des Mécanismes de la Phase Paradoxale", *in* M. Jouvet (org.), *Aspects Anatomo–fonctionnels de la Physiologie du Sommeil,* Paris. Édit. du Centre National de la Recherche Scientifique, 1965, pp. 397–449.

16. Shevrin, H., "Neuro–physiological Correlates of Psychodynamic Unconscious Processes", *in* A.S. Prangishvili, A.E. Sherozia e F.V. Bassin, *The Unconscious: Nature, Functions, Method of Study,* vol. I, Tblísi, Metsniereba Publishing House, 1978, pp. 676–691.

17. Sulloway, F.–J., *Freud, Biologist of the Mind. Beyond the Freudian Legend,* Nova York, Basic Books, 1981; trad. francesa, *Freud Biologiste de l'Esprit,* Paris, Fayard, 1981.

18. Vidal, J.–M., "L'Empreinte chez les Animaux", *La Recherche,* 1986, *7,* 63, pp. 24–35.

6.

Alguns Problemas Epistemológicos Colocados no Campo da Psicanálise Freudiana*

Já no fim do século anterior, a cientificidade tinha uma cotação muito alta na bolsa de valores culturais. Assim, era natural que o jovem Freud buscasse a glória pelos caminhos da ciência, e não pelos da literatura ou da filosofia. Por outro lado, é evidente que, se Freud não tivesse tido acesso ao universo conceitual da neuroanatomia e da neurofisiologia, a psicanálise nunca teria nascido. É que era impossível que ela fosse produzida por um homem que, inicialmente, tivesse sido formado pela filosofia ou pela psicologia acadêmica. Essa condição do nascimento da psicanálise, ninguém melhor do que Lacan (1966) — que, no entanto, não é suspeito de biologismo — soube evidenciá-la. De fato, ele escreveu, em 1966: "que a psicanálise tenha nascido da ciência, isso é patente. Que pudesse ter aparecido de algum outro campo é inconcebível" (*Écrits*, p. 231). E, em 1965, Lacan sublinhou que o próprio cientificismo é "que levou Freud, como nos demonstram seus escritos, a abrir o caminho que levará para sempre seu nome.

Afirmamos que esse caminho nunca se desligou dos ideais desse cientificismo, já que ele é assim chamado e que a marca que traz disso não é contingente, mas lhe permanece essencial." (*Écrits*, p. 857)

A conseqüência desses fatos é que a verdadeira revolução freudiana consistiu em importar maciçamente para o campo da psicologia, ainda ligada à filosofia, um grande número de conceitos retirados das ciências da natureza — desde a física até a biologia —, e em criar, desse modo, uma nova psicologia, sem qualquer medida comum ("incomensurável") com a dos literatos e dos filósofos. A própria essência da revolução freudiana consiste em ela ter substituído a alma, a mente e o pensamento por um "aparelho psíquico". Através desse golpe de força conceitual, a psicologia viria a adquirir possibilidades de representação, compreensão e desenvolvimento que eram até então inexistentes, e até mesmo inconcebíveis. "Ao admitir a existência de um aparelho psíquico com extensão espacial, bem adaptado a seu papel, desenvolvido pelas necessidades da existência e que só produz os fenômenos da consciência num ponto particular e em certas condições, pusemo-nos em condições de estabelecer a psicologia em bases análogas às de qualquer outra ciência, como as da física, por exemplo" (*Esboço,* 1940, p. 72).[1] Com a noção de aparelho psíquico, portanto, surgiram as de estrutura, função e gênese, isto é, história, ontogênese e filogênese. Ocorre que, quanto ao inconsciente, fazia séculos que já se tratava dele e se diziam coisas muito pertinentes a seu respeito (Whyte, 1960). Com a noção de aparelho psíquico, Freud reatou os laços com a grande tradição utópica do animal-máquina, do homem-máquina e de La Mettrie, e do evolucionismo de Lamarck e Darwin. Com isso, anunciou a morte do humanismo tradicional, a morte de uma certa imagem do homem.

Presumindo que seja fácil chegar a um acordo sobre esses fatos evidentes, podemos abordar o terreno da epistemologia psicanalítica, não para percorrê-lo em todas as suas dimensões, posto que é imenso, mas para considerar, nele, alguns problemas "locais" e muito específicos. Trataremos apenas da epistemologia freudiana e deixaremos de lado, voluntariamente, as outras doutrinas psicanalíticas e as outras epistemologias dos psicanalistas freudianos, quer se trate de Lagache ou, principalmente, de autores anglo-saxões. Assim, depois de considerarmos a epistemologia espontânea de Freud, tentaremos delimitar o campo da ciência e precisar o que, na psicanálise, pode ser de sua alçada. Em seguida, será preciso considerarmos as posições dos epistemólogos não-analistas diante da psicanálise e mostrar que muitas delas são insustentáveis do ponto de vista da nova epistemologia. Então poderemos, depois desses ajustes, contemplar alguns problemas epistemológicos no cerne da psicanálise, tais como os do dualismo, do reducionismo, do caráter contraditório de qualquer representação da realidade e da criação de modelos. E encerraremos com a questão das relações da psicanálise freudiana com as demais disciplinas científicas e com as outras doutrinas psicanalíticas, o que nos fará abordar os problemas da incomensurabilidade e da interferência. Nossa conclusão será que o problema da cientificidade da psicanálise, nos dias atuais, tem um interesse medíocre, e que mais vale nos interessarmos pelos perigos que ameaçam essa disciplina.

A EPISTEMOLOGIA ESPONTANEA DE FREUD

Seria enfadonho coligir todos os textos em que Freud fala da ciência, quer se trate de hinos à ciência ou de profissões de fé científicas. Os mais importantes são os que se encontram em *O Futuro de uma Ilusão* (1927) e nas *Novas Conferências* (1932).

Todos sabem que a concepção freudiana da ciência é a de sua época, a que fora elaborada sob a influência dos filósofos ingleses e franceses do século XVIII, e sobretudo sob a influência de Comte. Ela fora claramente expressa pelos estudiosos alemães, como Helmholtz, Dubois-Reymond etc., e, na *Introdução ao Estudo da Medicina Experimental,* por Claude Bernard. Castoriadis (1969) relata, a esse respeito, que em 1911 Freud havia assinado, com Hilbert e Einstein, entre outros, um manifesto em prol da criação de uma sociedade destinada a difundir a filosofia positivista. Nessa concepção positivista, empirista, os dados empíricos da observação e da experimentação são claramente distinguidos da teoria, ou mesmo opostos a ela. O postulado básico é que os fatos bem observados ficam, enquanto as teorias mudam. Distinguindo "uma teoria especulativa de uma ciência erigida sobre a interpretação do empírico", Freud (1914) escreveu: "Esta última não ambiciona para a especulação o privilégio de um fundamento rigoroso, logicamente irrepreensível, mas se contenta de bom grado com concepções fundamentais nebulosas, evanescentes, difíceis de representar, as quais ela espera poder apreender com mais clareza no curso de seu desenvolvimento, e que está igualmente disposta a trocar, eventualmente, por outras. É que as idéias não são o fundamento da ciência, sobre o qual tudo repousa: esse fundamento, ao contrário, é unicamente a observação. Essas idéias não constituem as fundações, mas o topo de todo o edifício, e podem, sem prejuízo, ser substituídas e retiradas" (*Sobre o Narcisismo*: *Introdução,* p. 85). O mesmo ponto de vista aparece no artigo da *Enciclopédia Britânica* em 1926b: "A psicanálise está solidamente fundamentada na observação dos fatos da vida mental, pela simples razão de que sua superestrutura teórica continua incompleta e está sujeita a uma constante reformulação" (*G.W.*, 14, p. 303; *S.E.*, 20, p. 266).

Todavia, não convém exagerar o positivismo de Freud, pois, no belíssimo texto que inaugura *As Pulsões e suas Vicissitudes* (1915), ele não hesita em se afastar dele, não apenas sublinhando o papel eminente dos conceitos no desenvolvimento da ciência, mas sobretudo afirmando que os dados empíricos — quer se trate de sua coleta ou de sua descrição — estão submetidos aos conceitos, isto é, aos termos teóricos do discurso científico. Já não há uma primazia do empírico, mas uma estreita interdependência entre teoria e empirismo.

Em *Warum Krieg* ["Por que a guerra?"] (1933), Freud transpõe com facilidade o abismo que separa o positivismo do século XIX de algumas epistemologias contemporâneas, particularmente a de Feyrabend (1975), ao escrever a Einstein: "Talvez o senhor tenha a impressão de que nossas teorias são uma espécie de mitologia que, no caso atual, nada tem de reconfortante. Mas acaso todas as ciências da natureza não remetem a uma mitologia dessa espécie? Na atualidade, será que as coisas se passam de outra maneira para o senhor, na física?" (*G.W.*, 16, p. 22; *S.E.*, 22, p. 211). Então Wittgenstein, segundo Barret (1966), não considerava a teoria psicanalítica uma mitologia "poderosa"?

Assim, vemos que o domínio da ciência, para Freud, era infinitamente mais amplo do que aquele que o positivismo lhe destinara, e que as acusações de cientificismo levantadas contra esse autor são pelo menos simplistas e reducionistas.

O outro aspecto da epistemologia freudiana concerne à situação da psicanálise no campo da ciência. Nesse ponto, Freud não tinha dúvidas nem hesitações. Desde 1895 até o fim, ele repetiu incansavelmente que a psicanálise era uma ciência da natureza, tal como qualquer outra, já que se baseava na observação dos fatos da vida mental. Se admitirmos, com Claude Bernard, que observar já é experimentar, temos o direito de qualificá-la de ciência experimental. E, mesmo que oponhamos à psicanálise o fato de que ela não pode fornecer nenhuma prova experimental, para deduzir disso que não é uma ciência, continua sendo possível responder que o mesmo acontece com a astronomia, que é uma ciência, embora não tenha a capacidade de manipular seus objetos. Além disso, como Freud retruca nas *Novas Conferências* (1932, p. 32 e seguintes), onde aborda a experimentação com o sonho em psicanálise, alguns pesquisadores vienenses puderam provar experimentalmente a legitimidade da teoria simbólica do sonho. Numa palavra, como qualquer outra ciência, a psicanálise "permite 'compreender' alguns fenômenos do mundo externo, prevê-los e, às vezes, modificá-los" (*Esboço,* 1940, p. 73). Ela utiliza "alguns procedimentos" que permitem "preencher as lacunas que subsistem nos fenômenos de nossa consciência, e utilizamos esses métodos técnicos assim como os físicos se servem da experimentação" (*ibid.*).

Essa comparação com as ciências fundamentais ou exatas é freqüentemente encontrada na pena de Freud, que, em seu artigo do *Handwörterbuch* (1923), opôs a psicanálise à filosofia. Ela não é, como esta última, um sistema fechado, acabado. Empenha-se modestamente em resolver os problemas levantados pela observação, "avança apoiando-se na experiência, e está sempre inacabada, sempre pronta a retificar ou modificar suas doutrinas" (*G.W.,* 13, 229; *S.E.,* 18, 253). Exatamente como a física ou a química. Todavia, enquanto "ramo da psicologia", enquanto psicologia das profundezas, é mais com as ciências do Homem que ela se relaciona, e é às instituições sociais que traz um auxílio eficaz ("A Questão da Análise Leiga", 1926a, pp. 283 ss.). Nem por isso ela deixa de estar estreitamente ligada à biologia: "Os fenômenos que vimos estudando não são unicamente de ordem psicológica, mas têm também um aspecto orgânico e biológico, donde se segue que, em nossos esforços para edificar a psicanálise, também temos realizado importantes descobertas na biologia" (*Esboço,* 1940, p. 71).

A conseqüência dessa situação da psicanálise em face da biologia é que: "Pela íntima relação existente entre as coisas que separamos em psíquicas e corporais, podemos vislumbrar o dia em que novos caminhos se abrirão para o conhecimento e, esperamos, também para o tratamento, caminhos que levem da biologia dos órgãos e de sua química para os fenômenos das neuroses. Esse dia ainda parece distante [...]" ("A Questão da Análise Leiga", 1926a, p. 205). Essa idéia não era nova em Freud, uma vez que, já em 1914, ele escrevera: "devemos lembrar que todas as nossas concepções provisórias, na psicologia, deverão um dia colocar-se sobre a base de suportes orgânicos. Assim, parece provável que haja determinadas substâncias e processos químicos que produzem os efeitos da sexualidade e permitem a continuação da vida do indivíduo na da espécie. Levamos em conta essa probabilidade, ao *substituir*[2] essas substâncias químicas determinadas por forças psíquicas determinadas" (*Narcisismo,* p. 86).

Depois de recordar esses textos, podemos concluir que a posição de Freud sempre foi inambígua no tocante à posição da psicanálise no campo da ciência. Mas, como é impossível considerar a psicanálise como una e indivisível, devemos, com Freud, considerá-la em sua heterogeneidade para ver se em todos os seus aspectos ela se superpõe ao campo da ciência.

O CAMPO DA PSICANÁLISE COMO CIÊNCIA

Numerosos são os psicanalistas que se recusam a conferir a menor cientificidade à psicanálise e, por conseguinte, rejeitam-na sem hesitação para fora do campo da ciência. Sua postura, aliás, é partilhada por um grande número de epistemólogos. Por isso é que nos cremos obrigados a lembrar mais uma vez as definições do *Handwörterbuch* (1923a) de Marcuse, tal como Laplanche e Pontalis as traduziram em seu *Vocabulário* (1967):

"Psicanálise é o nome: (1) de um método de investigação de processos mentais quase inacessíveis de outra maneira; (2) de um método fundamentado nessa investigação, para o tratamento das perturbações neuróticas; (3) de uma série de concepções psicológicas adquiridas por esse meio e que se vão juntando para formar progressivamente uma nova disciplina científica" (p. 351).

Destaca-se dessa definição, evidentemente, que o que faz da psicanálise uma ciência é um conjunto de "concepções científicas", mais do que um método ou um procedimento. Nesse aspecto, convém esclarecer bem que, na psicanálise, as relações entre a teoria e a prática são muito particulares, na medida em que o "processo de investigação" — a situação e a técnica psicanalíticas — só pode variar dentro de alguns limites, ao passo que a teoria pode sofrer reformulações tão consideráveis quanto as que distinguem o *Projeto para uma Psicologia Científica* (1895) da segunda tópica (Freud, 1923b). Naturalmente, essas reformulações foram impostas pelos novos fatos observados durante a análise e que ameaçavam a coerência lógica da teoria, mas também o foram pela necessidade de tornar a teoria compatível com os fatos observados fora do estreito campo da situação psicanalítica, e com as transformações sofridas por cada analista no correr de sua existência. A relação entre a teoria e a prática, portanto, nessa disciplina, é muito mais solta e muito menos constritiva do que em qualquer outra ciência. Assim, pudemos ver Freud mudar constantemente de teoria sem modificar a técnica, e ver outros analistas modificarem a técnica sem nada modificar na teoria freudiana. Esse estado de coisas é fácil de compreender, se nos dispusermos a não esquecer que, na psicanálise, a teoria é muito aberta e muito passível de mudança, ao passo que a técnica é relativamente fixa e repetitiva.

Assim, a considerarmos a psicanálise como uma ciência, devemos distinguir com clareza o que é da competência da prática — os "procedimentos" — e o que é da alçada da teoria — as "concepções". Essa distinção levou Freud a opor nitidamente a "psicanálise científica" à "psicanálise aplicada" aos domínios médico e não-médico ("A Questão da Análise Leiga", 1926a, p. 295), e a valorizar a primeira: "O futuro julgará que o valor da psicanálise como ciência do inconsciente supera amplamente seu valor terapêutico" (Artigo da *Enciclopédia Britânica,* 1926b, *G.W.*, 14, p. 301; *S.E.*, 20, p. 265). Para Freud, em suma, o núcleo mais científico da psicanálise era a teoria do aparelho psíquico. Com isso, ele prenunciou as posições teoricistas dos epistemólogos franceses contemporâneos. Para ele, o trabalho teórico, a elaboração dos conceitos e dos modelos, era mais importante e mais científico do que o trabalho direto com os dados empíricos (coleta e tratamento). É verdade que, por esse ponto de vista, sua posição é um tanto contraditória, pois, de um lado, ele aceitava o postulado positivista da primazia do empírico e, de outro, situou a pureza científica do lado da teoria, a qual às vezes considerava com desdém. O que sabemos, de qualquer modo, é que o espírito de investigação tinha precedência em relação ao desejo de curar e que, sem dúvida, mais de uma vez Freud sacrificou alguns pacientes interessantes no altar da ciência. É verdade que os interesses da ciência e os dos pacientes geralmente se opõem no campo da psicanálise. Por outro lado, se é no nível da teoria que a psicanálise atinge seu mais alto grau de cientificidade, convém reconhecer que seu campo, como ciência, ultrapassa muito amplamente o da prática analítica estrita. Pessoalmente, cremos que Freud, a despeito de suas proclamações positivistas, tinha demasiado gosto pelas especulações e pelas sínteses, que se acham na base da teorização e nas quais sua genialidade eclodia, para não privilegiar, mais ou menos implicitamente, seu trabalho de criação de um modelo do psiquismo.

O CAMPO DA CIENCIA

No campo da ciência, é lícito distinguirmos uma ciência "acabada" — a matemática, cujos objetos são inteiramente criados pelo homem —, e as ciências "investigativas" ou empíricas, cujos objetos existem fora do pesquisador, mesmo que os fenômenos que os manifestam impliquem uma interação constante entre eles e o investigador.

O positivismo lógico contribuiu amplamente para a delimitação das ciências empíricas. Segundo essa escola, uma ciência empírica é um discurso, ou seja, um sistema de proposições que os investigadores, sempre que têm a possibilidade, tentam submeter de maneira clara e inequívoca ao veredicto da experiência. De fato, no seio desse discurso é possível reconhecer três subsistemas de proposições que permitem individualizar: (1) um discurso teórico ou sistema de axiomas, composto de enunciados cujos termos não se relacionam com os fenômenos observáveis, com os dados empíricos; esse discurso enuncia relações entre termos teóricos, entre conceitos; (2) um discurso empírico, parcialmente formulado na linguagem da vida cotidiana, usando termos relacionados com o estado das coisas observáveis e visando a descrever esse estado das coisas; e (3) um discurso intermediário, cuja função é articular os dois discursos anteriores, graças a regras de correspondência ou de interpretação, também chamadas regras de coordenação, definições operacionais, regras semânticas ou correlações epistêmicas.

Em suma, todo discurso que visa a descrever e a explicar o mundo, e que propõe ao homem agir sobre este, é um discurso científico, quer se trate da psicanálise ou até dos relatos cosmogônicos ou míticos. Na verdade, cremos que convém distinguir claramente as teorias científicas à espera de confirmação das teorias cientificamente confirmadas. Voltaremos, aliás, a essa extensão da cientificidade aos mitos e às religiões. Entrementes, podemos propor a idéia de que uma teoria está cientificamente confirmada quando está de acordo com os fatos observados e quando um grande número de fatos observáveis pode ser derivado dela, mesmo sabendo que nenhuma teoria jamais é completamente confirmada nem refutada. É que, no fundo, uma teoria científica nunca é nada além de um programa de ação que o homem oferece a si mesmo com vistas a descrever, compreender e dominar o mundo, fonte de suas angústias. É mais ou menos prática e mais ou menos cômoda.

OS EPISTEMÓLOGOS FRENTE À PSICANÁLISE

Parece ter-se dito tudo no que concerne ao grau de cientificidade, ao estatuto e à especificidade da psicanálise. Propuseram-se as opiniões mais diversas e mais contraditórias. Elas são tão numerosas que fomos forçados a conservar apenas as mais conhecidas.

O *Círculo de Viena* (1920-1935), onde nasceu o positivismo lógico entre as duas guerras, deve ser distinguido de sua descendência norte-americana, cujos pontos de vista sobre a psicanálise são muito mais estreitos e sectários. Alguns anos antes de sua morte, Philipp Frank (1959), o físico, deu um depoimento muito preciso e muito vívido sobre a acolhida reservada pelos membros do Círculo de Viena à psicanálise. Naturalmente, esclareceu Frank, era difícil provar que as teorias de Freud satisfaziam aos critérios propostos pelo positivismo lógico, segundo o modelo da física matemática. Mas era preciso reconhecer que, entre os fundadores do Círculo de Viena, havia um bom número de cientistas que manifestavam uma certa simpatia pela psicanálise. Otto Neurath, em particular, que foi um dos juízes mais severos dos enunciados "não científicos" e "desprovidos de sentido", repetia freqüentemente que as teorias psicanalíticas revelavam ligações entre uma extensa gama de fatos observados, novos e surpreendentes. Rudolf Carnap e outros compartilhavam dessa opinião. Além disso, como sublinhou Frank, a psicanálise e o positivismo lógico tinham brotado do mesmo solo cultural, o que explica o fato de que diversos psicanalistas, dentre eles Heinz Hartmann, tentassem estabelecer contato com o Círculo de Viena.

A psicanálise colocou os membros do Círculo de Viena diante de um dilema insolúvel: ou excluir da ciência aquilo que não satisfizesse os critérios estritos do positivismo lógico, ou incluir nela o que englobasse um grande número de fatos num sistema basicamente vago. Ora, sendo sua abordagem simultaneamente lógica, semântica e pragmática, eles retiveram como critério de cientificidade o fato de que a psicanálise fornecia uma ajuda prática importante. E, pela mesma razão utilitária, aprovaram o materialismo histórico.

Se o Círculo de Viena deu mostras de abertura e compreensão para com a psicanálise, o mesmo não aconteceu com seus herdeiros norte-americanos, em particular Ernst Nagel (1959). Este, em resposta a uma exposição de H. Hartmann sobre a psicanálise como método científico, fez uma crítica virulenta à psicanálise, recusando-lhe qualquer cientificidade. Mas essa crítica não merece ser detalhadamente retomada, pois se assenta num desconhecimento radical de seu núcleo científico. Nagel não viu que a teoria psicanalítica possuía um certo poder de previsão nem que podia ser objeto de certas confirmações e refutações em alguns de seus setores. De fato, se reduzirmos a psicanálise ao empirismo da situação psicanalítica, seremos forçados a reconhecer o valor de algumas críticas de Nagel; mas, se considerarmos que ela só é uma ciência enquanto teoria do aparelho psíquico, caberá reconhecer que essas críticas são injustificadas.

Nessa recusa do estatuto científico à psicanálise, Nagel é acompanhado por outros autores, como Castoriadis (1969), que só vê na psicanálise uma "atividade prático-poética" e, na "miragem científica" de Freud, uma fonte de "ilusão vital e até fecunda", e como Maud Mannoni (1979) e muitos outros autores, todos os quais justificam sua posição por argumentos diferentes. É o caso de Popper (1972), que, desde o início, opôs-se ao Círculo de Viena, mas sempre afirmou que a psicanálise não era refutável, e portanto, não era científica. Essa é uma afirmação errônea, pois as metamorfoses da teoria do aparelho psíquico sempre se seguiram a sua refutação por algum dado da observação. Inversamente, Althusser (sem data) considerou a psicanálise uma ciência, por ela ter aberto um novo campo de pesquisa, explicado fenômenos conhecidos, mas até então não elucidados, e produzido inúmeros conceitos poderosos. Isso porque, decididamente, a essência da ciência é a produção de conceitos.

Outra tendência da epistemologia consiste em reconhecer a psicanálise como ciência, mas como uma ciência particular, muito localizada e mal articulada com o corpo geral da ciência. O mais conhecido defensor dessa posição é Ricoeur (1965), cujo livro *Da Interpretação* causou certo estardalhaço em sua época. Sendo filósofo, Ricoeur absolutamente não viu ou não quis ver, ao contrário de Lacan (1966), que as raízes da psicanálise freudiana são acima de tudo biológicas, e, em vez de proceder à análise lógica do discurso freudiano, amalgamou a teoria e a prática, o nível conceitual e o nível empírico, o que o levou a dizer que o discurso freudiano era um "discurso misto, ou até ambíguo, que ora enuncia conflitos de força sujeitos a uma energética, ora relações de sentido sujeitas a uma hermenêutica. [...] esse discurso misto é a razão de ser da psicanálise" (p. 75). E a ambigüidade foi resolvida com a afirmação de que a psicanálise é "de ponta a ponta uma interpretação" (p. 76). "Não, a psicanálise não é uma ciência da observação, porque é uma interpretação, mais comparável à história do que à psicologia" (p. 338). Aí está algo que muito teria surpreendido Freud. Essa aproximação entre a psicanálise e a história é reencontrada num autor como Brès (1979), que afirma que só se pode atribuir alguma cientificidade à psicanálise incluindo-a entre as ciências históricas: "consideramos essa dimensão histórica da psicanálise como a única que merece que nos interroguemos sobre sua cientificidade". Mas, se pensarmos bem nisso, veremos que, sendo a ontogênese e a filogênese uma das bases da biologia, esta também tem uma dimensão histórica, tal como a maioria das ciências, desde que Fourier, com sua dissertação sobre a propagação do calor entre dois corpos de temperaturas diferentes, introduziu a história nas ciências fundamentais. Prigogine e Stengers (1979) insistiram, recentemente, no fato de que o estudo de qualquer sistema complexo é e deve ser também um estudo histórico. Mas a cientificidade da teoria do aparelho psíquico não pode refugiar-se inteiramente apenas em seus aspectos históricos. Por fim, a posição de Tort (1970) aparenta-se com as anteriores. Ele fala da "natureza de disciplina científica particular" da psicanálise e das dificuldades em que ela esbarra para fazer reconhecer sua cientificidade, dificuldades que "são bastante análogas às dificuldades encontradas pela ciência da História fundada por Marx, o materialismo histórico [...]" (p. 147).

Mais uma outra atitude merece ser lembrada: é a de Legrand (1973), para quem a psicanálise, tendo chegado ao estado de "ciência normal", no sentido de Kuhn (1962), tem inevitavelmente que passar por uma crise, uma revolução, pelo simples fato de não ter sabido integrar em seu paradigma, em seu sistema teórico, um aspecto fundamental dos dados empíricos — o aspecto social.

A falta de unanimidade entre os epistemólogos e o caráter contraditório de suas opiniões se explicam por diversos motivos. Primeiramente, há que reconhecer que a obra de Freud é difícil de analisar e que cada leitor tende a conduzi-la para seu ponto de vista pessoal. Essa obra foi avançada para sua época, na medida em que se desdobrou simultaneamente num grande número de níveis diferentes e em que Freud, sem nenhuma preocupação de pureza epistemológica, não hesitou em fazer com que todos os níveis interferissem uns nos outros — o que explica, ao mesmo tempo, a fecundidade e a longevidade da teoria freudiana. Voltaremos a esse ponto. Em segundo lugar, não se deve subestimar o "terrorismo" que, desde Comte, o positivismo tem exercido sobre a epistemologia, em particular quando se trata de estatuto científico, de classificação e de hierarquização das ciências. E esse terrorismo foi reforçado sob a influência do positivismo norte-americano contemporâneo. Felizmente, há cerca de vinte anos vêm se desenvolvendo o que poderíamos chamar "novos rumos da epistemologia", em cujo ponto de partida é preciso situar a obra de Popper e a de Bachelard, esta muitas vezes ignorada pelos "novos" epistemólogos, por ainda não ter sido traduzida nem para o inglês nem para o alemão. Também felizmente, os investigadores, em seu trabalho, não são muito influenciados pelos debates epistemológicos.

OS NOVOS RUMOS DA EPISTEMOLOGIA

Nosso objetivo não é analisar pormenorizadamente as tendências atuais da epistemologia, mas mostrar que um certo número de pontos de vista propostos pelo positivismo em geral, e pelo positivismo e empirismo lógicos em particular, são hoje combatidos por inúmeros autores. O leitor interessado nessas questões poderá referir-se a *L'Empirisme Logique,* de Pierre Jacob (1980). As posições do positivismo e do empirismo foram direta ou indiretamente criticadas, desde antes da guerra, por Popper (1934) e por Bachelard (1934, 1938) e, mais recentemente, muitas vezes com violência, por Kuhn (1962) e Feyerabend (1975). Por outro lado, os trabalhos de Serres (1972), os de Prigogine e Stengers (1979) e muitos outros contribuíram para a renovação da epistemologia e, por conseguinte, para o requestionamento das teses empiristas e positivistas.

Dessa efervescência epistemológica nasceram novas concepções, amiúde muito estimulantes — embora nem sempre —, compartilhadas por vários dos autores citados, o que explica que as registremos sem imputá-las a seu autor inicial, silenciando sobre algumas críticas muito pertinentes, porém mais técnicas, particularmente as de Popper (1934). Aqui estão, portanto, resumidas e simplificadas, as principais lições que poderíamos extrair das novas correntes da epistemologia.

1) Os dados empíricos e os enunciados da observação não são independentes da teoria, pois qualquer observação e qualquer experiência é feita com referência, ao menos implícita, a concepções ou a uma teoria preestabelecidas. A coleta e o tratamento dos dados não são, portanto, operações objetivas e neutras. Quando a teoria implícita que rege a observação é totalmente fantasiosa, os fatos são observados e interpretados de maneira fantasiosa, como o prova a história das ciências.

Essas constatações acarretam uma inversão das posições clássicas do positivismo e fazem com que a teoria seja privilegiada em relação aos dados empíricos. Elas impõem um trabalho constante de reflexão e crítica no tocante aos conceitos.

2) A divisão do campo do conhecimento em disciplinas mais ou menos autônomas, definidas por seus objetos, seus métodos e seus conceitos específicos, é indefensável, porque a experiência prova que todas elas interferem umas nas outras e que diversos modos de divisão seriam perfeitamente concebíveis, sem contar que a história das ciências revela que qualquer hierarquização ou classificação das ciências deve ser permanentemente submetida a uma revisão, pois, incessantemente, novas interferências e novas articulações retiram toda a significação e todo o valor absoluto das compartimentalizações tradicionais. A classificação de Comte é propriamente ideológica. Teve antes de mais nada, um alcance prático.

3) Os recentes avanços da psicologia, da sociologia e da história das ciências mostraram claramente que a ciência não se constrói segundo os princípios do positivismo lógico. Existe uma considerável distância entre a imagem harmoniosa e lógica da ciência, tal como apresentada nos manuais, e a realidade revelada pela sociologia e pela história das ciências. O positivismo tende a apagar,

ou pelo menos reduzir, as descontinuidades dessa história. Por outro lado, se os investigadores só tivessem trabalhado apoiando-se nos princípios e critérios do positivismo lógico, nunca teria existido ciência, já que pureza epistemológica e fecundidade da pesquisa são freqüentemente antinômicas. As regras, princípios e critérios do positivismo lógico, portanto, foram aplicados *a posteriori* a uma ciência já feita e normatizada. E Feyerabend (1975) lembra, com razão, a observação de Einstein, que imaginava que o investigador científico "[devia] afigurar-se ao epistemólogo científico como uma espécie de oportunista sem escrúpulos [...]" (p. 15).

4) Não existe nenhum critério formal e universal que permita distinguir com certeza as teorias científicas das teorias pseudocientíficas. A rigor, os critérios de significação e verificabilidade do positivismo lógico são inoperantes; por isso é que Popper (1934) lhes opôs o de refutabilidade. Não se pode afirmar a verdade, pode-se apenas detectar o erro.

Essas novas orientações da epistemologia talvez não sejam universalmente adotadas, mas nem por isso são menos fecundas. De qualquer modo, sua primeira conseqüência foi reduzir a importância do problema da cientificidade, do estatuto científico, dos diversos setores do pensamento, e portanto, atenuar as oposições clássicas entre filosofia, poesia, mitologia... e ciência. A ciência atual encontra em seu caminho, quase que a despeito de si mesma, velhos problemas antes colocados pela filosofia, e esta já não pode viver sem a ciência. O filósofo, o feiticeiro, o poeta e o sábio, todos são, no fundo, animados pelo mesmo desejo de conhecer, representar, explicar ou dominar o mundo. Todos estão sujeitos às mesmas fantasias, onde se enraízam as descobertas científicas.

Assim, o campo da ciência não é limpo, plano nem ordenado, não passando de enredamento, emaranhamento, heterogeneidade e proliferação; é cambiante e instável, sempre em evolução e em mutação, porém de maneira imprevisível. Todas essas características tornam sua abordagem muito difícil. O campo psicanalítico se constitui à sua imagem. É no nível dele que nos propomos, agora, abordar alguns problemas que consideramos essenciais para a psicanálise, ou, mais precisamente, para a teoria do aparelho psíquico. Trata-se de problemas dentre os quais alguns são internos e outros, externos. Entre os primeiros, examinaremos seqüencialmente o problema da representação contraditória da realidade (Costa de Beauregard, 1967), o problema corpo-mente, o da redução do psicológico ao biológico e o da criação de modelos. Entre os problemas relacionais da teoria freudiana do aparelho psíquico, consideraremos primeiro o da incomensurabilidade em geral, depois, mais precisamente, o da incomensurabilidade das diferentes teorias psicanalíticas entre si, e, por último, o das interferências entre a teoria do aparelho psíquico e as outras ciências.

ALGUNS PROBLEMAS FUNDAMENTAIS DA PSICANÁLISE

Da necessidade de princípios contraditórios para representar a realidade

Um problema epistemológico muito genérico deve ser colocado como preâmbulo a qualquer outra consideração, pois ele é que irá esclarecer o problema corpo-mente. Trata-se do problema da representação do mundo pelas ciências. Ele foi levantado e resolvido por Costa de Beauregard (1967) a propósito do tempo. De fato, para a ciência, este é simultaneamente reversível e irreversível, reversível na mecânica clássica[3] e irreversível no plano dos fenômenos onde se produzem transformações da energia — portanto, na biologia. Diante dessa contradição entre um tempo teoricamente reversível, mas irreversível na prática, Costa de Beauregard considera que, para descrever a realidade, convém dispormos de dois tipos de princípios: princípios de equivalência e princípios de distinção e limitação. Esses dois princípios são, por conseguinte, de grande generalidade. Assim, o primeiro princípio da termodinâmica é um princípio de equivalência das diferentes formas de energia, enquanto o segundo esclarece que o calor deve ser distinguido das outras formas de energia. O mesmo acontece com o espaço-tempo: o princípio de equivalência nos leva a dizer que as coordenadas espaciais e temporais são transformáveis umas nas outras, mas, quando lidamos na prática com o tempo irreversível, temos que distinguir o espaço do tempo. Os exemplos poderiam multiplicar-se; veremos que essa dualidade de princípios se repete a propósito do par corpo-mente. E Atlan (1979) formula a pergunta: "como é, portanto, que esses dois princípios fundamentais, aparentemente contraditórios, podem dar conta da realidade física?" (p. 161). E responde, seguindo Costa de Beauregard: "os princípios de equivalência regem a realidade na medida em que esta é uma potencialidade pura independente das mudanças reais que nela se produzem e que podemos observar, medir e provocar" (*ibid.*), ao passo que os princípios de distinção e limitação são produto das interações "entre a realidade e a natureza lógica da mente do observador, isto é, do homem" (p. 162). Numa palavra, "A irreversibilidade do tempo resulta da estrutura da mente humana [...]. Por isso é que, segundo Costa de Beauregard, o princípio de irreversibilidade do tempo é, de fato, um princípio de ação" (*ibid.*). Em outras palavras mais genéricas, a forma da mente humana resulta das interações entre o homem e o ambiente. Assim, o homem elaborou, progressivamente e pela experiência, distinções cada vez mais sutis, em consideração a atos finalizados, através das quais pôde dominar parcialmente a natureza. Mais tarde, mediante um trabalho de abstração, reflexão e lógica, reconheceu princípios de equivalência que lhe permitiram, por sua vez, aumentar — nem sempre em seu benefício — seu poder sobre o meio ambiente, porque esses princípios tiveram, indiretamente, uma repercussão sobre a atividade dos homens. Vejamos agora de que modo essa dualidade de princípios permite situar de maneira mais satisfatória, acreditamos, o problema corpo-mente.

O problema corpo-mente

No sentido preciso e técnico da filosofia, entende-se por "problema corpo-mente" o problema das relações entre a atividade psíquica e a atividade nervosa encefálica. Na prática, convém sabermos que, muito equivocadamente, também se entende por essa expressão o problema das interações entre a atividade psíquica e a totalidade do organismo. Essa segunda acepção foi contemporânea, no campo da medicina, da introdução da chamada problemática psicossomática. Na verdade, esses dois problemas nada têm em comum, sendo o primeiro um problema filosófico-científico e, o segundo, um problema puramente fisiológico e médico. Mas, como Freud deparou inevitavelmente com ambos os problemas, abordaremos rapidamente o segundo, antes de centrar nossa reflexão no primeiro, o único verdadeiro problema corpo-mente para a filosofia.

A histeria deu a Freud (1895a) a oportunidade de confrontar o problema das interações entre o psiquismo e a totalidade do organismo, mas, dentro das perspectivas científicas do fim do século XIX, esse era um problema perturbador, a propósito do qual ele só podia reconhecer a existência de um "salto misterioso" do psíquico para o orgânico. Foi por isso que, mais tarde, e notadamente por ocasião de seu contato com Groddeck, ele adotou uma posição particularmente radical, considerando qualquer concepção unitária e totalizante, na qual não se distinguisse nitidamente o psíquico do corporal, como puro misticismo ou pura filosofia. Em 5 de junho de 1917, Freud escreveu a Groddeck (1970) para alertá-lo: "Por que o senhor se precipita, a partir de sua bela base, no misticismo, abole a diferença entre o psíquico e o corporal, detém-se em teorias filosóficas que não são admissíveis? [...]

Certamente, o Ics é a mediação correta entre o corporal e o psíquico, talvez o *'missing link'* [elo perdido] que vem faltando há tanto tempo. [...]

Temo [...] que o senhor tenha uma inclinação monista a dar pouco valor a todas as belas diferenças da natureza, ante o engodo da unidade" (p. 44). Esse posicionamento se manteve inalterado na "Questão da Análise Leiga" (1926a), onde Freud falou do "abismo que separa o corporal e o psíquico. Esse abismo existe, primeiro, no que concerne a nossa experiência, e mais ainda no tocante a nossos esforços práticos" (p. 233). Mas voltemos ao problema corpo-mente, tal como é atualmente entendido.

Os filósofos têm discutido há muito tempo as relações entre o cérebro e o pensamento, em função, aliás, de suas opções metafísicas. Freud, que sempre se manteve muito firme em suas convicções materialistas e em sua hostilidade à religião, expôs-nos de maneira concisa, mas muito precisa, e em pelo menos duas ocasiões, a solução que pretendia dar ao problema corpo-mente. Essa solução era ousada e, como é freqüente em Freud, extremamente avançada para sua época, como mostraremos adiante.

A mais recente e importante contribuição para esse problema, a de Feigl (1958), correntemente designada pelo nome de *teoria da identidade,* estipula que a atividade cerebral e o pensamento se encontram, a respeito um do outro, numa relação de identidade ou equivalência. Muito recentemente, Piatelli-Palmarini, no Colóquio das Neurociências (1980), considerando que a palavra *identidade* fora mal escolhida, propôs falar em co-referência dos dois termos a um mesmo objeto, ou numa relação de tradutibilidade, já que todo estado mental seria idealmente traduzível em termos de estado cerebral e vice-versa. Temos aí, ao mesmo tempo, um ideal muito provavelmente inatingível na prática e uma realidade axiomática que a psicanálise nunca deve perder de vista em seu discurso. Essa posição atual já era a de Freud desde 1895, pelo menos. De fato, o *Projeto para uma Psicologia Científica* (1895b) não foi senão uma tentativa abortada, porque impossível, de substituir, tanto quanto fosse possível, os termos mentalistas do discurso psicológico pelos termos da neuroanatomia e da neurofisiologia, ou, pelo menos, de colocá-los em correspondência. Implicitamente, portanto, Freud já havia colocado o problema em termos de tradução. E o faria de maneira totalmente explícita em 1914 e 1920. Citemos, mais uma vez, o texto do *Narcisismo* (1914): "Parece provável, então, que existam determinadas substâncias e processos químicos que produzem os efeitos da sexualidade e permitem a continuação da espécie. Levamos em conta essa probabilidade ao substituir essas substâncias químicas determinadas por forças psíquicas determinadas" (p. 86). Assim, podemos supor que, como numa tradução, haveria uma correspondência termo a termo entre "substâncias químicas" e "forças psíquicas". Em *Além do Princípio do Prazer* (1920), Freud foi ainda mais longe: "As insuficiências de nossa descrição decerto se apagariam se já pudéssemos empregar, no lugar dos termos psicológicos, termos fisiológicos ou químicos" (p. 76).[4] Nesse texto, a imagem da tradução é ainda mais nítida, já que Freud fala em *termos* a serem substituídos uns pelos outros. E chega a pensar que essa tradução um dia será possível ("se já pudéssemos") e que, pelo menos, os "termos fisiológicos ou químicos" permitirão explicar melhor a realidade psíquica do que os "termos psicológicos".

Essa posição resultou da aplicação implícita do princípio de identidade ou equivalência de que falam Costa de Beauregard (1967) e Atlan (1979); por isso, agora devemos aplicar o princípio de distinção e limitação, que é, como vimos, um princípio de ação. A aplicação desse princípio nos leva a distinguir a atividade cerebral da atividade psíquica. Na verdade, na vida cotidiana, é-nos impossível substituir as expressões da linguagem do dia-a-dia pelas expressões das ciências fundamentais. Isso é tão verdadeiro que, decorridos mais de três séculos, continua a ser impossível substituir o erro do senso comum (o sol gira em torno da terra) pela verdade galileana (a terra gira em torno do sol), e continuamos a falar no nascer e no pôr-do-sol. Assim nos damos conta de quanta razão teve Bachelard (1938) para considerar a percepção, a "experiência primária", como um obstáculo epistemológico. Numa outra ordem de idéias, conhecemos toda sorte de substâncias que, colocadas na língua, provocam um gosto açucarado, e conhecemos o grupo estereoquímico de que depende essa percepção. Mas salta aos olhos que nunca poderemos, nas interações sociais, substituir "gosto açucarado" ou "açúcar" pela fórmula desse grupo estereoquímico. Generalizando essa observação, podemos dizer que, sem a linguagem mentalista, nenhuma interação social é possível, e portanto, nenhuma psicanálise.

Assim, a solução do problema corpo-mente só pode ser contraditória: o corpo (atividade nervosa encefálica) e a mente (atividade psíquica) são, ao mesmo tempo, idênticos, equivalentes, e diferentes, distintos. Essa solução impõe que nunca se privilegie um dos termos da contradição em benefício do outro, sobretudo quando se trata da pesquisa científica. Portanto, devemos deixar que proliferem livremente o discurso mentalista das ciências humanas, em especial o da psicanálise, e o discurso fisicalista das neurociências. Todavia, impõe-se uma observação importante. Por um lado, vimos a que ponto a linguagem cotidiana, da observação — muitas vezes ela é a da psicologia —, alimenta os erros e se opõe aos progressos do conhecimento, e, por outro lado, sabemos a que ponto a linguagem das ciências fundamentais é pobre, abstrata e sem poder de evocação, comparada à linguagem das ciências humanas. Ora, ao importar para a psicanálise toda uma série de expressões fisicalistas, Freud tentou eliminar as deficiências das duas linguagens. Havemos de reconhecer que, freqüentemente, teve êxito nisso, pois afinal, seu vocabulário, e conseqüentemente seus conceitos, invadiram não apenas a linguagem das ciências humanas, mas também a do senso comum.

Concluindo, o pior erro dos teóricos da psicanálise consistiria em esquecer que o psíquico é apenas o físico-químico encefálico e vice-versa, e cair na escolástica e na metafísica. O que nunca deixa de acontecer. Pois bem, desse poço continua sendo difícil sair.

O problema do reducionismo

Ele é correlato do anterior, mas, ainda assim, deve ser estudado separadamente. Classicamente, a postura que consiste em afirmar que é possível explicar a atividade psíquica em termos de processos físico-químicos é classificada de reducionista. Nos meios psicanalíticos, o grande pecado consiste em querer "biologizar" a psicanálise, em querer deitá-la no leito de Procusto da biologia. O que acabamos de dizer a propósito do princípio de distinção absolve-nos antecipadamente desse pecado. Mas os anátemas e todas as condenações nunca fizeram com que se avançasse um passo rumo à solução de um problema teórico. É fácil reconhecermos que o que acontece na situação analítica é inexprimível e inexplicável em termos neurobiológicos. Ao mesmo tempo, afirmamos que, no campo teórico da psicanálise científica, o problema do reducionismo não existe. Aliás, essa é a conclusão lógica da solução do problema corpo-mente. Mas, como esse é um axioma que ainda não foi objeto de nenhuma tentativa de refutação, tomaremos, para ilustrar nossa assertiva, o exemplo histórico do vitalismo.

Atlan (1979) analisou muito bem o problema do reducionismo no campo da biologia. Desde o século XVIII, quando Stahl (1660-1734) formulou vigorosamente a doutrina vitalista, até meados do século XX, muitos biólogos afirmaram que era impossível explicar a vida em termos físico-químicos, ou, em outras palavras, que os fenômenos da vida, até então inexplicáveis, eram irredutíveis a processos físico-químicos. Essa postura fora consideravelmente reforçada no século XIX, aparentemente, pelo segundo princípio da termodinâmica de Carnot-Clausius, que, mal interpretado, permitia dizer que a vida, que evolui no sentido de uma entropia decrescente, não poderia ser explicada pelos fenômenos físico-químicos sujeitos à entropia. Na verdade, aqueles que invocavam esse segundo princípio da termodinâmica em favor das teorias vitalistas esqueciam, simplesmente, que esse princípio só é válido para os sistemas fechados, o que não é o caso dos seres vivos. O argumento, portanto, não tem valor. Sabemos como a biologia molecular reduziu a nada o vitalismo, explicando fenômenos da vida unicamente pela físico-química. Tanto que, hoje em dia, o conceito de vida já não é considerado fundamentalmente científico. Já não é utilizado a não ser na literatura, na filosofia e nas ciências humanas.

Essas constatações, todavia, não permitem afirmar, sem maiores considerações, que os fenômenos da vida são redutíveis aos da matéria inanimada. Coube a Atlan (1972-1979) analisar e compreender esse processo de redução. Na verdade, não são os fenômenos biológicos que foram reduzidos, já que preservaram toda a sua especificidade, mas a físico-química é que se estendeu a novos domínios, os da biologia. Novos métodos e novos conceitos foram introduzidos na biologia, particularmente os de informação, código, programa etc. Assim, o leito de Procusto do reducionismo é inofensivo, visto que sua geometria é variável. Donde se coloca a questão de saber se a neurobiologia, ao preço de uma revisão metodológica e conceitual comparável, não poderia um dia adaptar-se às dimensões da psicologia. Idealmente, a resposta seria sim, mas, na prática, parece que ela deve continuar, provavelmente para sempre, negativa. E isso, por pelo menos três séries de razões.

Primeiro, como vimos, não é nem desejável nem possível substituir as expressões mentalistas por expressões neurobiológicas, que, aliás, ainda estariam por ser inventadas. Depois, pelo menos no homem, o acesso à intimidade dos fenômenos dos axônios e das sinapses continua impossível e continuará proibido por razões éticas. E finalmente, a complexidade do cérebro, com seus 10^{11} neurônios e suas 10^{14} sinapses, impede que se forneça uma "imagem-modelo isomórfica" (Atlan, 1972) de seu funcionamento. A proeza da biologia molecular, portanto, tem pouca probabilidade de se repetir com a neurobiologia. O que não quer dizer que esta não venha a contribuir para melhorar nossa compreensão de alguns aspectos do psiquismo. Mas continuaremos a necessitar dos discursos psicológico e psicanalítico, mesmo que a neurobiologia transforme seus métodos e conceitos.

Se, no sentido próprio do termo, o reducionismo não existe, os discursos reducionistas, ao contrário, proliferam largamente, em particular nas ciências humanas. É reducionista todo discurso que pretenda dar conta da realidade considerando-a unicamente por seu próprio ponto de vista. No caso da esquizofrenia, por exemplo, é reducionista o discurso que só considera o ponto de vista da genética, ou exclusivamente o ponto de vista das relações pais-filhos etc. Todo discurso sobre o ser humano não pode ser outra coisa senão uma polifonia. Disso sabia Freud, que entrecruzava toda sorte de considerações onto- e filogenéticas, psicológicas, sociológicas, biogenéticas etc. Veremos que essa é uma das causas da longevidade de sua teoria do aparelho psíquico, que nisso se distingue e se afasta das considerações relativas ao tratamento psicanalítico, onde tudo se reduz ao "aqui e agora".

O problema da criação de modelos

Esse problema concerne a todas as ciências, mas, na teoria psicanalítica, ocupa um lugar central. Recentemente, foi alvo de um colóquio (apresentado por Delattre e Thellier, 1979) sobre a elaboração e a justificação dos modelos na biologia, com a participação de Thom e Morel, e de um trabalho mais especificamente psicanalítico, de autoria de Noy (1977). Este último define modelo como "uma construção lógica hipotética que abstrai e transfere um sistema de relações, processos ou leis de seu contexto original para um outro contexto, onde, em geral, apenas um ou alguns elementos são preservados sem alteração, enquanto outros, ou são modificados, ou são eliminados" (p. 2). O exemplo mais simples de modelo é o do plano das ruas de uma cidade. O objeto e o modelo acham-se unidos, portanto, por uma relação de analogia.

Antes de abordar a metapsicologia freudiana, vejamos com Thom (1979) qual é o estatuto científico dos modelos. Para esse autor, o campo dos modelos ultrapassa largamente o da ciência: "é ilusório querer traçar uma linha demarcatória nítida entre empregos da modelização que sejam 'científicos' e outros rejeitados como 'especulativos' ou 'pré-científicos' " (p. 22). Um "bom" modelo é, muito simplesmente, aquele que fornece uma resposta satisfatória a uma pergunta, quer essa resposta permita uma previsão sobre o fenômeno representado pelo modelo, quer contribua, muito simplesmente, para eliminar seu caráter enigmático. Os critérios clássicos de cientificidade de um modelo, portanto, devem ser rejeitados.

Para ser científico, um modelo não tem, forçosamente, que ser matemática ou quantitativamente exato. Ele pode ser útil, mesmo que não permita nenhuma previsão quantitativa. Por último, não é necessário que se assente numa base teórica reconhecida. E Thom conclui: "estaríamos errados em pensar que as técnicas de adivinhação 'primitivas' não têm nenhum alcance heurístico" (p. 24). Tais posições evocam irresistivelmente a epistemologia anarquista de Feyerabend (1975), e Thom (1979) considera que, "segundo o ponto de vista positivista padrão", é exatamente isso.

Se o grau de cientificidade de um modelo não tem interesse, o mesmo não acontece com seu alcance ontológico: "É seu alcance ontológico, ou seja, na medida em que o modelo exprime a 'realidade' do ser modelado", que constitui seu único interesse (p. 24). O que realmente acontece com os modelos freudianos, como veremos adiante. Mas — e esse é um comentário importante de Thom — os modelos "horizontais" dos níveis de organização têm um alcance ontológico maior do que os modelos "verticais" hierarquizados. De fato, na biologia, geralmente só se produzem modelos "locais", modelos "truncados" dos sistemas hierarquizados — provavelmente por causa da complexidade dos sistemas —, mas isso conduz a não se "levarem em conta interações espaço-temporais que geram e destroem os sistemas" (p. 26). Pessoalmente, cremos que os modelos freudianos podem ser considerados "horizontais", no sentido de Thom, porque não fornecem uma visão "fragmentada" do psiquismo — ao contrário da neurobiologia —, do qual, por conseguinte, são mais capazes de dar conta. Seu alcance ontológico, quanto ao aparelho psíquico, parece-nos maior que o dos modelos neurobiológicos elaborados até o momento.

Parece-nos igualmente oportuno lembrar a distinção introduzida por Morel (1979) entre os modelos descritivos, de "representação" ou figuração, e os modelos de "conhecimento", explicativos do funcionamento das estruturas. Veremos que o sistema multimodelar de Freud tem, a nosso ver, o mérito de reunir num mesmo conjunto os dois tipos de modelos.

Toda a obra de Freud torna-se um incessante esforço de criação de modelos, a partir do momento em que ele se empenha na construção da psicologia do inconsciente em torno da noção de aparelho psíquico (*psychischer Apparat*). Desde o *Projeto para uma Psicologia Científica* (1895) até *O Ego e o Id* (1923b), Freud não parou de transformar, reformular e aperfeiçoar o produto de seu trabalho de modelização, que denominou modestamente de *metapsicologia*. A primeira tentativa do *Projeto* foi um fracasso, e, no entanto, a obra inteira está ali em germe. O fiasco era inevitável, porque qualquer tentativa de representação do cérebro por uma imagem-modelo isomórfica está fadada ao fracasso, pelas razões que já assinalamos. E, mais ainda, situar-se no nível dos neurônios, dos axônios e das sinapses para falar da atividade psíquica equivalia a situar-se num nível não pertinente, sobretudo em 1895. Saindo desse impasse, Freud renunciou definitivamente à representação isomórfica, construindo então modelos abstratos, comumente designados pelas expressões *primeira tópica* e *segunda tópica*.

Noy (1977), impressionado com a utilidade prática, a longevidade e a capacidade de adaptação da teoria do aparelho psíquico, procurou explicar essas qualidades próprias da metapsicologia freudiana, pois não há exemplo na ciência contemporânea de uma teoria dotada de tamanha capacidade de sobrevivência. Para Noy, a resposta é simples: as virtudes dessa teoria prendem-se ao fato de ela ser, em sua essência, um sistema multimodelar, isto é, um discurso não-redutor, que faz se entrecruzarem e interferirem a todo momento diversos discursos diferentes sobre o mesmo objeto. A metapsicologia é o resultado de uma multimodelização. Na verdade, para quem presta atenção a isso, Freud nos propõe, classicamente, pelo menos três modelos do aparelho psíquico: tópico, dinâmico e econômico. A combinação desses três modelos nos fornece três pontos de vista complementares sobre o mesmo objeto, o inconsciente. Na realidade, os modelos são ainda mais numerosos, se levarmos em conta os que Freud não desenvolveu, explícita ou formalmente, no cerne dos escritos metapsicológicos, que são todos anteriores a 1916. Na linha de frente desses modelos, convém abrir espaço para o modelo genético, que nunca deixou de ir ganhando amplitude ao longo de toda a obra freudiana; não apenas ontogenético, mas também filogenético, numa perspectiva que ora é darwinista, ora é lamarckista. Noy isolou ainda um modelo estrutural, um modelo adaptativo e um modelo psico-social. Podemos discutir a individualização deste ou daquele modelo, mas isso não retira nada do fato de que um sistema multimodelar é de uma utilidade e pertinência indiscutíveis.

A multiplicação de modelos a propósito de um só objeto é o único meio de escapar ao discurso reducionista, sem contar que está em perfeito acordo com a lógica dos modelos. Efetivamente, cada modelo de Freud representa apenas um único aspecto do objeto, contribui para descrever, classificar e organizar os dados relativos a esse aspecto e permanece como um instrumento lógico capaz de absorver novos dados, ao mesmo tempo que vai-se ajustando às restrições externas, seja qual for seu campo de origem. Mas, ao contrário de Noy (1977), que considera que os modelos freudianos são apenas modelos de representação (descritivos), julgamos que eles são igualmente modelos de conhecimento (explicativos).

Claro está que, para o psicanalista entregue a sua atividade prática, essa abordagem racional objetiva e objetivante é infinitamente menos útil do que a consideração de todos os níveis implicados na contratransferência. De fato, o analista percebe seu paciente mais como um indivíduo animado por lembranças, percepções, desejos e fantasias do que como um aparelho psíquico. E é mais sensível aos sentimentos de amor, ódio, atração ou repulsa que tem por seu paciente do que às dificuldades lógicas da primeira tópica diante do conjunto dos dados empiricamente colhidos pela psicanálise até 1920.

Para Freud, os modelos (a metapsicologia) nunca passaram de auxiliares que ele ia modificando conforme as necessidades de seu trabalho teórico. Como diz Noy (1977), a genialidade de Freud consistiu em ele ter construído um sistema multimodelar "aberto, capaz de absorver um fluxo de descobertas resultante da experiência clínica e empírica, e em ter-se ajustado permanentemente às mudanças sociais e culturais das sucessivas gerações" (p. 11).

O problema da incomensurabilidade das teorias

O conceito de incomensurabilidade das teorias entre si — já implícito em Bachelard (1934, 1938), que fala de ruptura epistemológica, em vez de disjunção dedutiva (Feyerabend, 1975) — foi introduzido no campo da epistemologia, por volta de 1960, por Feyerabend (1975) e Kuhn (1962). Desde então, foi objeto de inúmeras controvérsias (Feyerabend, 1975; Jacob, 1980). Esse conceito subentende que não é possível comparar duas teorias que não tenham nenhum ponto comum, nem nenhuma relação de inclusão, exclusão ou intersecção, pelo fato de elas serem relativas a duas ontologias, a duas concepções do mundo, a dois paradigmas (no sentido kuhniano) universais estranhos um ao outro.

Antes de ir mais adiante, lembremos que esse conceito deve ser distinguido do de incompatibilidade: incompatibilidade entre os fatos e a teoria, e sobretudo incompatibilidade lógica entre duas teorias, como no caso da ótica ondulatória e da ótica geométrica, ou no da lei de Galileu e de algumas conseqüências da lei de Newton no domínio de validade da lei de Galileu. De fato, segundo esta última, a aceleração em queda livre é uma constante, ao passo que, na superfície da Terra, a teoria de Newton prevê um decréscimo da aceleração, certamente imperceptível, em função da distância do centro da Terra.

Um único exemplo, extraído de Feyerabend (1975), permitirá compreender com clareza a significação do conceito de incomensurabilidade: a física clássica "desenvolveu uma terminologia completa para descrever certas propriedades fundamentais dos objetos físicos, tais como a forma, a massa, o volume, os intervalos de tempo e assim sucessivamente. O sistema conceitual ligado a essa terminologia pressupõe, pelo menos numa de suas numerosas interpretações, que as propriedades são parte inerente dos objetos e só se modificam em conseqüência de uma interferência física direta. Esse é um dos 'princípios universais' da física clássica. Em contrapartida, a teoria da relatividade implica, pelo menos na interpretação que dela forneceram Einstein e Bohr, que não existem propriedades inerentes aos objetos, do tipo das que enumeramos, e que as formas, as massas e os intervalos de tempo são relações entre os objetos físicos e sistemas de coordenadas, que podem se modificar, nem nenhuma interação física, quando substituímos um sistema de coordenadas por outro. Além disso, a teoria da relatividade também fornece novos princípios para constituir fatos mecânicos, tanto que o novo sistema conceitual assim criado não apenas nega a existência de estados clássicos de fatos, como nem sequer nos permite formular enunciados que exprimam tais estados de fatos: ele nem sequer compartilha um único enunciado com seu predecessor, e não pode fazê-lo" (p. 308).

Assim, a física clássica e a física relativista são incomensuráveis, já que um enunciado não pode conter, simultaneamente, termos clássicos e termos relativistas. A partir do momento em que os "princípios universais" de uma teoria são afastados por outra, existe incomensurabilidade. Nossa visão do mundo fica transtornada. Se, nas ciências da natureza, são universais os princípios relativos a uma concepção do mundo, podemos admitir que, nas ciências humanas, são universais os princípios relativos à concepção do homem, como veremos adiante. É evidente, portanto, que teorias locais ou particulares não podem ser incomensuráveis entre si, já que não põem em jogo nenhum princípio universal. Mas não se deve perder de vista que a incomensurabilidade depende da interpretação das teorias. Duas teorias incomensuráveis segundo uma interpretação podem não sê-lo segundo outra. Por outro lado, decorre da incomensurabilidade que, necessariamente, as duas teorias em questão não podem referir-se a uma mesma situação objetiva. Sem esquecer que o domínio empírico não pode ser totalmente independente das posições teóricas prévias, inclusive implícitas, do observador.

O interesse do conceito de incomensurabilidade é pelo menos tão grande no caso das ciências humanas quanto no das ciências da natureza. Pensamos, particularmente, na psicologia e na psicopatologia. Na verdade, na natureza dos princípios universais que se acham na base de nossa concepção do homem, e em particular de sua vida psíquica normal e patológica, passa a depender a própria natureza de nossos métodos de observação e de seus resultados. Daremos como único exemplo disso a observação e a interpretação dos sintomas da esquizofrenia segundo os princípios de Kraepelin, no século passado, para mostrar como eles são estranhos aos princípios da psicopatologia psicanalítica contemporânea. Eis o texto de Kraepelin, republicado por Laing (1967): "Senhores, o caso que lhes desejo apresentar hoje é curioso. Os senhores têm diante de si uma serviçal de vinte e quatro anos, cujo rosto e corpo, como podem ver, atestam um claríssimo emagrecimento, a despeito do qual a paciente está continuamente em movimento. Ela anda de um lado para outro, prende e solta os cabelos. Se tentamos detê-la, deparamos com uma resistência surpreendentemente forte. Se me coloco diante dela, com os braços abertos, para detê-la, e caso ela não consiga me empurrar, ela desliza sob meus braços e continua a andar. Se a seguramos com firmeza, seu rosto, habitualmente fixo e inexpressivo, contorce-se e ela se põe a chorar. Suas lágrimas param tão logo a libertamos. Observamos, além disso, que ela segura em sua mão crispada um pedaço de pão, que não permite que lhe tiremos nem mesmo à força. A paciente não faz o menor caso do meio que a cerca, desde que a deixem em paz. Se lhe espetarmos a fronte com uma agulha, será difícil que faça uma careta e se desvie. Às perguntas que lhe formulamos, não responde quase nada, quando muito sacudindo a cabeça, mas, de tempos em tempos, geme: 'Ai, meu Deus! Ah, mamãe, minha querida mamãe!', repetindo sempre as mesmas palavras" (citado *in* Laing, 1967, pp. 75-76). Sem tecer comentários inúteis, diremos que essa maneira de examinar e compreender tal paciente está apoiada numa antropologia muito diferente da de nossos contemporâneos, mesmo nossos psiquiatras. Em um século, os princípios universais das ciências humanas se modificaram completamente, e o Homem deixou de ser *visto* da mesma maneira. Assim, podemos concluir que as teorias psicopatológicas de Kraepelin e as da psicanálise são incomensuráveis. Mas essa incomensurabilidade tem conseqüências práticas importantes no nível da prestação de cuidados. As técnicas de tratamento decorrentes da concepção kraepeliniana nada têm em comum com as que decorrem da concepção psicanalítica, nem mesmo na ausência de qualquer quimioterapia; o que não é um ponto indiferente para o enfermo.

Da mesma forma, são incomensuráveis uma antropologia monista e uma antropologia dualista, uma psicologia acadêmica que ignore o inconsciente e uma psicologia psicanalítica que situe a dinâmica inconsciente no centro da vida psíquica. É que, conforme se reconheça ou não o inconsciente como motor do psiquismo, os fenômenos psicológicos são observados e interpretados de maneira radicalmente diferente. Trata-se aí, mais uma vez, do reconhecimento ou da rejeição de um ou vários princípios universais, dessa vez relativos ao homem.

Como a existência e a primazia da atividade inconsciente acham-se na base da teoria psicanalítica, haverá ou não incomensurabilidade entre a psicanálise e as outras ciências humanas conforme estas admitam ou não o poder do inconsciente. Assim, a questão da incomensurabilidade passa a se colocar entre a metapsicologia freudiana e as outras teorias psicanalíticas que declaram, erroneamente ou com razão, admitir o papel privilegiado do inconsciente, quer se trate das de Jung ou Adler, quer das de Melanie Klein ou Jacques Lacan, para citar apenas as mais conhecidas. Essa difícil questão mereceria ser aprofundada, depois de um levantamento e de uma análise precisa dos princípios universais que fundamentam suas respectivas teorias do psiquismo e dos que alicerçam a teoria freudiana. A incomensurabilidade, nesse caso, não dependeria do reconhecimento ou não do inconsciente, mas da natureza, do conteúdo, da organização e da função que cada teoria atribui a essa instância psíquica. Também aí, porém, a incomensurabilidade dependerá da interpretação que cada um der a essas diversas teorias. Existe, nesse ponto, um trabalho urgente cujos resultados certamente ajudariam a psicanálise a atravessar sua crise atual.

Se, para a física, a mudança de um princípio universal acarreta uma mudança do mundo inteiro, nas ciências humanas uma mudança semelhante acarreta uma mudança do homem em sua totalidade. Assim, o mundo objetivo não é insensível a nossas atividades epistêmicas, salvo quando elas são localizadas, porque essas atividades "podem fazer os deuses desaparecerem, para substituí-los por pilhas de átomos no espaço vazio" (Feyerabend, 1975, p. 321).

A PSICANÁLISE E AS OUTRAS CIÊNCIAS

Qualquer ciência que admita que a atividade psíquica e a atividade nervosa estão co-referidas a um mesmo objeto, e que o inconsciente tem uma função dinâmica, mantém uma relação, pelo menos de intersecção, com a psicanálise. O próprio Freud reconheceu o caráter "aberto" da psicanálise: "É raro essa ciência poder, por si só, resolver plenamente um problema, mas ela parece chamada a fornecer importantes contribuições para os mais variados problemas da ciência" (*Ma Vie et la Psychanalyse* ["Um Estudo Autobiográfico"], 1925, p. 110).

Ao menos três tipos de relações podem ser contemplados entre a psicanálise e as outras ciências: (1) o poder heurístico da psicanálise, a serviço das demais ciências; (2) as restrições externas e as refutações impostas à psicanálise pelas outras ciências; (3) a validação de um ponto da teoria por outras disciplinas e a ajuda trazida pelas ciências auxiliares.

Nosso ponto de vista está longe de ser compartilhado por todos os psicanalistas. De fato, muitos são os que reclamam para a psicanálise uma posição de extraterritorialidade, que a consideram incomensurável e fechada, em particular em face da biologia. Mas cremos haver mostrado que não era esse o ponto de vista de Freud.

O poder heurístico da psicanálise

A potência da teoria freudiana lhe confere um enorme poder heurístico, do qual as outras ciências podem tirar proveito. Esse poder, até o momento, tem sido predominantemente colocado a serviço da ciência dos textos, da estética, da história, da sociologia e da psiquiatria, que constituem os principais campos da psicanálise aplicada. É igualmente correto lembrar que muitas pesquisas fecundas sobre a filogênese e a ontogênese da atividade psíquica e do comportamento do homem, sobre a psicologia e a psicopatologia da criança e sobre a psico-sociologia da família foram inspiradas nos modelos freudianos. São os psicanalistas que se acham na origem de nosso conhecimento atual da criança. Da mesma forma, não é por acaso que alguns etologistas sentem necessidade de recorrer a conceitos freudianos.

Mas é do domínio da neurobiologia do sono que eu extrairia o mais belo exemplo do poder heurístico da psicanálise (Bourguignon, 1975). Classicamente, admite-se que foi Aserinsky (1953) quem descobriu as fases paradoxais do sono, ou seja, as fases de sonho. Na verdade, elas já tinham sido observadas em 1937 por Klaue, sob a forma de ondas rápidas e de baixa voltagem no EEG. Melhor ainda, Ohlmeyer *et al.* haviam descrito, em 1944, ciclos de ereção peniana durante o sono. Infelizmente para seus autores, essas duas séries de observações capitais foram feitas na Alemanha nazista, isto é, num meio cultural que havia condenado e rejeitado o paradigma freudiano. Assim, podemos nos indagar se o anti-semitismo dos nazistas não estaria na origem da esterilidade dessas descobertas, que não encontraram nenhuma teoria que as fecundasse. Inversamente, a descoberta de Aserinsk, que foi feita num país onde a teoria psicanalítica era então universalmente aceita, foi acompanhada de uma espantosa proliferação de trabalhos, todos os quais se propuseram o objetivo de confirmar ou refutar a teoria freudiana do sonho. Sempre no domínio da neurobiologia, lembramos a luz original que a psicanálise lançou sobre o problema da epilepsia essencial e sobre o da narcolepsia-cataplexia (Bourguignon, 1971, 1976).

As restrições externas
e as refutações provenientes das outras ciências

Com muita modéstia, Freud declarou, em *Além do Princípio do Prazer* (1920), que uma outra ciência, a biologia, poderia um dia refutar algumas de suas hipóteses: "A biologia é realmente um campo de possibilidades ilimitadas: devemos ter a expectativa de receber dela os mais surpreendentes esclarecimentos, e não podemos adivinhar que respostas ela dará, dentro de alguns decênios, às perguntas que lhe formulamos. Talvez se trate de respostas de tal ordem que façam ruir todo o edifício artificial de nossas hipóteses" [5] (p. 76).

Tal declaração convida os psicanalistas a acompanharem os progressos da biologia, para ver se alguma descoberta imporá uma retificação ou uma reformulação da teoria. É que a teoria do aparelho psíquico não pode ignorar as pesquisas que se fazem em sua vizinhança imediata. Por exemplo, acaso a teoria do apego, de Bowlby (1959, 1973, 1980), não conduz a uma reformulação da teoria do apoio? De fato, sabemos que, para Freud, no início da vida, as pulsões sexuais se apóiam nas pulsões de autopreservação, e que a satisfação desta orienta as pulsões sexuais para a pessoa que está na origem de tal satisfação, ou seja, a mãe ou seu substituto. Ora, D. Burlingham e A. Freud (1944) observaram um grupo de crianças, nascidas num campo de concentração, que só haviam estabelecido relações objetais entre si, embora os cuidados graças aos quais tinham sobrevivido proviessem, evidentemente, de uma outra fonte. Desde então, diversos autores mostraram que o bebê não estabelece sua primeira relação objetal com a pessoa que o alimenta e cuida dele, mas com aquela com quem a comunicação, através da audição, da visão e do tato, é melhor. De outro lado, os trabalhos de Harlow (1972) sobre o macaco reso mostraram que a satisfação das necessidades alimentares e o apego a um objeto macio e quente, substituto da mãe, são totalmente independentes, ao contrário do que prevê a teoria do apoio, que deve, portanto, ser reconsiderada. Se, como pensava Freud, a satisfação das pulsões do eu se realiza através da alimentação e dos cuidados corporais, a teoria do apoio é falsa. Se a relação objetal depende, antes de mais nada, da qualidade das interações com o bebê, a teoria é verdadeira, mas deve ser reformulada. Assim, vemos que, ao contrário do que afirma Popper (1972), a psicanálise é refutável, mas somente, ao que parece, no nível da teoria do aparelho psíquico. É que esse é o principal nível em que outras ciências podem exercer restrições sobre ela ou, ao contrário, levar-lhe sua ajuda.

Ajuda e validação pelas ciências auxiliares

Toda ciência, a menos que sua teoria seja incomensurável com qualquer outra, pode esperar muito de suas ciências auxiliares. Ora, para a psicanálise, elas são muitas. Se as ciências auxiliares podem impor retificações, elas podem também levantar questões, fornecer argumentos em favor da teoria, ou até ajudá-la quando ela é dificultada por algum dado empírico.

Também nesse aspecto, a neurobiologia do sono nos fornece dois exemplos. No *Projeto para uma Psicologia Científica* (1895), Freud escreveu: "Os sonhos são desprovidos de descarga motora e, na maior parte do tempo, de elementos motores. Neles, ficamos paralisados" (p. 354). Mais de meio século depois de sua formulação, Jouvet (1963) confirmou essa assertiva. Como Freud não nos diz se essa foi uma observação direta, inferimos daí que se trata de uma dedução lógica de dois enunciados teóricos: o sonho é uma realização de desejo; e, no sonho, a marcha da excitação é regressiva, e portanto, esta não se serve da via motora. Da mesma forma, quando Fisher (1965) descobre que, desde o nascimento até a morte, a fase paradoxal é acompanhada por uma excitação dos órgãos genitais externos, em particular por uma ereção do pênis, é difícil afirmar que esse dado empírico seja totalmente estranho à teoria freudiana, que atribui um importante papel à sexualidade no processo onírico. Ao contrário, podemos ver nisso um argumento a favor dessa teoria. Por último, lembramos que alguns dados recentes da fisiologia das sinapses confirmam algumas premonições do *Projeto* (1895).

Em sua formulação final, a metapsicologia coloca em seu centro um novo dualismo pulsional e opõe a pulsão de vida à pulsão de morte. Na verdade, em 1920, a teoria psicanalítica estava ameaçada por alguns fatos empíricos, a saber, os sonhos traumáticos, a compulsão à repetição e os fenômenos de regressão. Para salvá-la, portanto, Freud recorreu a uma hipótese *ad hoc*: a da pulsão de morte, hipótese que foi imediatamente contestada ou rejeitada pela maioria dos psicanalistas, embora as inferências dedutivas que Freud extraiu dela fossem irrepreensíveis. Tratava-se de uma hipótese efetivamente contestável, ou mesmo refutável, na época, e que é hoje totalmente insustentável, a menos que se esvazie o conceito de pulsão de seu conteúdo habitual e se faça dele uma entidade metafísica. Laplanche (1970) e muitos outros autores fizeram sua análise crítica. Ao contrário, se, em 1920, Freud estivesse de posse dos conhecimentos neurobiológicos atuais, cremos que poderia ter salvo sua teoria da refutação, poupando ao mesmo tempo uma hipótese *ad hoc* indefensável. De fato, como mostraram Fisher *et al.* (1970), o pesadelo — aquilo que constitui a maioria dos chamados sonhos traumáticos — nada tem a ver com o sonho da fase paradoxal. Portanto, o enunciado sobre o sonho como realização de desejo não foi rejeitado, nem sequer corrigido, já que o sonho traumático não é um sonho. Pensamos, inclusive, que o pesadelo está para o sonho assim como o delírio está para o pensamento normal de vigília (Bourguignon e Manus, 1980). Quanto à compulsão à repetição, ela é explicável pelo que sabemos das diversas modalidades do *imprinting* [impressão] e pela teoria da estabilização seletiva das sinapses (Changeux *et al.,* 1973). Finalmente, a regressão é mais bem explicada pelas descobertas e pelas teorias da etologia animal e humana do que pela pulsão de morte.

Terminamos insistindo no fato de que um certo número de disciplinas, tais como a neurobiologia, a etologia, a lógica dos sistemas auto-organizadores (Atlan, 1972, 1979), a lingüística e, sem dúvida, muitas outras, devido a suas intersecções com a psicanálise, podem ser legitimamente consideradas como ciências auxiliares desse ramo da psicologia, como a chamava Freud.

CONCLUSÃO

Levando em conta a relativa constância de seus procedimentos experimentais, a teoria psicanalítica só tem uma opção entre duas atitudes: ou o fechamento ou a abertura. O fechamento, o curvar-se sobre si mesma, a faz correr o risco da esterilidade e de toda sorte de deturpações, particularmente a escolástica ou a literária. Mas a abertura leva sua identidade a correr riscos, fazendo-a perder sua especificidade e dispersando-a por outros campos, como os da biologia, da psicologia ou de qualquer outra ciência humana.

De qualquer modo, como insistiu Legrand (1973), as duas ameaças maiores e mais permanentes para a psicanálise continuam a ser a ideologia e a metafísica. De fato, quanto mais se enfatiza seu aspecto de ciência empírica e positiva, mais a ideologia a corrompe, como testemunham a psicologia no ego e a psicanálise adaptativa de certos autores norte-americanos. Inversamente, quanto mais a teoria se enriquece com axiomas diversos, mais o peso das referências empíricas diminui e mais ela é ameaçada pela metafísica. Assim, a psicanálise é forçada a avançar entre esses dois escolhos. Certamente, pode evitá-los através da crítica constante, da dúvida, da contestação, dos requestionamentos sistemáticos da teoria, da luta contra a crença cega e da submissão aos fatos e às exigências da lógica. Mas é preciso que esses remédios não sejam piores do que o mal e não matem, na mente dos analistas, as fantasias, os frutos da imaginação e da desrazão, o gosto pela aventura e a capacidade de se deixarem surpreender, que são as únicas verdadeiras fontes da criação científica e psicanalítica.

Dessa rápida passada por alguns problemas epistemológicos, preservamos a idéia de que a atividade científica não é a marcha racional cujos caminhos o positivismo lógico analisou, e que a descoberta decorre, certamente, do desejo de explorar, contradizer, superar e refutar os pais fundadores, porém, mais ainda, do encontro feliz entre uma fantasia — uma teoria — e a realidade.

A psicanálise só pode continuar científica mantendo-se numa posição insustentável, contraditória, numa perpétua oscilação entre o empírico e o teórico, a realidade e a fantasia, a dúvida e a crença, a repetição e a mudança. Nessa situação, ela é inevitavelmente convocada a evoluir e a passar por novas crises. Deve permanecer como esse campo aberto, heterogêneo e móvel onde se aliam a representação e a explicação, mas também a impotência e a ignorância, esse campo onde se identifica, com maior ou menor facilidade, um gradiente de cientificidade que atinge sua intensidade máxima na teoria do aparelho psíquico.

Que a epistemologia possa ser, para os analistas, a psicanálise da psicanálise, tal como esta foi, para o Círculo de Viena, a ciência da ciência.

NOTAS

* Texto publicado originalmente em *Psychanalyse à l'Université*, 1981, *6*, nº 23, 381–414, Paris.

1. Salvo indicação contrária, a paginação das citações é a dos textos originais citados na bibliografia, ou, quando há essa possibilidade, a da edição francesa igualmente citada nas referências bibliográficas.

2. Grifo nosso.

3. Por exemplo, na lei da queda dos corpos como $1/2\ g\ t^2$, uma mudança de t para $-t$ em nada modifica a lei.

4. A rigor, a tradução que acabamos de citar é a de Laplanche e Pontalis (a ser publicada pela Payot).

5. Essa, na verdade, é uma tradução inédita de Laplanche e Pontalis (a ser publicada pela Payot).

BIBLIOGRAFIA

1. Althusser, L., s/d, "La Découverte du Docteur Freud", artigo mimeografado e, ao que saibamos, jamais impresso.

2. Aserinsky, E. e Kleitman, N., 1953, "Regularly Occurring Periods of Eye Motility and Concomitant Phenomena during Sleep", *Science, 118*, pp. 273–279.

3. Atlan, H., 1972, *L'Organisation Biologique et la Théorie de l'Information*, Paris, Hermann.

4. Atlan, H., 1979, *Entre le Cristal et la Fumée*, Paris, Éditions du Seuil.

5. Bachelard, G., 1934, *Le Nouvel Esprit Scientifique*, Paris, Alcan [*O Novo Espírito Científico*, Rio, Tempo Brasileiro, 1968].

6. Bachelard, G., 1938, *La Formation de l'Esprit Scientifique. Contribution à une Psychanalyse de la Connaissance Objective*, Paris, Vrin.

7. Barrett, C., 1966, *Wittgenstein: Lectures and Conversations*, Berkeley, University of California Press; excertos em trad. francesa *in* R. Jaccard, *Freud. Jugements et Témoignages*, Paris, Presses Universitaires de France, 1976, pp. 251–266.

8. Bourguignon, A., 1971, "Propos sur le Rêve, la Cataplexie et l'Épilepsie. Voie Motrice et Voie Psychique", *Evol. Psychiat.*, *36*, pp. 1–11.

9. Bourguignon, A., 1975, "Epistemological Remarks Concerning Research on Sleeping and Dreaming", *in* G.C. Lairy e P. Salzarulo (orgs.), *Experimental Study of Human Sleep: Methodological Problems*, Amsterdã, Elsevier.

10. Bourguignon, A., 1976, "Narcolepsy and Psychoanalysis", *in* C. Guilleminault, W.C. Dement e P. Passouant, *Narcolepsy*, Nova York, Spectrum Publications.

11. Bourguignon, A. e Manus, A., 1980, "Sogno, Incubo e Delírio", *Ric. Psicol.*, Milão, *4*, pp. 45–61.

12. Bowlby, J., 1969, 1973, 1980, *Attachment and Loss*, Londres, Hogarth Press, 2 vols., trad. francesa dos dois primeiros volumes, vol. I, *L'Attachement*, vol. II, *La Séparation. Angoisse et Colère*, Paris, Presses Universitaires de France, 1978.

13. Brès, Y., 1979, "La Psychanalyse Est-elle une Science?", exposição feita em 2 de outubro de 1979 ao *Simpósio Internacional sobre o Inconsciente*, em Tbilísi. Inédito. Reproduzido e revisto *in* Y. Brès, 1980, "Ragots sur les Parents de Freud", *Psychanal. Université*, 6, nº 21, pp. 165–174.

14. Burlingham, D. e Freud, A., 1954, *Infants without Families*, Londres, Allen and Unwin.

15. Castoriadis, C., 1969, "Epilégomènes à une Théorie de l'Âme que l'on a Pu Présenter comme Science", *Inconscient*, nº 8, pp. 47–87.

16. Changeux, J.-P., Courrège, P. e Danchin, A., 1973, "A Theory of the Epigenesis of Neuronal Networks by Selective Stabilization of Synapses", *Proc. Nat. Acad. Sci. USA*, *70*, pp. 2974–2978.

17. Costa de Beauregard, O., 1967, "Two Principles of the Science of Time", *Ann. N.Y. Acad. Sc.*, *138*, pp. 407–421.

18. Delattre, P. e Thellier, M. (orgs.), 1979, Atas do Colóquio *Élaboration et Justification des Modèles. Applications en Biologie*, Paris, Maloine, 2 vols.

19. Feyerabend, P., 1975, *Against Method*, Londres, New Left Books, trad. francesa, *Contre la Méthode. Esquisse d'une Théorie Anarchiste de la Connaissance*, Paris, Éditions du Seuil, 1979.

20. Fisher, C., 1965, "Psychoanalytic Implications of Recent Research on Sleep and Dreaming", *J. Amer. Psychoanal. Assoc.*, *13*, pp. 197–303.

21. Fisher, C., Byrne, J., Edwards, A. e Kahn, E., 1970, "A Psychophysiological Study of Nightmares", *J. Amer. Psychoanal. Assoc.*, *18*, pp. 747–782.

22. Frank, P., 1959, "Psychoanalysis and Logical Positivism", *in* S. Hook (org.), *Psychoanalysis, Scientific Method and Philosophy*, Nova York, New York

University Press. Reeditado *in* Dr. Mujeeb-ur-Rahman (org.), *The Freudian Paradigm,* Chicago, Nelson-Hall, 1977.

23. Freud, S., 1985a., *Studien über Hysterie,* Leipzig e Viena, Deuticke, trad. francesa, *Études sur l'Hystérie,* Paris, Presses Universitaires de France, 1956 [*Estudos sobre a Histeria,* Rio, Imago, *E.S.B.*, vol. II, 2ª ed. revista].

24. Freud, S., 1895b, "Entwurf einer Psychologie", *in* S. Freud, *Ausden Anfängen der Psychoanalyse,* Londres, Imago Publishing Co., 1950, pp. 371–466; trad. francesa "Esquisse d'une Psychologie Scientifique", *in* S. Freud, *Naissance de la Psychanalyse,* Paris, Presses Universitaires de France, 1956, pp. 307–396 [*Projeto para uma Psicologia Científica, E.S.B.*, vol. 1, 2ª ed., revista].

25. Freud, S., 1914, "Zur Einführung des Narzissmus", *Jb. Psychoanal.*, *6*, pp. 1–24; trad. francesa, "Pour Introduire le Narcissisme", *in* S. Freud, *La Vie Sexuelle,* Paris, Presses Universitaires de France, 1969, pp. 81–105 ["Sobre o Narcisismo: Introdução", *E.S.B.*, vol. XIV, 1ª ed., não revista].

26. Freud, S., 1915, "Triebe und Triebshicksale", *Int. Z. Psychoanal.*, *3*, pp. 84–100; trad. francesa, "Pulsions et Destins des Pulsions", *in* S. Freud, *Métapsychologie,* Paris, Gallimard, 1968 ["Os Instintos e suas Vicissitudes", *E.S.B.*, vol. XIV, 1ª ed., não revista].

27. Freud, S., *Jenseits des Lustprinzips,* Leipzig, Viena e Zurique, Internationaler Psychoanalytischer Verlag; trad. francesa, *Au-delà du Principe de Plaisir, in* S. Freud, *Essais de Psychanalyse,* Paris, Payot, nova edição, 1965, pp. 7–81 [*Além do Princípio do Prazer, E.S.B.*, vol. XVIII, 1ª ed., não revista].

28. Freud, S., 1923a, "Psychoanalyse" e "Libidotheorie", *in* M. Marcuse (org.), *Handwörtenbuch der Sexual Wissenschaft,* Bonn, Marcuse e Weber, pp. 296–8 e 377–83 ["Dois Verbetes de Enciclopédia: (A) Psicanálise, (B) Teoria da Libido", *E.S.B.*, vol. XVIII, 1ª ed., não revista].

29. Freud, S., 1923b, *Das Ich und das Es,* Leipzig, Viena e Zurique, Internationaler Psychoanalytischer Verlag; trad. francesa, *Le Moi et le Ça, in* S. Freud, *Essais de Psychanalyse,* Paris, Payot, nova edição, 1965 [*O Ego e o Id, E.S.B.*, vol. XIX, 1ª ed., não revista].

30. Freud, S., 1925, *Selbsdarstellung, in* Grote, *Die Medizin der Gegenwart in Selbstdarstellungen, 4,* pp. 1–52, Leipzig, Meiner; trad. francesa, *Ma Vie et la Psychanalyse,* Paris, Gallimard, 1956, 24a. ed., pp. 8–115 ["Um Estudo Autobiográfico", *E.S.B.*, vol. XX, 1ª ed., não revista].

31. Freud, S., 1926a, *Die Frage der Laienanalyse. Unterredungen mit einem Unparteiischen,* Leipzig, Viena e Zurique, Internationaler Psychoanalytischer Verlag; trad. francesa *in* S. Freud, *Ma Vie et la Psychanalyse, Suivi de Psychanalyse et Médecine,* Paris, Gallimard, 24a. ed., 1956, pp. 117–239 ["A Questão da Análise Leiga", *E.S.B.*, vol. XX, 1ª ed., não revista].

32. Freud, S., 1926b, "Psychoanalysis: Freudian School", *in Encyclopaedia Britannica,* 13ª ed., novo vol. *3*, pp. 253–55 ["Psicanálise", *E.S.B.*, vol. XX, 1a. ed., não revista].

33. Freud, S., 1927, *Die Zukunft einer Illusion,* Leipzig, Viena e Zurique, Internationaler Psychoanalytischer Verlag; trad. francesa, *L'Avenir d'une Illusion,* Paris, Denoël et Steele, 1932 [*O Futuro de uma Ilusão, E.S.B.*, vol. XXI, 1ª ed., não revista].

34. Freud, S., 1932, *Neue Folge der Vorlesungen zur Einführung in die Psychoanalyse,* Viena, Internationaler Psychoanalytischer Verlag; trad. francesa, *Nouvelles Conférences sur la Psychanalyse,* Paris, Gallimard, 13ª ed., 1952 [*Novas*

Conferências Introdutórias sobre Psicanálise, E.S.B., vol. XXII, 1ª ed., não revista].

35. Freud, S., 1933, *Warum Krieg?*, Paris, Internationales Institut für Geistige Zusammenarbeit (Völkerbund) ["Por que a Guerra?", *E.S.B.*, vol. XXII, 1ª ed., não revista].

36. Freud, S., 1940, "Abriss der Psychoanalyse", *Int. Z. Psychoanal., Imago*, *25*, pp. 7–67; trad. francesa, *Abrégé de Psychanalyse*, Paris, Presses Universitaires de France, 4ª ed. revista, 1964 ["Um Esboço de Psicanálise", *E.S.B.*, vol. XXIII, 1ª ed., não revista].

37. Groddeck, G., 1970, *Der Mensch und sein Es*, Limes Verlag; trad. francesa, *Ça et Moi*, Paris, Galimard, 1977.

38. Harlow, H.F., 1972, "Love Created. Love Destroyed. Love Regained", *in* R. Chauvin (org.), *Modèles Animaux du comportement Humain*, Paris, Éditions du C.N.R.S., pp. 13–60.

39. Jacob, P., 1980, *L'Empirisme Logique. Ses Antécédents, ses Critiques*, Paris, Éditions de Minuit.

40. Jouvet, M., 1963, "Étude de la Dualité des États de Sommeil et des Mécanismes de la Phase Paradoxale", *in* M. Jouvet (org.), *Aspects Anatomo-fonctionnels de la Physiologie du Sommeil*, Paris, Éditions du C.N.R.S., 1965, pp. 397–449.

41. Klaue, R., 1937, "Die bioelektrische Tätigkeit des Grosshirnrinde im normalen Schalf und in der Narkose durch Schlafmittel", *J. Psycho. Neurol.*, Leipzig, *47*, pp. 510–531.

42. Kuhn, T.S., 1962, *The Structure of Scientific Revolutions*, Chicago, University of Chicago Press; trad. francesa, *La Structure des Révolutions Scientifiques*, Paris, Flammarion, 1972.

43. Lacan, J., 1966, *Écrits*, Paris, Éditions du Seuil.

44. Laing, R.D., 1967, *The Politics of Experience and the Bird of Paradise*; trad. francesa, *La Politique de l'Expérience, Essai sur l'Aliénation, et l'Oiseau de Paradis*, Paris, Stock, 1969 [*A Política da Experiência e a Ave do Paraíso*, Petrópolis, Vozes, 2ª ed., 1978].

45. Laplanche, J., 1970, *Vie et Mort en Psychanalyse*, Paris, Flammarion.

46. Laplanche, J. e Pontalis, J.–B., 1967, *Vocabulaire de la Psychanalyse*, Paris, Presses Universitaires de France [*Vocabulário da Psicanálise*, Lisboa, Moraes Eds., 1ª ed., 1971].

47. Legrand, M., 1973, "Le Statut Scientifique de la Psychanalyse", *Topique*, *4*, nºs 11–12, pp. 237–258.

48. Mannoni, M., 1979, *La Théorie comme Fiction. Freud, Groddeck, Winnicott, Lacan*, Paris, Éditions du Seuil.

49. Morel, F., 1979, "Un Point de Vue de Physiologiste Expérimentateur sur les Modèles", *in* P. Delattre e M. Thellier (orgs.), *Élaboration et Justification des Modèles. Applications en Biologie*, Paris, Maloine, 2 vols., vol. I, pp. 31–37.

50. Nagel, E., 1959, "Methodological Issues in Psychoanalytic Theory", *in* S. Hook (org.), *Psychoanalysis, Scientific Method and Philosophy*, Nova York, Grove Press, pp. 38–56.

51. Noy, P., 1977, "Metapsychology as a Multimodel System", *Int. Rev. Psycho–anal.*, *4*, pp. 1–12.

52. Ohlmeyer, P. Brilmayer, H. e Hullstrung, H., 1944, "Periodische Vorgänge im Schlaf", *Pflüg. Arch. ges. Physiol.*, *248*, p. 559.

53. Piatelli–Palmarini, M., 1980, Comunicação feita no *Colóquio Nacional das Neurociências,* organizado pela D.G.R.S.T., Le Touquet, 1–4 de outubro de 1980.

54. Popper, K.R., 1935, *Logik der Forschung,* Viena, Julius Springer; trad. ingl., *The Logic of Scientific Discovery,* Londres, Hutchinson, 1968, última ed. inglesa; trad. francesa (a partir da inglesa), *La Logique de la Découverte Scientifique,* Paris, Payot, 1973 [*A Lógica da Pesquisa Científica,* S. Paulo, Cultrix, 1975].

55. Popper, K.R., 1972, *Objective Knowledge. An Evolutionary Approach,* Oxford, Clarendon Press; trad. francesa parcial, *La Connaissance Objective,* Bruxelas, Éditions Complexe, 1978.

56. Prigogine, I. e Stengers, I., 1979, *La Nouvelle Alliance. Métamorphose de la Science,* Paris, Éditions Gallimard.

57. Ricoeur P., 1965, *De l'Interprétation. Essai sur Freud,* Paris, Éditions du Seuil [*Da Interpretação. Ensaio sobre Freud,* Rio, Imago, 1977].

58 Serres, M., 1972, *Hermès II, L'Interférence,* Paris, Éditions de Minuit.

59. Thom, R., 1979, "Modélisation et Scientificité", *in* P. Delattre e M. Thellier (orgs.), *Élaboration et Justification des Modèles. Applications en Biologie,* Paris, Maloine, 1979, vol. I, pp. 21–29.

60. Tort, M., 1970, "La Psychanalyse dans le Matérialisme Historique", *Nouv. Rev. Psychanal., nº* 1, pp. 146–166.

61. Whyte, L.L., 1960, *The Unconscious before Freud,* Nova York, Basic Books; trad. francesa, *L'Inconscient avant Freud,* Paris, Payot, 1971.

7.

Articulação entre a Complexidade do SNC e a Complexidade da Organização Psíquica*

Que sentido dar à palavra *complexidade*? Como Henri Atlan, optei por distinguir complicação de complexidade, sendo a primeira uma característica das máquinas compostas de numerosos elementos conhecidos, e a segunda, a dos sistemas vivos cuja essência ignoramos, embora saibamos reconhecê-los. Mas, nesse desconhecido que mede a complexidade, convém distinguir aquilo de que nem sequer suspeitamos daquilo que desejaríamos conhecer, e de que só podemos falar.

Do ponto de vista do observador de um objeto vivo, a coisa é menos simples. Para uns, o SNC[1] é apenas complicado e, mais dia menos dia, conheceremos tudo a seu respeito; para outros, ele é complexo e continuará sempre parcialmente desconhecido. Isso, pelo menos, é o que revela a história da neurobiologia e da psicologia. Assim, a complicação estaria mais no aspecto da estrutura, do estado, da parte, do mecanismo local: em suma, do lado da pesquisa analítica de finalidade reducionista; já a complexidade estaria mais do lado da função, do processo, da totalidade, da integração, isto é, do lado dos estudos globais. Essa seria a "filosofia espontânea" dos pesquisadores.

No campo em que me situo, conservarei a distinção de Atlan e tentarei aplicar o seguinte preceito, derivado do de Jean Perrin: tomar como meta substituir o visível conhecido (complicação) pelo invisível desconhecido (complexidade).

O SISTEMA NERVOSO CENTRAL

Desde Descartes, que situava a alma na glândula pineal, o SNC tem sido analisado, parcial e localmente, até o nível molecular, sem que saibamos, no entanto, explicar as atividades psíquicas superiores.

A unidade funcional é o neurônio. Durante a vida intra-uterina, criam-se 250.000 neurônios por minuto e, no nascimento, seu número definitivo atinge 10 a 100 bilhões. Eles estabelecem entre si um trilhão de conexões ou sinapses. Mas quero insistir, particularmente, no fato de que esse sistema é relativamente fechado, pois apenas 0,02% dos neurônios são afetados nas entradas e nas saídas. A informação circula por entre eles num sentido único. Alguns neurônios curtos tratam a informação e executam as instruções; outros, longos, muito menos numerosos, modulam e regulam os primeiros. A continuidade da rede é assegurada pela liberação pré-sináptica de pelo menos dois neuromensageiros químicos, que se conjugam nos receptores pós-sinápticos do neurônio seguinte.

Em sua extremidade superior, o encéfalo se divide em dois hemisférios interligados, mas diferentes quanto a suas funções e suas estruturas finas. Sempre em sentido vertical, grandes vias ascendentes e descendentes, atravessando diversas junções, veiculam a informação recebida ou emitida. Todavia, é a divisão "horizontal" do encéfalo em níveis anatomofuncionais de condução e integração, mais ou menos hierarquizados, que se mostra mais rica em ensinamentos. O neocórtex, nível mais elevado dessa arquitetura, contém 70% dos neurônios. O mais importante a guardar em mente é que, nesse sistema, a informação não é tratada seqüencialmente, como num computador, mas analisada e integrada por milhões de canais específicos interligados. Assim, renunciou-se a localizar estritamente as funções, de vez que a informação no nível do córtex é trocada entre diversos pontos a partir de centros distribuidores.

Com isso, forneci apenas uma idéia ínfima do saber relativo à complicação do SNC, mas, mesmo assim, ela basta para mostrar que, a despeito de seus rápidos progressos, as neurociências continuam incapazes de responder com precisão às questões que nos formulamos, de nos dizer de que modo o SNC gera os fenômenos psíquicos de que temos consciência, e como se produz a consciência de si. Sem falar de todos os problemas dos quais nem sequer temos idéia. Nossa ignorância se prende, em parte, ao fato de que as pesquisas ainda continuam a ser quase que exclusivamente analíticas. Outras estratégias e conceitos estão por ser descobertos. Todavia, não devemos renunciar às estratégias analíticas, que, ao dar origem à noção de complicação, fazem surgir prontamente a de complexidade. Da complicação das partes resulta a complexidade do todo e, paradoxalmente, quanto mais cresce a complicação, mais aumenta a complexidade, pelo menos na mente do observador.

O PSIQUISMO

O golpe de força conceitual de Freud consistiu em ele haver introduzido a metáfora do "aparelho psíquico" no cerne da psicologia, que a partir de então deixou de ser um catálogo das faculdades mentais. Utilizarei esse modelo, que continua a ser o mais operacional.

As partes do sistema (complicação)

Só as conhecemos através da consciência, em cuja tela seus elementos se projetam. Trata-se das percepções sensoriais, das representações e dos afetos. As representações — aquilo que, dos objetos, é inscrito na memória e reativável — são de dois tipos: representação de coisa e representação de palavra, simbolizando esta um objeto concreto ou abstrato. Quanto aos afetos, eles pertencem a duas séries opostas, as do prazer e do desprazer. A atividade psíquica e os comportamentos dependem de estimulações externas, e principalmente internas (pulsões).

A organização psíquica pode ser apreendida em diversos níveis de crescente complexidade.

O nível do inconsciente (estrutura, e não qualidade) não é diretamente acessível, mas é classicamente deduzido dos sonhos, dos atos falhos e dos sintomas neuróticos. Compõe-se de representações de coisas arcaicas ou recalcadas, pois nele as palavras só estão presentes na qualidade de sons ou imagens. Sua ativação pode ser provocada ou espontânea. O pensamento do inconsciente ignora as categorias da contradição, da negação, da dúvida e do tempo. Desdenha a realidade, não tem acesso direto à consciência e é, antes de mais nada, repetitivo.

O nível do pré-consciente (qualitativamente inconsciente) liga as representações de coisa às de palavra, estas últimas simbolizando as coisas. Nesse nível, o pensamento é lógico, racional e passível de se tornar consciente. Trata-se de um lugar de memorização, mas também de auto-organização e criação.

O nível da consciência perceptiva é o da recepção, passiva ou voluntária, da informação proveniente do exterior ou do interior do sistema.

O nível da linguagem falada faz uma espécie de curto-circuito entre as representações e os afetos, substituindo-os por sua expressão verbal simbólica.

O nível da consciência de si, em parte graças à linguagem — falada, pensada ou escrita —, é o da reflexão. A consciência se fecha sobre si mesma e o indivíduo se transforma numa pessoa que pensa que pensa, que sabe que sabe. A linguagem aumentou a capacidade de memória e criou capacidades de abstração ilimitadas, isto é, modos econômicos e eficazes de tratamento da informação.

A totalidade do sistema (complexidade)

A organização psíquica é permanentemente ativa, mas pode funcionar segundo três regimes diferentes: vigília, sono e sonho. Durante a vigília, todas as suas potencialidades são exibidas. Nesse estado, o mais rico, mais variado e mais variável, a consciência pode se abrir para o mundo interno ou para o mundo externo, com um grau de atenção variável.

Durante o sono, cuja profundidade é oscilante, o mundo desaparece, o sistema se fecha sobre si mesmo e a consciência perde sua acuidade. O pensamento, quando consegue ser rememorado, assemelha-se ao da vigília. São os "sonhos" do primeiro tipo de Freud (1901).

O estado onírico ou paradoxal representa o fechamento máximo do sistema. O despertar para o mundo interno atinge nele uma intensidade extrema, a consciência perceptiva se aguça e a consciência de si fica ausente; o pensamento revela as características do inconsciente, mas, quando é demasiadamente infiltrado pelo pensamento de vigília, o sonho torna-se racional, embora seu sentido escape. Esses são os sonhos do segundo tipo de Freud (1901).

Esse esquema, que articula níveis de organização e regimes de funcionamento, vê sua complexidade aumentar quando o confrontamos com a análise minuciosa da realidade psíquica, tal como esta nos é fornecida pela introspecção e, principalmente, pela observação psicanalítica.

A ARTICULAÇÃO DAS DUAS COMPLEXIDADES

Colocação do problema

O problema da articulação entre o SNC e o psíquico não é o da articulação de duas substâncias, mas de dois tipos de fenômenos radicalmente diferentes, produzidos por um mesmo substrato, e que só podem se exprimir por duas espécies de idiomas irredutíveis um ao outro, o idioma biológico e o idioma psicológico. Essa visão esquemática é válida, desde que o psíquico seja reduzido ao consciente, mas deixa de ser defensável no momento em que admitamos a existência de uma atividade psíquica não-consciente. Essa constatação confere à qualidade *psíquica* uma certa ambigüidade. Se a parcela provavelmente maior da atividade psíquica é não consciente, ela só pode existir sob uma forma físico-química, permanentemente privada (inconsciente) ou transitoriamente privada (pré-consciente) da qualidade conferida pelo estado consciente. A distinção, por conseguinte, deixa de ser entre o psíquico e o físico-químico, e passa a ser entre o físico-químico não consciente e o físico-químico consciente. Nesse ponto, porém, surge um perigo: o de atribuir o psíquico ao físico-químico, mesmo inanimado; é o panpsiquismo. Para escapar a isso, é forçoso distinguir três estados do físico-químico: simples, não consciente e consciente.

Entretanto, essa distinção tríplice suscita uma outra dificuldade: como definir o psíquico? Pessoalmente, eu proporia a seguinte definição: *o psíquico é a soma das informações, já organizadas em conjuntos, passíveis de serem ativadas no cérebro, e que são codificadas em termos conscientes ou não conscientes de representação — de coisa ou de palavra — e/ou de afeto.* Como as representações só podem provir das percepções exteroceptivas, as percepções interoceptivas só são codificadas em termos de afeto (dor, por exemplo), exceto durante o sonho, quando podem ser traduzidas por representações simbólicas. É desnecessário lembrar que continuamos a ignorar sob que forma físico-química os afetos e representações são codificados no nível dos neurônios. Essa definição continua a nos deixar confrontados com o problema da consciência (perceptiva ou de si). Em 1915, Freud se propôs a questão de saber se o fato do tornar-se consciente correspondia a uma mudança de lugar ou de estado: "A segunda hipótese, a de uma mudança de estado *funcional*,[2] é, desde logo, a mais provável, mas é menos flexível, menos fácil de manejar" (p. 79[3]). É preciso confessar que não avançamos muito além disso nos dias atuais. Pribram (1980) considera que os mecanismos da consciência perceptiva e da consciência de si são diferentes, e que a exibição na consciência depende de uma disposição neuronal análoga à dos espelhos e das lentes na holografia.

Se o problema do "tornar-se consciente" continua a ser central para a neurobiologia, o da intencionalidade permanece igualmente agudo. Uma hipótese plausível é que todos os movimentos psíquicos que nos levam em direção a uma meta derivem das necessidades elementares, que, pela crescente complexificação do psiquismo (consciência de si e linguagem), se transformaram em aspirações voltadas para objetos alheios às necessidades.

Alguns pontos de articulação das complexidades nervosa e psíquica

Colocar o problema em termos de relação entre duas complexidades afasta o problema, falso ou insolúvel, da articulação entre complicações, do relacionamento termo a termo dos fenômenos físico-químicos com os fenômenos psíquicos conscientes, coletados localmente num nível "molecular". Esse problema não faz sentido, porque não existem, propriamente falando, fenômenos psíquicos nos níveis locais de análise da complicação, mas apenas num nível molar de integração — o da complexidade, o de nossa ignorância quase total. Assim, colocando-me num alto nível de generalidade, examinarei diversos pontos privilegiados e específicos de observação da dupla complexidade: a percepção visual, os três regimes de funcionamento, a filogênese e a ontogênese.

a) A percepção visual

Dentre todos os circuitos sensoriais, o do sistema visual é o mais bem conhecido. Não obstante, quando se trata de explicar a integração, numa única imagem consciente, da informação recebida pelos 150 milhões de bastonetes e pelos 6 a 7 milhões de cones de cada uma das duas retinas, todo o saber acumulado pela pesquisa analítica se esvanece na complexidade. O processo final de consciência perceptiva já não é localizável nem compreensível. E mais, a experiência mostra que a informação visual, para ser eficaz, pede o concurso da motricidade, e não apenas da motricidade ocular; o que equivale a dizer — e isso é o essencial — que a eficiência das entradas depende, afinal, do fechamento do sistema, como testemunha a ação intencional (ver Jeannerod, 1983). Quando fazemos alguém usar um dos prismas "inversores", ele vê o mundo invertido. Decorridos alguns dias, adapta-se perfeitamente e vê o mundo sem inversão — mas sob uma condição: a de dispor e usar, durante a fase de adaptação, de sua liberdade motora. Essa experiência confirma o que sabemos sobre a plasticidade do SNC, bem como o fato de que a percepção é construída pela ação. Essa importante constatação é corroborada pela comparação de gatos recém-nascidos libertos em seus movimentos e de gatos imobilizados. Só os primeiros desenvolvem normalmente suas reações visual-motoras. Assim, a simples observação, sem referência à complicação dos circuitos, revela uma articulação entre as complexidades nervosa e psíquica.

b) Os três regimes do funcionamento neuropsíquico

Inversamente, nesse campo, a análise da complicação serviu de revelador para a complexidade, ensinando-nos que três modos de organização nervosa, muito bem especificados, correspondem a cada um de três regimes, os de vigília, sono e sonho. A passagem de um para outro parece garantida por um mecanismo duplo de paralisação e fechamento, de um lado, e de acionamento e manutenção, de outro. Esse ponto de observação tem a dupla vantagem de evidenciar correspondências entre as duas organizações, nervosa e psíquica, e de revelar como o sistema se transforma durante o sonho, quando fica em estado de fechamento total, pelo menos quanto ao mundo externo (Bourguignon, 1968).

c) A história do cérebro e do psiquismo humanos

Dessa longa história, que se inicia há 3,5 bilhões de anos, destacarei apenas alguns pontos concernentes a minhas colocações. Desde o aparecimento dos primeiros grupos moleculares auto-reprodutores, a complexidade esteve presente, mas não o fechamento nem o psíquico. Depois, surgiram seres cada vez mais complexos, dotados de atividade reflexa, porém ainda demasiadamente abertos para dispor de consciência perceptiva. Passado um certo limiar de complexidade, com a individualização estrutural e funcional do SN em SNC, o fechamento suplantou a abertura. E, ao surgirem no homem a consciência de si e a ação intencional criadora, o sentido das trocas entre o indivíduo e o mundo foi definitivamente invertido. A iniciativa, consciente ou não consciente, passou desde então a pertencer ao sujeito. Os mecanismos de retroação foram reforçados por mecanismos de proação e o psíquico se voltou sobre si mesmo. Ao reduzir a duração de seu sono em relação aos animais (hipótese de Jouvet) e ao tornar suas ações cada vez mais voluntárias, o homem multiplicou seus confrontos com as restrições aleatórias do meio, tentou dominá-las e, assim, intensificou os processos auto-organizadores. Por intermédio disso, aumentou seu volume cerebral, pelo menos até certo limite.

O primeiro e lento aumento do volume endocraniano no *Australopithecus* coincidiu com uma atividade desconhecida no mundo animal: a lascagem de pedras para delas fazer utensílios. Com o *Homo habilis,* o *erectus,* e depois o *sapiens,* o volume cerebral aumentou ainda mais depressa, pois mais do que duplicou em dois milhões de anos. Uma mudança tão rápida assim é fato único na história da evolução. Durante esse período, o homem não parou de inventar: utilização de um utensílio para fazer utensílios (percussão), fabricação de abrigos, caça grupal e divisão de alimentos diversificados. Mais tarde, a vida social se intensificou e se tornou mais complexa, com a utilização do fogo, os ritos funerários, a arte etc. Pois bem, quanto mais complexas se tornaram as atividades, mais a vida social teve que se organizar e mais o sistema de comunicação — gestos, e depois, a linguagem — teve que se aperfeiçoar. Portanto, é lícito supormos que foram mais as atividades motoras e psíquicas do homem do que a simples seleção natural que estiveram na origem da evolução acelerada de seu SNC Todavia, há aproximadamente 50.000 anos, o volume endocraniano parece ter-se estabilizado. Não se deveria isso à instauração definitiva de uma linguagem elaborada, instrumento de memorização e tratamento da informação particularmente econômico e eficaz, recentemente complementado pela invenção da escrita? Uma vez chegado a esse nível de competência, o sistema neuropsíquico teria parado de crescer.

Convém reter desse esquema grosseiro, de qualquer modo, que foram a consciência de si e a atividade intencional — numa palavra, o fechamento do sistema — que complexificaram o cérebro e o psiquismo do homem. O que dá razão a Fausto, quando ele assim traduziu o início do Evangelho de João: "No começo era *a Ação.*"[4]

d) A repetição e a mudança na vida do indivíduo

Com o correr do tempo, minha concepção anterior (Bourguignon, 1981) da ontogênese evoluiu e se aproximou da de Varela (1983). Mas nem por isso deixa de ser verdade que é a tríplice determinação do sistema neuropsíquico do homem, genética, epigenética e auto-organizacional, que oferece a melhor compreensão dos processos de repetição e mudança.

A repetição, relativamente invariável, das principais características do SNC é assegurada pelo genoma, que determina também a relativa constância dos comportamentos elementares. Mas, como essa determinação — por menos de 10^6 genes — é incapaz de especificar 10^{12} neurônios e 10^{15} sinapses, ela tem que ser complementada por uma determinação epigenética.

Todavia, antes de considerar o papel do ambiente, faço questão de insistir em três fatos:

Primeiramente, cabe notar que o desenvolvimento do SNC se dá, no início da vida extra-uterina, no sentido de uma abertura progressiva, mas tudo começa, na realidade, durante a vida intrauterina, pelo fechamento, com o SNC se auto-estimulando e funcionando como um circuito fechado antes de ser estimulado pelo exterior, situação esta que se reproduz periodicamente durante o sonho.

Em segundo lugar, quanto mais um comportamento é necessário à sobrevivência mais ele depende do genoma.

Terceiro fato a sublinhar: existe em nossa espécie uma enorme variabilidade genética, que comanda, de um lado, as diferenças psíquicas e os comportamentos interindividuais.

A noção de constituição, embora difícil de precisar, continua irrecusável. Além disso, é corroborada pelas diferenças impressionantes que, à parte qualquer incidente obstétrico, existem entre os recém-nascidos, quer se trate da reatividade e do tônus ou do sono e do apetite, por exemplo, diferenças estas que têm seus correlatos psíquicos e comportamentais. Mas a parcela genética permanece indeterminável nesse sistema interacional.

Como a criança pequena é imediatamente ativa em sua relação com o mundo, e como seu cérebro não é uma cera mole onde se inscrevem passivamente as estimulações externas, é a base neurobiológica de sua personalidade que comanda as modalidades de suas interações, que determinarão por muito tempo a repetição invariável de seus comportamentos sócio-afetivos. Essa epigênese é particularmente pregnante na idade em que os neurônios e sinapses são muito sensíveis ao ambiente, na idade em que o cérebro imaturo ainda é vulnerável, plástico e pouco capaz de auto-organização, por ser relativamente aberto, em vista de o número de neurônios funcionais ainda ser reduzido. Como o SNC "espera", para se desenvolver harmoniosamente, um meio comparável ao que selecionou o genoma — um meio principalmente humano —, é evidente que qualquer inadequação marcante desse meio acarretará um desvio do desenvolvimento neuropsíquico. A experimentação animal e os estudos clínicos aí estão para provar que a epigênese determina a repetição das primeiras aquisições.

Qual pode ser a base neurofisiológica dessa repetição? Segundo Changeux *et al.* (1973), trata-se do processo de estabilização seletiva das sinapses (ESS). Durante o desenvolvimento do SNC, observa-se, a princípio, uma redução do número de neurônios, e depois, do número de sinapses. Estas passam de um estado lábil a um estado estável, sob a condição de serem adequadamente ativadas, na falta do que elas se degeneram. Assim, os estímulos externos recortam, num "envoltório genético" lábil, circuitos estáveis e funcionais. Diversos dados empíricos dão sustentação a essa maneira de ver; mas a teoria da ESS, por si só, não pode explicar tudo. Ela explica, antes de mais nada, a estabilidade das primeiras aquisições cognitivas e dos comportamentos e reações sócio-afetivos. Seja como for, essa inscrições primordiais são irreversíveis e, se não são diretamente reconhecíveis no adulto, é por serem superpostas por formações posteriores, contrariamente ao que acontece com os patos de Lorenz, desprovidos de neocórtex.

Assim, o psiquismo do ser humano está sujeito a uma dupla repetição: a que é imposta pelo genoma e a que resulta de suas primeiras experiências sociais e cognitivas. Em teoria, o genoma repete as características inatas da espécie e do indivíduo, e a epigênese, as que o indivíduo adquiriu. Na prática, a intricação das duas torna sua análise difícil. O essencial é guardar a idéia de que existe uma dupla coerção à repetição.

Como essas coerções ferem o amor próprio do homem, ele prefere só enxergar sua própria aptidão para a mudança, sua plasticidade e sua criatividade, que pertencem ao domínio da auto-organização, cujo estudo tanto deve a Henri Atlan (1972-1979). Uma vez que a auto-organização foi estudada principalmente no plano teórico e a partir de autômatos artificiais, é importante insistir nas diferenças que subsistem entre esses sistemas e o sistema neuropsíquico humano.

Este último é não apenas dotado de redundância e confiabilidade, mas também goza de uma plasticidade notável, como testemunha a simples experiência dos prismas "inversores". Numerosas teorias já foram propostas para explicá-la, e as mais pertinentes a situam no nível das sinapses. Ao contrário dos sistemas artificiais, o do homem sempre associa o afeto, em maior ou menor grau, às informações que trata. Nele, o imprevisto, o não-reconhecido, não é forçosa e imediatamente perturbador, podendo sê-lo apenas *a posteriori*. Na verdade, o cérebro não trata as perturbações aleatórias fora de seu impacto afetivo e de sua ressonância com as experiências passadas. Acima de tudo, o homem cria muito mais a novidade agindo sobre o mundo do que sofrendo as perturbações aleatórias, das quais pode se proteger parcialmente, graças a uma filtração eficaz. De qualquer modo, podemos afirmar que, quanto mais precoces são essas perturbações, mais elas são desfavoráveis. Todavia, não se deve perder de vista que, no curso do desenvolvimento, elas também provêm do próprio organismo, em fases críticas como a puberdade e, principalmente, que a natureza das desorganizações que elas provocam depende não tanto das características destas últimas, mas das especificidades do sistema. O SNC é mais auto-organizador em decorrência de seu fechamento e sua intencionalidade do que em decorrência de sua abertura passiva para as entradas (*inputs*). O homem se auto-organiza por sua autodeterminação em face do mundo. Mas não devemos perder de vista que o par mente-cérebro é um sistema de fechamento variável, sincrônica e diacronicamente, devido a seu tríplice regime de funcionamento e às modalidades de sua ontogênese, o que aumenta consideravelmente sua complexidade.

Agora, eu gostaria de chamar a atenção para outra característica do ser humano. Em decorrência da cultura e das restrições sociais, ele não pode escapar do conflito psíquico, que se tornou inerente a sua natureza. E, conforme a importância dessas restrições e sua aptidão para enfrentá-las, ele pode desenvolver uma auto-organização que, conforme o caso, será ora normal, ora patológica. À parte a extraordinária e crescente auto-organização dos gênios criadores, que impressiona imediatamente o observador, o homem se auto-organiza cotidianamente, transformando em maior ou menor grau, ao longo dos anos, seu mundo interno. Um luto nos atinge tão logo se opera em nós um trabalho não consciente que, num prazo mais ou menos longo, transforma a paisagem interna de nossas relações afetivas. Inversamente, quando somos incapazes de fazer face a este ou àquele conflito psíquico, geralmente inconsciente, a auto-organização produz sintomas ou, pelo menos, mecanismos de defesa contra uma angústia ameaçadora. Essas produções, para citar apenas elas, diminuem todos ou parte dos desempenhos do sistema, podendo os desempenhos cognitivos permanecerem intactos ao lado de uma vida sócio-afetiva mutilada. Por que não falar, nesse caso, em auto-organização decrescente?

Lembrando que o sistema psíquico é dividido em dois subsistemas, inconsciente e pré-consciente/consciente, e que cada um deles tem o duplo poder de memorizar (repetição) e criar (mudança), faço questão de deixar claro que o inconsciente é mais apto à repetição do que à mudança, ao passo que o pré-consciente/consciente tem propriedades inversas; que o sócio-afetivo, instaurado em primeiro lugar, é mais estável e repetitivo do que o cognitivo, o qual, ao contrário, é dotado da máxima capacidade de mudança. Essa assimetria não deixa de ser fonte de conflitos no seio do sistema. A essa bipartição soma-se a do cérebro em dois hemisférios diferentes e complementares, sem contar a variabilidade e a diversidade das interconexões de todas as partes, conforme o regime de funcionamento do sistema. E, apesar disso, o todo goza de uma coerência interna cujo grau varia, no entanto, de um indivíduo para outro. Tal é a complexidade da articulação entre as complexidades nervosa e psíquica.

CONCLUSÃO

Para concluir, eu diria que, ao longo de toda a nossa reflexão, fizemos referência a duas séries opostas e complementares de estados e processos. São eles, de um lado, a abertura, a passividade e a repetição, e de outro, o fechamento, a atividade e a mudança. Nos organismos inferiores, os estados e processos da primeira série são preponderantes, porque esses organismos são mais complicados que complexos. No homem, a situação se inverte.

A partir do momento em que procuramos explicar, ainda que grosseiramente, a complexidade do SNC e/ou do psiquismo, não podemos abstrair esses pares de opostos, mesmo que constatemos que seu grau de simetria varia de acordo com as fases da ontogênese ou com os níveis de organização. Para dar um exemplo, a mudança, no nível do neocórtex, prevalece sobre a repetição, ao passo que, no nível do córtex límbico, dá-se o contrário. De qualquer modo, as oposições são sempre necessárias e complementares.

Vimos que, para o observador, a complexidade (o desconhecido) aumenta com a complicação (o conhecido), mas que a abordagem da primeira exige o conhecimento da segunda.

São igualmente complementares as oposições fechamento-abertura e atividade-passividade. Por ser fechado em grande parte, o sistema cérebro-mente possui autonomia e intencionalidade no mais alto grau. Dessas duas propriedades resulta uma relativa inversão do sentido das trocas entre ele e o mundo. À passividade de um sistema quase que inteiramente reflexo, onde a eficácia das entradas preponderava sobre a das saídas, sucedeu-se, no curso da evolução, a atividade dos sistemas conscientes. Depois do fechamento do sistema neuropsíquico humano sobre si mesmo (consciência de si), não apenas as entradas foram filtradas, como as saídas permitiram utilizar as restrições externas para criar, pela multiplicação das ações intencionais, uma complexidade cada vez maior. Convém, portanto, nesse domínio do fechamento e da abertura, dissociar claramente o papel das entradas e das saídas nos processos de auto-organização.

Mesmo que reconheçamos que a vida teve como origem um comportamento auto-organizador da matéria, imediatamente memorizado, é forçoso admitir que, uma vez transposto esse patamar decisivo, foi a repetição que se transformou na condição primordial da vida e da sobrevivência, e que, em cada etapa da evolução, foi a repetição que garantiu a transmissão das mudanças da coerência interna.

É nesse jogo eminentemente sutil de todas essas oposições que se situa a essência da complexidade. E é trabalhando com esse invisível complexo que superaremos a tentação reducionista em que nos faz sucumbir o visível complicado.

NOTAS

* Conferência proferida em 13 de junho de 1984 no Colóquio de Cerisy sobre a complexidade, publicada originalmente em *L'Information Psychiatrique*, vol. 62, nº 6, junho, 1986, Paris.

1. Sistema nervoso central.
2. Grifo nosso.
3. A paginação indicada no texto é a da edição francesa citada na bibliografia.
4. Grifado por Goethe.

BIBLIOGRAFIA

1. Atlan, H., *L'Organisation Biologique et la Théorie de l'Information*, Paris, Hermann, 1972.
2. Atlan, H., *Entre le Cristal et la Fumée. Essai sur l'Organisation du Vivant*, Paris, Éditions du Seuil, 1979.
3. Bourguignon, A., "Neurophysiologie du Rêve et Théorie Psychanalytique", *Psychiat. Enfant*, 1968, 11, pp. 1–69.
4. Bourguignon, A., "Fondements Neurobiologiques pour une Théorie de la Psychopathologie. Un Nouveau Modèle", *Psychiat. Enfant*, 1981, *24*, pp. 445–540.
5. Changeux, J.-P., Courrège, P. e Danchin, A., "A Theory of the Epigenesis of Neuronal Networks by Selective Stabilization of Synapses", *Proc. Nat. Acad. Sci. USA*, 1973, *70*, pp. 2974–2978.
6. Freud, S., *Über den Traum*, *in* L. Loewenfeld e H. Kurella, *Grenzfragen des Nerven- un Seelenleben*, Wiesbaden, Bergmann, 1901; trad. francesa, *Le Rêve*

et son Interprétation, Paris, Gallimard, 1925 ["Sobre os Sonhos", *E.S.B.*, vol. V, 2ª ed., revista].

7. Freud, S., "Das Unbewusste", *Int. Z. Psychoanal.*, 1915, *3*, pp. 257–269; trad. francesa, "L'Inconscient", *in* S. Freud, *Métapsychologie*, Paris, Gallimard, 1968, pp. 65–123 ["O Inconsciente", *E.S.B.*, vol. XIV, 1ª ed., não revista].

8. Jeannerod, M., *Le Cerveau–Machine. Physiologie de la Volonté*, Paris, Fayard, 1983.

9. Pribram, K., "Esprit, Cerveau et Conscience. L'Organisation des Compétences et des Comportements", *in Science et Conscience. Les Deux Lectures de l'Univers*, Paris, Stock e France–Culture, 1980, pp. 393–411.

10. Varela, F., "L'Augo–organisation: de l'Apparence au Mécanisme", *in* P. Dumouchel e J.–P. Dupuy (orgs.), *L'Auto–organisation. De la Physique au Politique*, Paris, Éditions du Seuil, 1983, pp. 147–164.

8.

O Problema Corpo-Mente do Ponto de Vista da Neurofisiologia[1]

INTRODUÇÃO

A inumação ritualizada dos cadáveres pelo *Homo sapiens Neanderthalensis* (Leakey, 1981, p. 152) foi, provavelmente, a primeira solução encontrada pelo ser humano para o problema corpo-mente. Era a solução substancialista, dualista. Essa posição substancialista, que admite duas substâncias conjugadas que se separam na hora da morte, já quase não tem defensores fora do âmbito religioso.

A expressão "problema corpo-mente" tem diversas acepções. No sentido mais técnico, designa o conjunto das questões suscitadas pela existência dos fenômenos físico-químicos observados no nível do cérebro e dos fenômenos mentais que lhes são concomitantes. Noutro sentido, mais recente, creio eu, designa o conjunto das questões levantadas pela existência de relações recíprocas entre, de um lado, o par mente-cérebro e, de outro, o restante do corpo. Esses dois aspectos do problema corpo-mente, aliás, são estreitamente ligados.

Durante muito tempo e até recentemente, esse problema preocupou principalmente os filósofos, que tentaram fornecer-lhe uma solução antes mesmo que dispuséssemos dos primeiros dados empíricos válidos. Para falar apenas dos contemporâneos, citaremos os filósofos anglo-saxões mais conhecidos: Ryle (1949), cujo behaviorismo lógico foi um fracasso, Feigl (1958), cuja teoria da identidade tem o defeito de ser mal denominada, e Fodor (1981), cujo funcionalismo nada quer saber do cérebro nem dos neurônios.

Para mim, o problema corpo-mente não pode escapar ao confronto das posições filosóficas com os dados empíricos adquiridos pela ciência. Ora, há aquisições consideráveis por computar no ativo da pesquisa contemporânea, quer se trate da neurobiologia, da cibernética, da teoria da informação ou da biologia molecular, entre outras. Todas as aquisições, tanto teóricas quanto empíricas, são um conjunto de restrições a que deve ser submetida qualquer tentativa de reformulação do problema corpo-mente.

CONDIÇÕES DE UMA NOVA FORMULAÇÃO

Dentre essas condições, preservo quatro:

— reconhecer que qualquer representação do mundo só pode ser contraditória;

— levar em conta a dimensão histórica no estudo das estruturas vivas;

— mostrar que a questão do reducionismo tem sido mal colocada;

— utilizar o instrumental conceitual trazido pela pesquisa científica e que a filosofia clássica ignorava.

A REPRESENTAÇÃO CONTRADITÓRIA DAS COISAS

Foi Costa de Beauregard (1967) que, a propósito do tempo, propôs a idéia de que qualquer representação do mundo só pode ser contraditória e que é necessário recorrer simultaneamente a princípios de identidade, de equivalência, e a princípios de distinção, separação, limitação. De fato, nossa relação com o mundo é sempre apenas parcial e transitória e, conforme os pontos de vista e os momentos, podemos ser levados a ver as coisas de maneira oposta. Essas duas séries de princípios são de enorme generalidade. Vejamos algumas de suas aplicações: na mecânica clássica, o tempo é reversível, ao passo que, na biologia, é irreversível; na termodinâmica, o primeiro princípio estabelece a equivalência entre as diferentes formas de energia, enquanto o segundo distingue o calor das outras formas; o espaço e o tempo são equivalentes do ponto de vista teórico relativista, mas são distintos segundo muitos outros pontos de vista. O mesmo acontece com a massa e a energia.

Atlan (1979) mostrou claramente que "os princípios de equivalência regem a realidade na medida em que esta é uma potencialidade pura, independente das mudanças reais que nela se produzem, e que podemos observar, medir e provocar" (p. 161), ao passo que os princípios de limitação e distinção são o produto das interações "entre a realidade e a natureza lógica do espírito do observador, isto é, do homem" (p. 162). Em outras palavras, a forma da mente humana resulta das interações entre o homem e a natureza; foi na e através da ação que ele aprendeu a distinguir as coisas entre si; foi pela reflexão e pela lógica que descobriu identidades, equivalências, no seio daquilo que havia separado anteriormente.

A aplicação desses princípios contraditórios ao problema corpo-mente é de grande utilidade, pois mostra por que o cérebro e o pensamento, se são idênticos de um ponto de vista teórico, nem por isso são menos diferentes quando se trata de descrever os fenômenos. É que nunca poderemos substituir a linguagem mentalista por uma linguagem físico-química. Acaso não continuamos a dizer que o sol se levanta e se põe, embora essas proposições sejam falsas?

A DIMENSÃO HISTÓRICA NO ESTUDO DOS SERES VIVOS

Desde o século XVIII, a partir de Fourier e Darwin, e desde Prigogine (1972), o tempo tem ocupado um lugar sempre crescente na ciência, particularmente na biologia. Doravante, já não é possível abordar um problema que diga respeito aos seres vivos sem considerar imediatamente a dupla perspectiva ontogenética e filogenética, que, no caso que nos ocupa, é particularmente esclarecedora.

A perspectiva filogenética nos mostra como os comportamentos animais se enriquecem e se flexibilizam à medida que seu sistema nervoso central (SNC) se complexifica, e, da mesma forma, como os comportamentos humanos evoluíram do *Homo habilis* para o *Homo sapiens sapiens,* enquanto o volume endocraniano passou de 640 para 1.350 cm^3 em aproximadamente dois milhões de anos, o que representa uma velocidade de evolução extraordinária. Mas, nesse mesmo intervalo em que se dobrou o volume endocraniano, a variabilidade deste foi multiplicada cinco ou seis vezes. A humanidade se diversificou a tal ponto que, hoje em dia, já não há uma correlação entre o volume endocraniano e os desempenhos intelectuais.

É ainda mais enriquecedor adotar a perspectiva ontogenética porque, atualmente, o desenvolvimento das aptidões mentais da criança é bastante conhecido, da mesma forma que o de seu SNC, cujo crescimento e maturação são extremamente lentos (15 a 20 anos). Assim, é possível observarmos com precisão o desenvolvimento paralelo da mente e do cérebro, e os diferentes estádios descritos por Piaget (sensório-motor, pré-operacional, de operações concretas e de operações formais), que provavelmente correspondem a diferentes estádios de maturação neurobiológica.

A QUESTÃO DO REDUCIONISMO

Classicamente, a postura que consiste em dizer que podemos explicar a vida e a mente em termos de processos físico-químicos é qualificada de reducionista.

O exemplo das relações entre a biologia e a físico-química prova que a redução de um nível ao outro é apenas aparente. Sabemos como a biologia molecular reduziu a nada as pretensões dos vitalistas. De fato, é realmente em termos físico-químicos que agora damos conta dos fenômenos da vida.

Coube a Atlan (1972-1979) mostrar que a redução do biológico ao físico-químico não existe; é que foram realmente a física e a química que se ampliaram, e não a biologia que se reduziu. Essa ampliação foi realizada graças à introdução de novos métodos e de novos conceitos no campo físico-químico. Foram os conceitos de informação, código, programa etc., importados de outras ciências, que permitiram à física e à química solucionar os problemas levantados pelos fenômenos biológicos. Por conseguinte, coloca-se a questão de saber se novos métodos e novos conceitos introduzidos no campo da biologia não permitiriam explicar, de maneira mais precisa, os fenômenos mentais. Se, na teoria, a resposta é positiva, de fato, e em decorrência da necessidade de recorrer a princípios contraditórios, creio que sempre teremos necessidade das linguagens mentalistas para descrever com minúcias a atividade mental. Sem contar que a complexidade do cérebro, com seus 10^{12} neurônios e suas 10^{15} sinapses, proíbe, até nova ordem, que se descrevam suas estruturas e funções com a ajuda dos métodos analíticos da física e da química. Uma "imagem-modelo isomórfica" da mente e de seu funcionamento, utilizando termos físico-químicos, provavelmente nunca será realizável (Atlan, 1972), devido justamente a essa complexidade estrutural e funcional, e não à ilegitimidade do reducionismo.

O NOVO INSTRUMENTAL CONCEITUAL

Quem procura resolver de maneira válida o problema corpo-mente não pode ignorar que, há quase um século, temos enriquecido consideravelmente nosso instrumento mental, graças à psicanálise, à cibernética, à teoria da informação etc.

É a Freud que cabe o mérito de ter elevado o adjetivo *inconsciente* à categoria de conceito. Essa revolução conceitual transtornou completamente e tornou parcialmente caduca a psicologia acadêmica, mostrando que a essência da atividade mental se desenrola sem o conhecimento da consciência. Embora o inconsciente seja incognoscível por definição, sua existência é facilmente identificável, porque a atividade inconsciente tem efeitos indiscutíveis em todos os aspectos de nosso comportamento.

Da cibernética herdamos as noções de *retroação* e *comando preditivo,* doravante indispensáveis para a compreensão das regulações da maioria dos fenômenos biológicos e psicológicos.

O conceito de *informação* e a questão de sua comunicação, de sua transmissão do emissor para o receptor, invadiram agora todas as ciências da vida e do homem, muito além do domínio da linguagem. Eles têm por corolário o conceito de tradução, isto é, de codificação e descodificação da informação, e o de significação. Mas esse conceito de informação tem implicações muito amplas, desde que lhe associemos — o que a teoria da informação não faz — o de significação, que designa o efeito da informação no receptor, como assinala Atlan com muito acerto na obra citada. Dentro dessa perspectiva, a causalidade pode se exprimir em termos de comunicação e recepção da informação. As noções de receptor e de mensagem tornaram-se centrais na biologia.

A essas aquisições conceituais cabe acrescentar o conceito fundamental de *auto-organização,* que está no cerne dos trabalhos de

Atlan (1972-1979). No âmbito da mente, ele deve ser relacionado com o de inconsciente, embora tenha vindo à luz no campo dos autômatos, antes de penetrar nos da biologia e da psicologia. A auto-organização é o processo de criação de complexidade a partir do "ruído" dentro de qualquer sistema aberto que atinja um certo grau de redundância e confiabilidade.

A noção do *si mesmo* e a noção correlata de *não-si* são aparentemente banais, mas ocupam um lugar importante na psicologia, evidentemente, e também na biologia, em particular no campo imunológico.

DADOS EMPÍRICOS A SEREM INTEGRADOS NO PROBLEMA CORPO-MENTE

O organismo humano, cada indivíduo, pode ser considerado como um sistema hipercomplexo, aberto para o mundo externo, com ele trocando energia, matéria e informação. Nesse organismo, cada subsistema ou órgão troca igualmente energia, matéria e informação com as outras partes, havendo uma diferenciação parcial entre o subsistema mente-cérebro e os demais, em vista de algumas especificidades estruturais e funcionais.

A ONTOGÊNESE E A FILOGÊNESE

Como vimos, o estudo desses dois processos permite assistirmos à constituição dos diferentes níveis de organização da vida mental, aos quais correspondem diferentes níveis de organização do SNC. No nível mais inferior, que já é mais complexo que o do reflexo simples, o sistema nervoso tem capacidade de reconhecer um estímulo, responder a ele e armazená-lo na memória. Mais tarde, instala-se uma consciência elementar que pode ser ocupada por representações e/ou afetos. Por último, no nível superior da linguagem e do pensamento reflexivo, encontramos as características próprias do cérebro e da mente humanos. Com a linguagem, falada, pensada e depois escrita, as capacidades mentais atingiram seu mais alto nível e sua máxima eficácia.

Na criança, a maturação nervosa arborescente, do tronco cerebral até o córtex, é acompanhada por uma autonomização progressiva e relativa da atividade mental, que escapa cada vez mais às restrições da "programação genética" [2] e às primeiras impressões [*imprints*] deixadas pelo ambiente, sem, todavia, libertar-se delas por completo (Bourguignon, 1981).

Quando nosso conhecimento do SNC for ainda mais avançado, poderemos, ante a visão de suas características estruturais, dizer quais são as capacidades mentais de um animal situado em determinado nível da escala filogenética, ou de uma criança situada num dado estado da ontogênese.

AS FONTES DA INFORMAÇÃO

A mente-cérebro situa-se na interface entre dois mundos, dos quais recebe e aos quais envia mensagens: o mundo externo e o mundo interno do organismo.

O mundo externo é o não-si, isto é, uma fonte de materiais e informações que podem ser úteis, incômodos ou neutros. Por isso é que as entradas são protegidas por filtros que selecionam a informação, da qual parte é assimilada, enquanto a outra aciona processos de acomodação estreitamente aparentados com a auto-organização. Mas esses filtros não são de eficácia absoluta, e as desorganizações, mais ou menos duradouras, não podem ser evitadas.

O mundo interno é o organismo, o si mesmo, com suas especificidades genéticas (inatas) e epigenéticas (adquiridas). Todas as células que não pertencem ao SNC têm algumas propriedades em comum com ele. Podem reconhecer, reter e emitir informações, especialmente em direção a esse SNC.

A CIRCULAÇÃO DA INFORMAÇÃO

As vias de circulação da informação são diversas, constituindo-se, antes de mais nada, nos neurônios e vasos sangüíneos. Os neurônios são vias de sentido único, descontínuas e entrecortadas por barreiras onde a informação é submetida a uma série de codificações e decodificações. E, no nível de cada neurônio, podemos descrever duas modalidades de circulação, uma rápida, que é o influxo nervoso, e outra lenta, o fluxo axonal. O influxo nervoso é constituído pelo potencial de ação, cuja amplitude, freqüência e duração (da ordem do ms) variam de um neurônio para outro. O fluxo axonal transporta mensageiros químicos lentamente. A transmissão da informação de um neurônio para outro se faz no nível da sinapse, por intermédio de mensageiros químicos, sendo os neurônios separados entre si por uma distância de 20 a 30 nm (nanômetros[3]). Pela via sangüínea são transportadas informações numerosíssimas e variadas, veiculadas por mensageiros muito diversos.

Sendo a célula a unidade estrutural e funcional no organismo, é de uma célula a outra que a informação é transmitida, e, como há uma descontinuidade, por pequena que seja, entre as células, os mensageiros químicos é que são portadores da informação, correspondendo a cada um receptores celulares específicos.

O número de mensageiros conhecidos por estarem direta ou indiretamente relacionados com o SNC tem aumentado incessantemente. Eles são classificados em três categorias: os neurotransmissores, os neuropeptídeos e os hormônios. Essas categorias são oscilantes, porque os peptídeos foram reconhecidos como hormônios no nível das vísceras antes de serem encontrados no cérebro (Hökfelt, 1981; Bloom, 1981).

Os neurotransmissores clássicos são pequenas moléculas de peso molecular diminuto (aproximadamente 200). Citamos, entre outros, a noradrenalina, a dopamina e a serotonina. Os neuropeptídeos são moléculas grandes (3.000 ou mais). Conhecem-se mais de vinte como candidatos ao papel de neurotransmissores. Inicialmente, eles foram descobertos no nível das vísceras digestivas e dos vasos. Quanto aos hormônios, que agem sobre sítios receptores específicos, eles tanto podem ser secretados por glândulas endócrinas específicas, agindo sobre o cérebro, quanto secretados pelo cérebro, agindo sobre a periferia.

O CÉREBRO COMO EMISSOR

As mensagens emitidas pelo cérebro são inúmeras, transmitidas ora por via nervosa, ora por via sangüínea. Podem atingir a "tela" da consciência (representações de coisas e de palavras, afetos), a via motora estriada (movimentos dentre os quais os mais ricos de informação são os da linguagem falada e escrita), e a via motora lisa (ativação de algumas vísceras). Pela via sangüínea, são os mensageiros hormonais que carregam a informação até a periferia do organismo.

Entre os efeitos desses mensageiros emitidos pelo cérebro, alguns merecem ser mencionados, em função de sua particularidade. É o caso dos que aparecem durante a fase paradoxal do sono, seja sobre a tela da consciência (alucinações oníricas), seja no nível dos músculos estriados e das vísceras. Mais particular ainda é a transmissão da informação do SNC para o sistema imunológico. Forneceremos apenas um exemplo. Bartrop *et al.* (1977) mostraram que a perda de um ente querido acarreta, em duas a seis semanas, uma diminuição da capacidade funcional das células T. Por último, sabe-se há muito tempo que algumas afecções, erroneamente chamadas de psicossomáticas, não passam, na verdade, de respostas mais ou menos atrasadas às mensagens emitidas pelo SNC, sem que se possa comprovar que o caráter patogênico da mensagem depende mais do emissor que do receptor.

O CÉREBRO COMO RECEPTOR

Não falaremos da questão das mensagens exteroceptivas, que é a mais bem conhecida, para insistir na interocepção. De fato, esse aspecto da questão é menos bem conhecido do que o precedente, porque as mensagens interoceptivas emitidas pela periferia e pelo interior do organismo raramente chegam à tela da consciência, ou então chegam a ela — deixando de lado os afetos como a dor — sob uma forma incompreensível, simbólica. Na verdade, a tela da consciência só pode receber representações formadas a partir das mensagens recebidas pelos exteroceptores. A imagem do corpo, que não é conscientemente representável, só pode, por conseguinte, ser indiretamente conhecida. Efetivamente, o cérebro é incapaz de expor à consciência outra coisa a não ser afetos, a partir das mensagens emitidas pelos interoceptores. Todavia, sabemos desde Hipócrates, mas nos esquecemos disso, que as mensagens provenientes do organismo podem suscitar representações de coisa, pelo menos durante o sono.

Hipócrates — na seção II do *Primeiro Livro das Epidemias* — aconselhava a buscar nos sonhos os sinais de enfermidade, e Aristóteles, em *Da Adivinhação durante o Sono,* perguntou-se: "Mas, entre os pensamentos, não serão alguns causas, e outros, sinais, por exemplo, do que acontece dentro do corpo?" (p. 89 [463a]);[4] e esclareceu que os primeiros sintomas das doenças "são necessariamente mais claros durante o sono do que no estado de vigília" (*ibid.*). Sabemos que Freud (1900, pp. 38-39) retomou a sua maneira essas afirmações e citou esta passagem de Strümpell: "No sono, a consciência que a mente toma do corpo é muito mais profunda e muito mais ampla que durante a vigília; ela é forçada a acolher e a deixar que ajam sobre ela algumas excitações provenientes de partes de seu corpo e de modificações somáticas que ela ignorava durante a vigília." Mais recentemente, Kasatkin (citado por Avram, 1970) pôde observar, por ocasião de uma pesquisa sistemática, que os sonhos se modificam muito tempo antes — dias ou meses — do aparecimento dos sinais clínicos das doenças. Pessoalmente, pude verificar esse fato num caso de doença de Parkinson. Deveremos, então, dizer que a saúde é o silêncio dos órgãos, ou antes, que é a cegueira ou a surdez da mente à vida dos órgãos?

AS CONSEQÜÊNCIAS DOS DADOS EMPÍRICOS

a) *Para nossa concepção do sistema nervoso.* Nossas distinções e classificações sempre contêm uma parcela de arbítrio. Por isso é que já não podemos conceber o sistema nervoso como antigamente, com suas divisões clássicas em sistemas nervosos central e periférico, ou sistemas nervosos vegetativo e da vida de relação. Primeiro porque os neurotransmissores clássicos não são encontrados apenas no nível das sinapses, mas também no nível das plaquetas sangüíneas, fato conhecido há trinta anos (Campbell, 1981). Depois, porque os peptídeos presentes nas vísceras também se acham presentes no cérebro, porque os hormônios são ativos no cérebro e porque este os secreta. Igualmente porque um dos dogmas fundamentais da neurofisiologia — um neurotransmissor por neurônio — veio abaixo: alguns neurônios têm dois neurotransmissores (por exemplo, uma monoamina + neuropeptídeo), ou até mesmo três (Johansson *et al.*, 1981). Finalmente, porque se descobriram relações até então desconhecidas entre o SNC e o sistema imunológico, havendo entre esses dois sistemas analogias impressionantes: ambos estão na interface entre o si e o não-si, servem para a defesa do si e se tornam patogênicos quando cumprem sua função de maneira imprópria, quer se trate de uma insuficiência ou de um excesso de mecanismos de defesa. Por todas essas razões, diversos autores propuseram considerar, ao lado do SNC (sistema nervoso central), um SNED (sistema neuroendócrino difuso), que compreenderia, entre outras coisas, as plaquetas, as células medulares supra-renais e as células de neuropeptídeos. E não estamos mencionando as reviravoltas introduzidas na psicologia humana pela noção de *split-brain* (cérebro dividido) e pelos fatos dela decorrentes.

b) *Para nossa concepção da causalidade.* Os dados atuais da neurofisiologia obrigam-nos ainda a revisar nossa concepção da causalidade e nos impõem que não mais recorramos à velha distinção entre a organogênese e a psicogênese, não apenas por ela ter um ar de dualismo, mas sobretudo porque a grande heterogeneidade das velocidades de comunicação no seio do organismo, e em particular no próprio interior do cérebro, torna muito aleatória a determinação das relações de causalidade. De fato, se o tempo gasto pelo influxo nervoso para transpor uma sinapse é da ordem do ms, o tempo gasto pelos mensageiros veiculados pelo fluxo axonal para percorrer o axônio é contado em horas. Da mesma forma, a resposta às mensagens hormonais tem uma latência da ordem da hora, ao passo que a latência da resposta imunológica a uma informação de origem cerebral pode ser contada em dias ou até semanas. Assim, a ordem de sucessão dos inúmeros acontecimentos que surgem no seio de um sistema tão heterogêneo, tanto no que concerne à velocidade de circulação da informação quanto no que concerne à latência das respostas, é no mínimo difícil, se não impossível, de estabelecer.

O PSIQUISMO COMO SISTEMA ESPECÍFICO DE TRATAMENTO DA INFORMAÇÃO

Não tenho a pretensão de acrescentar o que quer que seja ao modelo construído por Freud, nem de recensear todos os dados relativos a esse problema, mas apenas de esboçar uma visão global, na qual as noções de codificação e tradução são fundamentais.

Os processos

Grosseiramente, podemos dizer que, uma vez recebida pelo SNC, a informação é tratada, armazenada e eventualmente exibida na consciência. É evidente, levando-se em conta a complexidade inimaginável do SNC (um trilhão de sinapses), que por trás dessas palavras escondem-se operações múltiplas, que, no entanto, têm que atender a algumas necessidades, segundo o que nos ensinou a neurofisiologia. A partir de sua entrada através dos receptores, as informações têm que ser obrigatoriamente traduzidas em linguagem neuronal, e depois, em cada sinapse, submetidas a novas codificações, ao mesmo tempo que são prontamente decompostas, analisadas, e a seguir rearranjadas e sintetizadas, até que sejam armazenadas, provavelmente no nível sináptico, sob uma forma físico-química persistente, mais ou menos estável e mais ou menos definitiva, conforme a natureza da informação e as condições de sua integração no sistema.

Entretanto, nem tudo se reduz a processos automáticos de tradução e estocagem; é que cada informação, a cada instante, estabelece ligações associativas mais ou menos lábeis com as informações preexistentes. Trata-se de uma sucessão de processos de integração dentro de um conjunto e de uma interação entre os elementos desse conjunto. Foi a isso que Piaget (1947) chamou assimilação-acomodação.

A rigor, essa construção da mente não é tão pacífica e harmoniosa quanto se poderia imaginar a partir de um plano preestabelecido. Efetivamente, com uma freqüência cada vez maior, à medida que a criança vai adquirindo autonomia, o SNC é assaltado por informações aleatórias, imprevistas e desconhecidas cuja qualidade e quantidade acarretam, por vezes, a desorganização transitória — mais freqüentemente parcial do que total — da ordenação cognitiva e afetiva da mente, como prova a observação de crianças e de adultos. Com os mesmos materiais, mais ou menos reformulados ao longo do tempo, estabelecem-se novos esquemas mentais, na medida em que o cérebro — a mente — tem capacidades suficientes para “resgatar” as desorganizações que lhe são impostas, seja pelo ambiente, seja pelos conflitos internos nascidos das incompatibilidades existentes entre os elementos que o compõem: por exemplo, entre os desejos e as proibições sociais. Essa criação incessante da novidade, recortando-se contra um fundo de estabilidade e repetição, é uma das propriedades específicas da mente humana; convencionou-se chamá-la de auto-organização, quer ela se produza sem o conhecimento de nossa consciência e de nossa reflexão, quer se trate, por exemplo, do trabalho do luto ou da descoberta científica. A exclamação de Arquimedes continua tendo sido precedida por um lento trabalho inconsciente, que não é outra coisa senão uma mudança de nossa concepção dos seres e do mundo. Essa capacidade de renovação e mudança é eminentemente variável de um indivíduo para outro e de uma cultura para outra.

Resulta dessas observações que as informações não são passivamente armazenadas na mente, como livros numa biblioteca. Elas são continuamente ativadas e repostas em movimento pela chegada de novas informações, provenientes do exterior ou do interior do organismo, assim como por certos centros ativadores, como alguns centros do tronco cerebral durante o sonho. O único órgão que jamais conhece repouso é o cérebro. Aliás, ele é mais ativo à noite, durante o sonho, do que durante o dia, quando a relação com o mundo externo regula parcialmente sua atividade.

Ao fazer com que o centro de gravidade da psicologia acadêmica da consciência recaísse no inconsciente, Freud só fez antecipar-se à concepção atual: a exibição na consciência representa apenas uma pequena parte da atividade mental. Mas a parte que nunca consegue aceder à consciência constitui, por definição, o núcleo do inconsciente, tal como Freud o concebeu (1915): "Se existem no homem formações psíquicas herdadas, alguma coisa análoga ao instinto dos animais, é isso que constitui o núcleo do *Ics.* Depois vem se juntar a ele aquilo que foi eliminado no curso do desenvolvimento da criança como inutilizável, e que não precisa ser de natureza diferente daquilo que é herdado" (p. 109). E, se o conteúdo do inconsciente não pode ser exibido à consciência, é, em parte, pelo fato de que seu núcleo se constitui na primeira infância, numa idade em que as estruturas necessárias à rememoração consciente ainda não concluíram sua maturação. Daí a contradição entre o caráter duradouro dos efeitos das primeiras impressões (no sentido do *imprinting*) da infância e a impossibilidade de rememorá-las, falsamente chamada de amnésia infantil.

A exposição à consciência é o último processo a que podem ser submetidas algumas informações, quer diretamente provenientes do mundo externo através do cérebro (percepção), quer provenientes do cérebro (pensamento). Na tela da consciência, é clássico distinguir representações e afetos, dividindo-se as representações em representações de palavras e representações de coisas. As representações de coisas conscientes provêm todas do campo exteroceptivo, enquanto as representações de palavras são, ao mesmo tempo, representações diretas de coisas e representações indiretas de tudo o que é simbolizado, ou seja, de entidades que se estendem muito além das coisas do mundo externo: em síntese, de tudo aquilo que a mente humana é capaz de conceber e simbolizar (coisas, sentimentos, idéias etc.). É desnecessário dizer que a exposição à consciência não implica, em absoluto, o reconhecimento de todas as significações trazidas pela informação. Lembremos, como diz Atlan na obra citada, que a significação é o efeito exercido pela informação sobre o receptor. E, se percebêssemos antecipadamente os efeitos do inconsciente em nossas mensagens, seríamos muito mais avaros com nossos gestos e nossas palavras.

Os níveis de organização

O que convém reter desta breve evocação é a existência de diferentes níveis de organização do sistema cérebro-mente. Deixarei de lado, por já haver abordado a questão em outro texto (1968), as diversas modalidades de organização funcional do cérebro, conforme o aparelho mental esteja colocado sob o domínio e o controle dos sistemas de vigília, sono ou sonho. Considerarei apenas o caso da vigília.

O primeiro nível, que poderíamos qualificar de pré-mental, é, sem dúvida, puramente neurobiológico. Deve concernir unicamente aos processos de recepção, transmissão, integração e armazenagem da informação, nível este já muito complexo, uma vez que implica uma sucessão de codificações e decodificações da informação, para a qual Perkel e Bullock (citados por Atlan, 1972, p. 122) estimaram que poderíamos considerar possíveis mais de três dezenas de códigos nervosos utilizáveis pelo cérebro.

Um segundo nível de organização aparece tão logo este primeiro nível é ativado por uma razão ou outra, isto é, a partir do momento em que existe uma criação de novas significações por troca de informações entre os elementos ativados. Esse nível pode ser qualificado de inconsciente. É mais do que provável que a totalidade do conteúdo mental não aceda simultaneamente a esse nível, exceto, talvez, durante a fase paradoxal de sonho, onde assistimos a um verdadeiro "chamejar" do cérebro. Assim, estamos autorizados a conceber que existe um estado permanente de instabilidade e que uma dada informação, conforme as circunstâncias, passa do primeiro nível para o segundo, do nível pré-mental para o nível inconsciente, e vice-versa.

Mas, para sermos mais exatos e levarmos em conta a descoberta freudiana de um inconsciente estrutural, convém subdividir esse segundo nível. De fato, nem todos os componentes mentais ativados nesse nível têm o mesmo estatuto. Alguns podem ser exibidos à consciência assim que são ativados — constituem o pré-consciente freudiano —, ao passo que outros nunca o serão, constituindo, desse modo, o inconsciente propriamente dito, ou seja, o inconsciente estrutural e não qualitativo. Por outro lado, os trabalhos experimentais de Shevrin (1978) mostraram que a atividade pré-consciente, representada nessas pesquisas por associações de palavras de acordo com sua semelhança conceitual, corresponde a mecanismos neurofisiológicos diferentes dos que regulam a atividade inconsciente, representada indiretamente, nessas experiências, por associações de palavras de acordo com sua semelhança física, ou, dito de outra maneira, sonora — o que confirma a idéia de Freud (1915) de que o inconsciente trata as palavras como coisas. Guardemos a idéia, enfim, de que o acesso aos níveis consciente, lingüístico e reflexivo só diz respeito à parte mais diminuta do conteúdo e da atividade da mente-cérebro.

Um terceiro nível de organização, portanto, merece ser individualizado quando as representações e afetos são expostos à consciência, porque nesse momento se produz uma mudança de estado funcional da informação, a qual tem uma importância capital.

E por fim, um último nível de organização, o da linguagem. Esse nível é próprio do homem e sua existência tem conseqüências mentais consideráveis. Trata-se de um nível de codificação inventado pelo homem, e que tanto é encontrado no nível da fala e do pensamento quanto no nível da escrita. A partir do momento em que surgiu esse nível de codificação, o desenvolvimento do pensamento consciente reflexivo se acelerou. O pensamento se autonomizou, passou a poder trabalhar com ele mesmo e a se orientar para a abstração. De fato, a linguagem falada, e mais ainda a linguagem escrita, representa um sistema de tratamento da informação extraordinariamente econômico e eficaz, pois permite generalizações e conceituações impossíveis em sua ausência. Graças à linguagem, o homem pôde criar todo um mundo que só existe por ele e dentro dele, do qual fazem parte, por exemplo, os objetos matemáticos. E também graças à linguagem ele pôde superar a simples atividade por ensaio e erro e desenvolver a reflexão, o voltar-se do pensamento para si mesmo.

A articulação entre os níveis

Se é razoável admitir essa divisão em quatro níveis de organização, continua difícil, todavia, conceber a articulação entre alguns níveis. A passagem do primeiro nível, pré-mental, para o segundo, de ativação inconsciente, é fácil de conceber, na medida em que conhecemos bastante bem os sistemas ativadores que asseguram a transição de um para outro. Mas nesse ponto, temos apenas uma visão grosseira. Da mesma forma, a transição do nível da consciência para o nível da linguagem tem sido objeto de inúmeras pesquisas, e, muito recentemente, Jakobson (1982) lembrou como o pensamento realmente criativo dos matemáticos e de alguns físicos, em particular o de Einstein, funcionava nos níveis inconsciente e consciente-representacional, sem utilizar o nível da linguagem (linguagem natural ou linguagem matemática), a não ser na fase final de formalização da criação.

Na verdade, o problema mais difícil levantado para a neurofisiologia é a passagem do nível dois, de ativação inconsciente (no sentido qualitativo), para o nível três, de exposição à consciência. Ocorre que foi essa transição, essa emergência na consciência, que levou o ser humano a conceber uma substância autônoma, a alma, que se desprenderia do corpo no fim da vida para aceder à imortalidade ou para reencarnar posteriormente. Com efeito, no estado consciente, temos a impressão de que o pensamento, e sobretudo as representações, estão ao mesmo tempo dentro e fora de nossa cabeça. Há nisso uma mudança de estado e de organização mais difícil de conceber e formalizar do que as outras. Foi justamente por isso que Freud (1915), que calculava que o acesso à consciência deveria corresponder a "uma mudança de estado simplesmente *funcional*" (sublinhado por ele, p. 79), preferiu utilizar a hipótese de uma mudança de lugar, mais "flexível" e mais "fácil de manejar", apesar de pouco verossímil.

Esse problema da consciência foi retomado por Pribram (1980), que propõe, apoiando-se na clínica, distinguir formalmente a "consciência perceptiva comum" da "consciência de si", dependendo a primeira, acima de tudo, de complexos mecanismos de retroação (*feed-back*), que regem a atenção, e a segunda, de mecanismos de comando preditivo (*feed-forward*), que asseguram a intenção, o que não deixa de lembrar os processos primário e secundário de Freud. Pribram propõe igualmente não assemelhar a "informação" utilizada nos processos de retroação à utilizada no comando preditivo (ou proação). Aliás, Shannon e Weaver (citados por Pribram) chamaram de "má informação" os erros a serem corrigidos por retroação, e de "boa informação" a do comando preditivo (escolha alternativa).

Os trabalhos de Pribram e outros levam ao estabelecimento de um impressionante paralelo entre os processos que conduzem à percepção consciente e os da holografia, que "contribuem para explicar como os mecanismos cerebrais podem dar origem a uma imagem que o sujeito sente como situada longe do sistema de representação, e até da superfície receptora implicada na criação da imagem. Assim, os conteúdos da consciência (aquilo de que temos a percepção) são 'vividos' como se fossem independentes do aparelho cerebral (holografia e controle) que organiza esses conteúdos a partir das mensagens que recebe. A mente e o cérebro são separados, mas unidos entre si por essa relação particular" (pp. 404-405).

Quanto à consciência de si, Pribram, apoiando-se em observações feitas em sujeitos cujos dois hemisférios tinham sido cirurgicamente dissociados, relacionou-a com o hemisfério esquerdo, o da linguagem. No estado atual de nossos conhecimentos, a natureza do vínculo entre a intenção, a intencionalidade, a consciência de si e a linguagem não pode ser esclarecida com precisão. Todavia, Pribram insiste no fato de que a organização correspondente a ela é menos feita de retroações do que de comandos preditivos.

O grande mérito do trabalho de Pribram está em mostrar que, doravante, a neurofisiologia, dispondo de uma massa considerável de dados, pode atacar com sucesso o problema corpo-mente, que até então dizia respeito unicamente aos filósofos.

Que é a mente?

A resposta a essa pergunta só pode ser ambígua, ou mesmo contraditória. Na verdade, há dois obstáculos a serem evitados, o do panpsiquismo e do dualismo substancialista.

Há quem não hesite em dizer que a mente está em toda parte, em todos os níveis de organização da matéria. Essa postura tem o inconveniente de não ter nenhum valor operacional. Por outro lado, Aristóteles, retomado por S. Tomás de Aquino, teve a sabedoria de distinguir no homem três almas, a vegetativa, a sensível e a racional. Atualmente, distinguimos outros níveis: o átomo, a molécula, a célula, o cérebro, e sabemos que a organização cerebral é necessária à emergência da mente, manifestação específica de um nível particular de organização. E, mesmo nesse nível, vimos que era possível distinguir os planos do inconsciente, da percepção-consciência e da linguagem, correlatos à consciência de si. Se, para as necessidades da prática psiquiátrica e da pesquisa neurofisiológica, distinguimos o cérebro da mente, sabemos que um e outro fazem referência a uma mesma realidade, da qual são apenas dois aspectos distintos. Como diz Pribram, "a mente é uma propriedade emergente, o resultado do tratamento da informação pelo cérebro" (1980, p. 405). Reencontramos, assim, o que fora proposto por Costa de Beauregard (1967), a saber, que nunca podemos explicar corretamente a realidade sem recorrer, simultaneamente, a princípios contraditórios de identidade e diferença.

NOTAS

1. O presente texto, redigido em 1982, não corresponde exatamente à apresentação oral feita em Créteil em 16 de maio de 1981. Publicado originalmente em *Psychologie Médicale*, 1984, *16*, 6: 1045–1051, SPEI, Paris.

2. A noção de programação genética é ambígua, pois, como mostrou Atlan (1972–1979), constitui uma metáfora. De fato, o genoma não contém um "programa", no sentido informático do termo, porquanto as informações que ele guarda não bastariam, se não fossem substituídas pelas do ambiente, para determinar o

desenvolvimento. As determinações genéticas têm que ser complementadas por determinações epigenéticas para levar a bom termo a maturação e o crescimento do organismo e, em particular, do SNC.

3. Nanômetro: um bilionésimo de metro.

4. No que concerne aos textos estrangeiros traduzidos para o francês, a paginação das citações é a da tradução citada na bibliografia.

BIBLIOGRAFIA

1. Aristóteles, *Petits Traités d'Histoire Naturelle*, Paris, Société d'Édit. "Les Belles Lettres", 1953.

2. Atlan, H., *L'Organisation Biologique et la Théorie de l'Information*, Paris, Hermann, 1972.

3. Atlan, H., *Entre le Cristal et la Fumée. Essai sur l'Organisation du Vivant*, Paris, Éditions du Seuil, 1979.

4. Avram, C., *Le Rêve et le Corps*, tese de medicina, Paris, 1950, 51 pp.

5. Bartrop, R.W., Lazarus, L., Luckhurst, E. e Kiloh, L.G., "Depressed Lymphocyte Function after Bereavement", *The Lancet*, 1977, pp. 834–836.

6. Bloom, F., "Le Neuropeptides", *Pour la Science*, 1981, *50*, pp. 50–62.

7. Bourguignon, A., "Neurophysiologie du Rêve et Théorie Psychanalytique", *Psychiat. Enfant*, 1968, *11*, pp. 1–69.

8. Bourguignon, A., "Fondements Neurobiologiques pour une Théorie de la Psychopathologie. Un Nouveau Modèle", *Psychiat. Enfant*, 1981, *24*, pp. 445–540.

9. Campbell, I.C., "Blood Platelets and Psychiatry", *Brit. J. Psychiat.*, 1981, *138*, pp. 78–80.

10. Costa de Beauregard, O., "Two Principles of the Science of Time", *Ann. N.Y. Acad. Sc.*, 1967, *138*, pp. 407–421.

11. Feigl, H., "The 'Mental' and the 'Physical' ", 1958, *in* H. Feigl, M. Scriven e M. Grover (orgs.), *Concepts, Theories, and the Mind–Body Problem*, 4a. ed., Minneapolis, University of Minnesota Press, 1972, pp. 370–497.

12. Fodor, J., "Le Corps et l'Esprit", *Pour la Science*, 1981, *43*, pp. 78–88.

13. Freud, S., *Die Traumdeutung*, Leipzig e Viena, Franz Deuticke, 1900; trad. francesa, *L'Interprétation des Rêves*, Paris, Presses Universitaires de France, 1967 [*A Interpretação dos Sonhos*, Rio, Imago, *E.S.B.*, vols. IV e V, 2ª ed., revista].

14. Freud, S., "Das Unbewussten", *Int. Z. Psychoanal.*, 1915, *3*, pp. 257–269; trad. francesa *in* S. Freud, *Métapsychologie*, Paris, Gallimard, 1968, pp. 65–123 ["O Inconsciente", *E.S.B.*, vol. XIV, 1ª ed., não revista].

15. Hökfelt, T., "Les Messagers Chimiques du Cerveau", *La Recherche*, 1981, *12*, pp. 558–570.

16. Jakobson, R., "Einstein et la Science du Langage", *Le Débat*, 1982, *20*, pp. 131–142.

17. Johansson, O., Hökfelt, T., Pernow, B., Jeffcoate, S.L., White, N., Steinbusch, H.W.M., Verhofstad, A.A.J., Emson, P.C. e Spindel, E., "Immunohistochemical Support for Three Putative Transmitters in One Neuron: Coexistence of 5–Hydroxytryptamine, Substance P and Thyrotropin–Releasing Hormone–like Im–

munoreactivity in Medullary Neurons Projecting to the Spinal Cord", *Neuroscience*, 1981, *6*, pp. 1857–1881.

18. Leakey, R.E., *The Making of Mankind*, Londres, Rainbird Publ. Group Ltd.; trad. francesa, *La Naissance de l'Homme*, Paris, 1981, Édit. du Fanal.

19. Piaget, J., *La Naissance de l'Intelligence chez l'Enfant*, Neuchâtel, Delachaux et Niestlé, 1947, 2ª ed. [*O Nascimento da Inteligência na Criança*, Rio, Zahar Edits., 2ª ed., 1975].

20. Pribram, K., "Esprit, Cerveau et Conscience. L'Organisation des Compétences et des Comportements", *in Science et Conscience. Les Deux Lectures de l'Univers*, Paris, Stock e France–Culture, 1980, pp. 393–411.

21. Prigogine, I.L., "La Thermodynamique de la Vie", *La Recherche*, 1972, *3*, 24, pp. 547–562.

22. Ryle, G., *The Concept of Mind*, Londres, Hutchinson Publ.; trad. francesa, *La Notion d'Esprit. Pour une Critique des Concepts Mentaux*, Paris, Payot, 1978.

23. Shevrin, H., "Neurophysiological Correlates of Psychodynamic Unconscious Processes", *in* Prangishvili, A.S., Sherozia, A.E. e Bassin, F.V., *The Unconscious: Nature, Functions, Method of Study*, Tbilísi, Metsniereba Publishing House, *I*, pp. 676–691.

III

A Tradução de Freud

9.

Traduzir Freud? A Singularidade de uma História*

Essa história se fez à imagem do movimento psicanalítico francês, do qual constitui o estranho reflexo. Mas, antes de retraçar suas etapas, fazemos questão de prestar uma homenagem ao notável trabalho bibliográfico realizado por Dufresne (1971).

OS FATOS

Da Primeira Guerra Mundial à guerra fria (1920-1948)

"Dois ou três anos antes da guerra, ao fazer uma visita ao Dr. Freud, este me mostrou uma prateleira de sua biblioteca onde se alinhavam suas principais obras nas mais diversas línguas — inglês, holandês, russo, polonês, húngaro, italiano etc. Nem uma única tradução francesa!, observou ele.

"E parecia ainda mais atônito com isso, na medida em que nunca havia escondido a influência que tinham tido, na eclosão de suas teorias, tanto seu estágio na Salpêtrière, com Charcot, quanto os primeiros trabalhos de Pierre Janet sobre o automatismo psicológico. Ele havia imaginado que o espírito latino, tão flexível, estaria mais apto a apreender as sutilezas da vida mental e os subentendidos do subconsciente, e lhe conferiria, senão o sufrágio, pelo menos a atenção que seus compatriotas lhe recusavam da maneira menos cortês "

Assim se expressou Claparède (1920, p. 849),[1] ao apresentar a "primeira" "tradução francesa do célebre neurologista vienense" (*ibid.*, p. 846). Na verdade, como veremos, ele desconhecia que a verdadeira primeira tradução de um texto freudiano remontava a 1913, pois ela passara totalmente despercebida.

O texto, longamente comentado por Claparède, foi publicado em 1920 e 1921 em *La Revue de Genève*. Tratava-se das *Cinco Lições de Psicanálise,* conferências apresentadas por Freud na Universidade Clark, nos Estados Unidos. Seu título alemão era: *Über Psychoanalise. Fünf Vorlesungen, gehalten zur zwanzigjährigen Gründungsfeier der Clark University in Worcester, Mass., September 1909.* Em francês, transformou-se em: *Origine et développement de la psychanalyse.**

Em sua apresentação, Claparède assim comentou a ausência de tradução francesa: "Mas, inesperadamente, os franceses foram os últimos a se interessar pela obra dele. [. . .] A psicologia francesa parece ter repugnância pela concepção dinâmica da atividade mental [. . .]. Será, talvez, por sofrer ainda a influência de Condillac e dos ideologistas, e de Taine, seu admirador [. . .].

"Genebra, convém dizê-lo, foi a exceção, nos países de língua francesa, a esse movimento geral de ostracismo ou indiferença [. . .]" (*ibid.*, pp. 849-850).

"Assim, é chegado o momento de oferecer enfim uma tradução francesa de uma obra do próprio mestre. Não poderíamos ter melhor começo, creio eu, senão por essas *Cinco Lições de Psicanálise* (proferidas em 1909), seja por elas terem constituído a primeira exposição sistemática que Freud fez de suas teorias, seja porque, destinadas a um público culto, mas não especialmente médico, seu autor se esforçou por ser tão claro quanto era possível" (*ibid.*, p. 851).

Essa pseudo-primeira tradução foi, já em 1921, reimpressa num volume pela editora Sonor, de Genebra, sob o título de *La Psychanalyse.* Essa edição reproduziu exatamente, excetuando-se a paginação, a da *Revue de Genève.* A editora Payot readquiriu um certo número de exemplares, que vendeu sob seu nome. Numa data que

* Traduzindo, respectivamente, o alemão e o francês, temos: "Sobre a Psicanálise. Cinco Preleções Proferidas no Vigésimo Aniversário de Fundação da Universidade Clark, em Worcester, Massachusetts, setembro de 1909", e "Origem e Desenvolvimento da Psicanálise". No texto que se segue, aparecerão em português os títulos que porventura coincidam com as traduções para o francês e serão indicados em francês, com a correspondente tradução no rodapé, aqueles com que não coincidir a edição brasileira das *Obras Completas* de Freud. Para facilitar a leitura, as notas serão reunidas por parágrafo, caso haja vários pontos a anotar. (N.T.)

não pudemos precisar, entre 1821 e 1926, essa editora recompôs a obra e a publicou com um terceiro título, *Cinq Leçons sur la Psychanalyse* [*Cinco Lições sobre a Psicanálise*]. Observe-se que nenhuma dessas três primeiras edições traduziu com exatidão o título alemão e que todas omitiram a dedicatória colocada na página de rosto da edição alemã: "*Herrn G. Stanley Hall, Ph.D., L.L.D. Präsidenten der Clark University, Professor der Psychologie und Pädagogik, in Dankbarkeit zugeeignet.*"*

Na edição definitiva publicada pela Payot, Claparède acompanhou sua introdução de um extenso pós-escrito: "Esta tradução se deve à pena do Sr. Yves Le Lay, professor do Colégio de Lannion (Côtes-du-Nord), ex-assistente do Laboratório de Psicologia da Universidade de Genebra.

"Por temor, provavelmente, de trair o pensamento do autor, o texto do Sr. Le Lay é muito literal. Muitas vezes o foi em excesso. Assim, tomei a liberdade, simultaneamente em relação ao autor e ao tradutor, de fazer a substituição no manuscrito deste, aqui e ali, por uma redação mais livre, que, estou certo, em nada terá prejudicado a fidelidade da tradução" (Ed. Payot, 1926, p. 45).

Uma simples olhadela na primeira página do texto alemão (*G.W.*, VIII, p. 3) é suficiente para nos darmos conta das liberdades tomadas com o texto de Freud, seja por Le Lay, seja, mais ainda, por Claparède.

A edição da Payot (1926) fez com que cada conferência fosse precedida por títulos e subtítulos que estão ausentes da edição alemã. Por último, foi acompanhada por uma *Nota Adicional* de Claparède — datada de maio de 1921 —, que tem por tema *sobre a Libido* e contém um interessante fragmento de carta de Freud.

Mas, voltemos a 1913, a propósito da verdadeira primeira tradução francesa de Freud. Naquele ano, uma revista italiana, *Scientia*, fornecera na versão alemã e numa tradução francesa o texto de *Das Interesse an der Psychoanalyse* ["O Interesse pela Psicanálise" **], texto que foi reeditado, apresentado, traduzido e comentado por P.-L. Assoun (1980).

* "Ao Sr. G. Stanley Hall, Ph.D., Digníssimo Presidente da Universidade Clark, Catedrático de Psicologia e Pedagogia, com Dedicada Gratidão." (N.T.)

** Num volume não revisto da 1ª ed. da *E.S.B.* (vol. XIII), esse artigo aparece com o título de "O Interesse Científico da Psicanálise". (N.T.)

A primeira tradução deveu-se a um certo W. Horn. Suscitou, por parte de Assoun, os seguintes comentários: "A tradução de W. Horn envelheceu consideravelmente, em particular no que se refere a um vocabulário que consiste em decifrar a linguagem psicanalítica por uma linguagem da *afetividade*. Há, por outro lado, uma tendência à perífrase, que se resume num descolamento em relação à letra do texto freudiano. Por fim, algumas palavras cujo sentido francês se cristalizou são traduzidas de uma maneira que já não permite identificar os conceitos correspondentes (por exemplo: *Fehlleistung*, que é universalmente traduzido por 'ato falho', foi traduzido por 'falha' [*défaillance*])" (nota da p. 13).*

Os comentários suscitados por essas duas primeiras traduções, de 1913 e 1920-1921, sublinham bem os erros habitualmente cometidos pelos tradutores franceses de Freud. Entretanto, cabe reconhecer que, muitas vezes, é difícil escapar à tentação de se "descolar" do texto original, diante dos problemas mais árduos de tradução.

A partir de 1922, quando ainda não existia na França nenhuma instituição psicanalítica, surgiram na Payot traduções devidas a um não-analista. Esta foi a primeira editora a descobrir Freud, como vimos, e S. Jankélévitch foi o primeiro autor a traduzi-lo. Foi assim que a *Psicopatologia da Vida Cotidiana* e a *Introduction à la Psychanalyse* se tornaram acessíveis ao público francês. Esses textos foram acompanhados, em 1923, por *Totem e Tabu* e, em 1924, por *Psychologie Collective et Analyse du Moi,* que o editor reuniu às *Cinq Leçons sur la Psychanalyse* para compor um volume. Finalmente, em 1927, Jankélévitch encerrou sua obra de tradutor com um buquê de ensaios freudianos: *Além do Princípio do Prazer, Le Moi et le Soi* (sic) ["O Ego e o Si"], *Considérations Actuelles sur la Guerre et sur la Mort,* e *Contribution à l'Histoire du Mouvement Psychanalytique.***

---

* Antes da 2ª ed. da *E.S.B.*, revista até o volume VII, e nos volumes não revistos da 1ª ed. (VIII–XXIII), a tradução adotada acompanhou a de Strachey, e se transformou em "parapraxia". (N.T.)

** Tradução dos títulos franceses: *Introdução à Psicanálise, Psicologia Coletiva e Análise do Eu, Cinco Lições sobre a Psicanálise, Considerações Atuais sobre a Guerra e a Morte* e *Contribuição à História do Movimento Psicanalítico.* Os títulos correspondentes na *E.S.B.* são: *Conferências Introdutórias sobre Psicanálise* (vols. XVI–XVII, não revistos), *Psicologia de Grupo e a Análise do Ego* (vol. XVIII, não revisto), *Cinco Lições de Psicanálise* (vol. XI, não revisto), *Reflexões para os Tempos de Guerra e Morte* (vol. XIV, não revisto) e *A História do Movimento Psicanalítico* (vol. XIV, não revisto). É interessante notar que, dos títulos

Em 1923, a Gallimard entrou em cena, com a tradução dos *Três Eensaios sobre a Teoria da Sexualidade* pela Sra. Reverchon, tradução esta que Laplanche e Pontalis revisaram posteriormente, de maneira muito superficial. *Le Rêve et son Interprétation* ["O Sonho e sua Interpretação"], traduzido por O. Legros, saiu em 1925. Tratava-se do resumo da *Traumdeutung* [*A Interpretação dos Sonhos*] que Freud publicara em 1901, em prejuízo do editor de sua magistral obra de 1900.

Por fim, a Alcan, que posteriormente seria um dos quatro cavalos da quadriga da Presses Universitaires de France (PUF), confiou a Meyerson a tradução dessa obra fundadora. Ela foi publicada em 1926, sob o título, discutível na opinião de alguns, de *La Science des Rêves* ["A Ciência dos Sonhos"]. Observe-se que alguns leitores célebres de Freud, como Romain Rolland e Bergson, tinham tomado conhecimento dela já no começo do século. Meyerson era aluna de Georges Dumas, "sendo este último um de nossos mais temíveis adversários", como Laforgue esclareceu a Freud em 11 de novembro de 1923. Mas que analista teria tido o tempo e a coragem de empreender a tradução de um texto dessa amplitude?

Assim, de 1920 a 1927, todas as traduções se deveram a não-analistas. E no entanto, no período entre as guerras, dois analistas pareciam totalmente indicados para tornar os textos psicanalíticos acessíveis aos franceses: René Laforgue e Marie Bonaparte. O primeiro, porque era perfeitamente bilíngüe e se correspondia regularmente com o Mestre desde outubro de 1923, e a segunda, porque era poliglota e, desde 1925, fazia análise com Freud, por quem nutria uma afeição e uma admiração ilimitadas. O primeiro nunca faria a mais ínfima tradução, enquanto a segunda, com sua secretária, Anne Berman, fariam inúmeras.

A atitude de Laforgue merece ser esclarecida, porque é exemplar. Em 25 de outubro de 1923, escreveu ele a Freud: "Além disso, a Payot me pediu que encaminhasse *a tradução dos trabalhos mais importantes da psicanálise, para constituir, se possível, uma biblioteca psicanalítica.*[2] Aceitei sua proposta e considero necessário que, em primeiríssimo lugar, sejam seus trabalhos clínicos, a *Neurosenlehre*, os que serão colocados ao alcance do público.

---

de Strachey, só *Psicologia de Grupo...* não corresponde exatamente ao original alemão; já na *E.S.B.*, com a única exceção deste título, que reproduz o inglês, nenhum dos demais é fiel a Freud ou a Strachey. (N.T.)

"Infelizmente, o francês, diante de um livro, tem uma atitude inteiramente diversa da do alemão. Exige que tudo seja exposto com brevidade e clareza. Com isso, certamente não estou lhe ensinando nada de novo."

O velho mito do espírito francês, ou melhor, o medo da metapsicologia e da ambivalência em relação a Freud, elevava-se como um obstáculo, já naquela época, entre Viena e Paris. Diplomático, Freud não entrou em choque frontal com seu jovem correspondente, mas se propôs fazer a escolha das obras a serem traduzidas: "Sou inteiramente de sua opinião e penso que o mais importante seria tornar acessíveis ao leitor francês médico meus principais trabalhos teóricos sobre as neuroses e os cinco grandes casos clínicos [. . .]. Se o senhor realizar seu projeto de criar uma biblioteca psicanalítica, será uma honra, para mim, ser autorizado a exercer minha influência por ocasião da escolha das obras. . ." (1 de novembro de 1923).

O entusiasmo de Laforgue não esmoreceu, mas ele não fez nada e já estava pensando (carta de 11 de novembro de 1923) em atrair Mayerson para a Payot para novas traduções. Assoberbado com sua clientela e seus numerosos livros e artigos pessoais, passou então a buscar tradutores pelos lados da Escola Normal Superior. Mas os alunos da rua d'Ulm se esquivaram (carta de 26 de maio de 1924). Ainda assim, ele conseguiu com a Payot que as traduções de Jankélévitch fossem revistas por Pichon, verificando ele mesmo a terminologia. Coisa que não nos parece ter sido feita.

Freud anunciou propostas que chegariam pelo canal de Rank. Por ocasião do centenário de Charcot, propôs que se traduzisse para o francês o necrológio publicado em 1893. As hesitações e a ambivalência dos analistas parisienses fizeram com que essa proposta não fosse aceita. Ela seria honrada. . . cinqüenta anos depois. Lembremos que, em sua época, Freud havia traduzido Charcot e Bernheim durante a vida destes.

A perspectiva de uma tradução das obras foi-se distanciando. Laforgue supôs, mas sem certeza, que Loewenstein e Pichon traduziriam a *Neurosenlehre* (carta de 6 de fevereiro de 1926). Fez uma última alusão a seu belo projeto: "A tradução de suas obras vai prosseguindo lentamente, mas com segurança. Loewenstein começou e minha mulher já traduziu 65 páginas dos *Estudos sobre a Histeria*" (carta de 8 de junho de 1926).

Felizmente, Marie Bonaparte, depois de algumas temporadas em Viena, lançou-se ao trabalho. Sua fidelidade incondicional a Freud e a sua obra deu-lhe a coragem para empreender essa tarefa, a despeito da oposição de seu círculo familiar (Bertin, 1982).

Em 1927, saiu pela Gallimard sua tradução de *Un Souvenir d'Enfance de Léonard de Vinci,* enquanto, no mesmo ano, ela revisou a tradução de *O Moisés de Michelangelo* publicada pela Sra. Marty na *Revue Française de Psychanalyse* (*RFP*). Em 1928, sempre na Gallimard, saíram *Ma Vie et la Psychanalyse* (*Selbstdarstellung*) e *Psychanalyse et Médecine* (*Die Frage der laienanalyseQ*, bem como o caso do Pequeno Hans e, com Loewenstein, o caso Dora, ambos na *RFP*.*

De 1930 a 1936, essa atividade continuou igualmente intensa: *O Chiste,* com Nathan (1930); a *Gradiva* (1931); *O Futuro de uma Ilusão, O Homem dos Ratos* e o caso Schreber (com Loewenstein), em 1932; e uma coletânea de artigos (*Essais de Psychanalyse Appliquée*), com a Sra. Marty, em 1933. Os cinco casos clínicos foram reunidos num volume, na editora Denoël et Steele (1935). Em colaboração com Anne Berman, Marie Bonaparte publicou em 1936 os textos metapsicológicos e *Contribution à la Psychologie de la Vie Amoureuse.* Deteve-se aí seu trabalho de tradução. Mas ela não o abandonou sem antes encontrar uma substituta na pessoa de Anne Berman, uma ex-paciente que se tornara sua secretária. Contudo, vinte anos depois, reencontraria, com um belíssimo texto de título intraduzível (*Vergänglichkeit*), o prazer da tradução: *Fugitivité* (1956).**

Para sermos justos, é preciso dizer que Marie Bonaparte e Anne Berman não estiveram totalmente sozinhas nessa empreitada. De 1928 a 1935, a *RFP* publicou onze textos de Freud traduzidos por outros analistas. Pichon traduziu com Hoesli três artigos: o referente ao erotismo anal e "O Problema Econômico do Masoquismo", em 1928, e depois "La Prédisposition à la Névrose Obsessionnelle", em

---

* Tradução dos títulos franceses: *Uma Lembrança da Infância de Leonardo da Vinci, Minha Vida e a Psicanálise* e *Psicanálise e Medicina.* Correspondentes na *E.S.B.*: "Leonardo da Vinci e uma Lembrança de Sua Infância" (vol. XI, não revisto), "Um Estudo Autobiográfico" (vol. XX, não revisto) e "A Questão da Análise Leiga" (vol. XX, id). (N.T.)

** Trad. dos títulos franceses: *Contribuição à Psicologia da Vida Amorosa* e *O Fugidio;* na *E.S.B.*, as "Contribuições à Psicologia do Amor" (três artigos) estão no vol. XI, não revisto, e "Sobre a Transitoriedade" acha-se no vol. XIV, também não revisto. (N.T.)

1929. Hoesli traduziu sozinho três outros artigos, dentre eles "On Bat un Enfant" e "La Négation". O abade Jury, sozinho ou em colaboração, traduziu quatro textos, dentre eles *Inhibition, Symptôme et Angoisse,* que só sairia em 1951. O Sr. e Sra. Odier providenciaram a edição do *Mal-Estar na Civilização* em 1934. E por fim, o jovem Jacques Lacan forneceu, já em 1932, a tradução de um artigo: "Alguns Mecanismos Neuróticos no Ciúme, na Paranóia e no Homossexualismo".*

Desde a institucionalização da psicanálise na França, consagrada pelo nascimento da Sociedade Psicanalítica de Paris (SPP), colocou-se a questão do vocabulário técnico de Freud. Para responder a ela, Pichon propôs a criação de uma *Comissão Lingüística para a Unificação do Vocabulário Psicanalítico Francês.* Como lembrou Roudinesco (1982), esse grupo de trabalho foi eleito em Genebra, durante a I Conferência dos Psicanalistas de Língua Francesa. A primeira reunião de trabalho realizou-se em Paris em 29 de maio de 1927. Pichon foi eleito presidente da comissão. Imediatamente, "o Sr. de Saussure julgou que seria desejável que se fizesse um dicionário completo, no qual se encontrasse não apenas a correspondência entre os termos psicanalíticos nas diferentes línguas, mas também um histórico preciso da evolução de cada noção" (*RFP,* ano I, p. 403). Esse projeto ambicioso foi adiado para mais tarde. Seria realizado, quarenta anos depois, por Laplanche e Pontalis (1967*a*).

O primeiro termo considerado na reunião de 29 de maio de 1927 foi *Verdrängung.* Adotou-se a tradução por *recalcamento* [*refoulement*] e o conceito foi definido. Para *Unterdrückung,* concordou-se com a palavra *repressão* [*répression*]. A propósito de *das Ich, das Es* e *das Über-Ich,* a discussão foi animada. Quanto ao *Ich,* Pichon se opôs a *moi* e preferiria *ego* ou *je.* Quanto ao *Es,* os membros da comissão hesitaram entre *soi, cela* e *ça.* Esta última tradução teve por defensores Laforgue e Pichon. Diante da oposição de

* Tradução dos títulos franceses: "A Predisposição à Neurose Obsessiva", "Estão Batendo numa Criança", "A Negação" e *Inibição, Sintoma e Angústia.* Na *E.S.B.,* os títulos correspondentes são: "A Disposição à Neurose Obsessiva" (vol. XII, não revisto), "A Negativa" (!) (vol. XIX, não revisto), "Uma Criança é Espancada" (vol. XVII, id.) e *Inibições, Sintomas e Ansiedade* (vol. XX, id.). Nenhum dos títulos brasileiros é realmente fiel à cuidadosa tradução de Strachey. (N.T.)

Hesnard, Pichon propôs *illud*. Odier chegou até a falar em *prothymos, prothymus* ou *prothyme,* e Pichon, em *infra-moi.**

Uma nova reunião seguiu-se dois dias depois. Marie Bonaparte transmitiu a opinião de Freud (após um provável relatório telefônico sobre a reunião do dia 29), que considerara que a definição proposta para o *recalcamento* não estava rigorosamente correta. Retomou-se então a discussão a propósito de *Ich, Es* e *Über-Ich.* Quanto a *Es,* hesitou-se entre *soi* e *ça.* Esta última tradução foi adotada por quatro votos contra um — o de Hesnard, é claro. À tradução *moi,* uma única voz se opôs: a de Pichon. Assim, passaríamos a escrever *moi* e *surmoi.* Para *Trieb,* Hesnard propôs *pulsão.* Adotada. Conservou-se *libido,* contrariando Pichon, que propusera *aimance* [amância, afetuosidade.] Quanto a *Besetzung,* houve unanimidade em relação a *investimento.* A maioria das outras traduções foi aceita sem discussão. Convém notar que, para traduzir *Es,* Freud preferiu *soi* a *ça.* Assim, passaríamos a seguir Freud no ano seguinte.**

As traduções propostas na reunião de 24 de julho de 1927 não se prestaram a discussões. Quanto à quarta e última reunião, a de 20 de julho de 1928, a *RFP* forneceu dela apenas um resumo sucinto. Parece que, a partir dessa data, a responsabilidade total pela tradução dos termos técnicos foi confiada a Marie Bonaparte, como desejava Freud (Bertin, 1982, p. 273). De fato, a sinopse da última reunião deixa claro: "Por último, a Comissão decidiu solicitar aos diferentes tradutores que estão atualmente trabalhando em ligação com a Sra. Marie Bonaparte que lhe apontem, para fins de estudo, os vocábulos que, no curso do trabalho de tradução, forem para eles uma causa particular de embaraço" (*RFP,* ano II, p. 1995).

Seja como for, o limitadíssimo trabalho da *Comissão Lingüística*

---

* Nas obras não-revistas da 1ª ed. da *E.S.B., Verdrängung* (inglês *repression*) foi traduzido por *repressão,* e *Unterdrückung* (inglês *suppression*), por *supressão. Ich, Es* e *Über-Ich* transformaram-se no latim *Id, Ego* e *Superego,* seguindo Strachey. Quanto às alternativas francesas citadas nesse parágrafo, elas seriam: *moi/je* = eu (guardadas as diferenças significativas entre ambos no uso e na sintaxe da língua francesa); *soi* = si; *cela/ça* = aquilo, isso, isto (também diferenciados no uso gramatical); *infra-moi* seria *infra-eu.* O *illud* é o nominativo latino de *ille* (aquilo, isso). Já o *prothymos* etc., recorreria ao latim *prothymia, -ae,* substantivo que expressa uma (boa) disposição. (N.T.)

** Nos volumes não revistos da 1ª ed. da *E.S.B., Trieb* continua traduzido por *instinto* (!). Já a *Besetzung* não pôde, nem mesmo na 2ª edição, livrar-se da tradução por *catexia.* (N.T.)

é suficiente para mostrar a amplitude da tarefa com que os primeiros analistas franceses tiveram que se defrontar.

Malgrado todas as restrições que se impõem, o balanço dos primeiros vinte anos desse trabalho de tradução é amplamente positivo. Naturalmente, tudo deverá ser refeito; mas, sem a obra dos pioneiros do entre-guerras, mesmo imperfeita, estaríamos totalmente sem recursos.*

Segundo Dufresne (1971), Freud publicou 22 livros, isto é, 22 textos mais ou menos longos não publicados em revistas. Desse total, dez foram traduzidos entre 1920 e 1927 por não-analistas, e oito por analistas entre 1927 e 1936, seis deles por Marie Bonaparte. Assim, só restavam ainda por traduzir os *Estudos sobre a Histeria, Inhibition, Symptôme et Angoisse,*** *Moisés e o monoteísmo* e o *Esboço.*

Quanto aos artigos, a *RFP* (editada pela Doïn de 1927 a 1931, e depois pela Denoël et Steele, de 1932 a 1939) publicara trinta traduzidos, enquanto outros saíram em volumes, como os *Essais de Psychanalyse Appliquée* e as *Cinq Psychanalyses* [casos clínicos].

Portanto, podemos concluir com Dufresne (1971) que "as traduções francesas são muito mais numerosas do que se costuma imaginar" (p. 43), e acrescentar que são muito mais antigas do que em geral se acredita.

É lamentável que esses vinte anos de trabalho, intensivo para alguns, tenham sido seguidos por longos anos (1939-1948) de silêncio e paralisia, que coincidiram com a ocupação, a libertação e o início da guerra fria, e por anos ainda mais longos (1948-1983) de inércia, hesitação e tergiversações.

Da guerra fria aos dias atuais (1948-1983)

Esse período de trinta e cinco anos, mais longo que o anterior (vinte e oito anos), é infinitamente mais complexo e, à primeira vista, bem menos compreensível. Na verdade, a situação da psicanálise na França tornou-se menos simples nessa época, principalmente em decor-

---

* O pioneirismo da tradução brasileira da *E.S.B.*, disponível no País há quase duas décadas, constitui seu mérito maior e também sua única justificativa para as inúmeras imperfeições e erros ali encontrados, embora não chegue a dar conta da falta de revisão em todos esses anos. (N.T.)

** *Inibições, Sintomas e Ansiedade, op. cit.* (N.T.)

rência das cisões e do que poderíamos chamar o "fenômeno Lacan". Também nesse aspecto, apresentaremos apenas alguns fatos brutos, sem recorrer a outras fontes que não as próprias publicações.

O segundo pós-guerra exibiu um contraste surpreendente com o primeiro. Nos anos vinte e trinta, uma viva resistência se opôs à expansão da psicanálise e à influência do pensamento freudiano. Embora só houvesse um punhado de analistas, a obra, apesar de tudo, foi traduzida e publicada. Inversamente, nos anos cinqüenta, sessenta e setenta, assistimos a uma incrível expansão da psicanálise na França e ao nascimento de uma ideologia psicanalítica compósita, às vezes estranha ao pensamento de Freud. Mas, agora que os analistas se contavam às centenas, o trabalho indispensável de tradução e retradução ficou fragmentário. Essa insuficiência, essa falha, proibiu aos não-germanistas, ao público em geral, o verdadeiro acesso ao pensamento de Freud. Por que tantos zeladores e tão poucos tradutores?

Mais uma vez, o tímido alvorecer do pós-guerra anunciou-se pelos lados da casa Bonaparte. Anne Berman retomou o bastão e, já em 1948, publicou na Gallimard *Moisés e o Monoteísmo*. Contudo, dali por diante, um dos homens mais sólidos do movimento psicanalítico francês, Daniel Lagache, se imporia por sua atividade editorial. Tendo retornado de Clermont-Ferrand em 1947 para ocupar uma cadeira na Sorbonne, ele fundou imediatamente, com o concurso da PUF, que havia reatado laços com a tradição da Alcan (*La Science des Rêves*),* a "Biblioteca de Psicanálise e Psicologia Clínica".

Essa coleção conheceu uma ampliação rápida, pois, no final de 1951, já havia publicado uma dezena de títulos. Foi nela que saíram as novas traduções de Anne Berman: o *Esboço*, em 1950, *De la Technique Psychanalytique* (coletânea de artigos), em 1953, e os *Estudos sobre a Histeria* (1956), bem como as cartas e manuscritos dirigidos a Fliess, sob o título de *Naissance de la Psychanalyse* [*Nascimento da Psicanálise*] (1956). Havendo Jury e Fraenkel publicado em 1951, na mesma coleção, *Inibição, Sintoma e Angústia*, o leitor francês passou a dispor desde então da tradução de todos os livros de Freud.

A primeira cisão, que viu nascer a "Sociedade Francesa de Psicanálise", não parece ter prejudicado o empreendimento editorial de Lagache, que fizera a psicanálise ingressar no circuito da *Alma Mater*.

---

* Um dos títulos franceses da *Traumdeutung*, já citado. (N.T.)

Além disso, numerosos psicanalistas universitários estavam a seu lado na nova sociedade, onde Lacan tendia a ocupar um lugar cada vez mais importante. Este último insistia, justificadamente, na necessidade de se retornar ao texto freudiano original, tão falhas eram as traduções.

Foi nesse clima de retorno a Freud, preconizado por Lacan, que parece ter feito uma única tradução e não haver suscitado diretamente nenhuma outra, que Laplanche tomou a iniciativa de traduzir o texto fundamental sobre o narcisismo (*Pour Introduire le Narcissisme* *), primeira e única tradução publicada, para uso interno, pela Sociedade Francesa de Psicanálise, e que sairia doze anos depois em *La Vie Sexuelle*. Foi ele, portanto, que esteve na origem do que poderíamos chamar tradução "científica" de Freud para o francês. Laplanche começou a coordenar um pequeno grupo de tradutores e inspirou e dirigiu o trabalho de Tort, que fez com que fosse publicada na PUF, em 1965, uma nova tradução de *Inibição, Sintoma e Angústia*. Assim, traduziram-se alguns textos importantíssimos, que seriam posteriormente publicados.

Todavia, o principal acontecimento editorial foi a publicação do famoso *Vocabulário da Psicanálise* (1967*a*) de Laplanche e Pontalis. A idéia dessa obra, seguindo o modelo do clássico *Vocabulário da Filosofia* de Lalande, ocorrera a Lagache trinta anos antes; ele havia até começado a realizá-la. Infelizmente, a guerra interrompera por completo sua iniciativa e reduzira seu trabalho a nada. A idéia renasceu em 1958, mas, dessa vez, foram dois filósofos — Laplanche, que conhecia bem o alemão, e Pontalis, excelente anglicista — que a realizaram sob sua orientação. Foram-lhes necessários oito anos de trabalho assíduo para levar a bom termo esse projeto. A publicação do *Vocabulário* foi um acontecimento cultural, porque, para os franceses, o livro renovou completamente a leitura de Freud.

Portanto, a questão da tradução das *Obras Completas* está colocada desde os anos cinqüenta e cinco/sessenta. Dentro dessa perspectiva, o grupo matricial de Laplanche se dispersou. Laplanche e Pontalis passaram a dirigir um grupo cada um, dividindo entre si os tradutores, e Bourguignon fundou um grupo com seu amigo germanista Cotet, com a idéia de que um trabalho tão monumental exigia

---

* *Para Introduzir o Narcisismo*, publicado na *E.S.B.* com o título *Sobre o Narcisismo: uma Introdução* (vol. XIV, 1ª ed., não revista).

a ampliação dos meios. Até 1968, uns vinte tradutores estiveram trabalhando, alguns deles isolados, como Hawelka e Huber, que traduziram *Construções em Análise,* publicado no âmbito do Laboratório de Psicologia Patológica da Sorbonne. Laplanche e Pontalis traduziram *Além do Princípio do Prazer,* publicação do mesmo laboratório. Outros textos traduzidos ainda não foram publicados até hoje.

Mas a edição integral das obras de Freud levantava numerosíssimos problemas. Para começar, foi preciso que houvesse um acordo entre as três editoras francesas — Gallimard, PUF e Payot — que, tendo adquirido as obras progressivamente, tinham, cada uma, direitos sobre uma parte dos textos freudianos, enquanto, por outro lado, alguns textos não pertenciam a nenhuma delas: em 3 de fevereiro de 1966, essas editoras chegaram a firmar um contrato de sociedade anônima cujo principal objeto era estabelecer, publicar, vender e explorar uma edição em língua francesa das *Obras Completas* de Sigmund Freud.

Por outro lado, existiam na França, na época, duas sociedades de psicanálise filiadas à "Associação Internacional de Psicanálise". A "Sociedade Psicanalítica de Paris" (SPP), que, desde Marie Bonaparte, se sentia herdeira do pensamento freudiano e já havia intercedido para que fossem reeditadas algumas obras esgotadas, fez algumas restrições às novas traduções e pediu que o aval científico dessa iniciativa fosse dado pelas sociedades de psicanálise. Marthe Robert, que publicara *La Révolution Psychanalytique* na Payot, e Michel de M'Uzan, membro da SPP, candidataram-se para dirigir a totalidade do trabalho, ou então para participar dele. Marthe Robert queria que essa iniciativa fosse levada a termo, a fim de que toda a obra freudiana ficasse finalmente acessível ao público francês. Essa autora tinha uma concepção muito precisa do trabalho de tradução: este era, antes de mais nada, um trabalho filológico, dependente da competência dos germanistas, os únicos aptos a comparar o valor semântico de uma palavra na língua comum ou culta com o valor que o autor lhe dera em sua obra. Essa concepção, perfeitamente defensável, opôs-se à de Lagache, Laplanche e Pontalis, membros da "Associação Psicanalítica da França". Estes desejavam preservar na obra freudiana a unidade de seu estilo, preferindo, se necessário, uma tradução literal um tanto áspera a uma preocupação de elegância que traísse o sentido, e queriam respeitar os termos técnicos, princípios estes afirmados pelo próprio Strachey em sua introdução à *Standard Edition.*

Assim, os herdeiros de Freud pediram à "Associação Psicanalítica Internacional" (API [IPA]), na pessoa de seu presidente, Van der Leeuw, que servisse de intermediária entre a Fischer Verlag, representante dos direitos autorais de Freud, as três editoras e as duas concepções da tradução, a fim de assegurar a defesa dos interesses do pensamento freudiano. Após diversas consultas, a API solicitou, em janeiro de 1967, que as três editoras escolhessem pessoas cuja qualificação, experiência e trabalhos de tradução prévios tivessem demonstrado que elas podiam levar a bom termo essa tarefa. Assim, a direção científica e prática da edição francesa das *Obras Completas* foi confiada, em 12 de abril de 1967, pela unanimidade das três editoras francesas, a Laplanche e Pontalis, qualificados por seus anos de trabalho no *Vocabulário* e por um certo número de traduções de Freud. Estes quiseram colocar essa iniciativa sob os auspícios de uma estreita colaboração entre as diversas sociedades francófonas e, em particular, entre as duas sociedades francesas a que já pertenciam os membros dos grupos de tradução. Pensou-se até em criar um comitê bipartite de apoio entre as duas sociedades.

Eliminados esses obstáculos político-científicos, recaiu-se num problema editorial. As editoras que haviam firmado um acordo em 1966 ainda não haviam assinado um contrato com a editora alemã. Tanto que alguns volumes esgotados foram reeditados, porque o projeto de sua reedição era anterior ao acordo feito entre as editoras, enquanto outros foram mantidos em compasso de espera, com vistas ao *Magnum Opus*. Assim, Laplanche, Pontalis e seus tradutores ficaram numa situação bastante desconfortável. A questão acabou sendo solucionada: em 23 de setembro de 1968, um contrato de cessão de direitos foi firmado pela Fischer Verlag em benefício da sociedade anônima; em 30 de maio de 1969, a Hogarth Press Ltd. cedeu à sociedade anônima o direito de utilizar, na edição completa em língua francesa, o instrumental crítico estabelecido por Strachey na *Standard Edition*; as três editoras francesas constituíram um grupo editorial autônomo, no qual a Gallimard ficou com a secretaria administrativa, e confiaram conjuntamente a Laplanche e Pontalis a direção literária e científica da edição. Apesar de só assinarem o contrato muito tardiamente, essas mesmas editoras, no entanto, começaram a se inquietar com a lentidão das traduções.

Por um lado, essas longas negociações desgastaram a paciência ou esgotaram as motivações de parte dos tradutores. E é extremamente difícil encontrar pessoas que sejam, ao mesmo tempo, competentes, quase beneficentes e disponíveis para a tradução. O único grupo subsistente é o de Bourguignon e Cotet. Por outro lado, procedendo ao exame minucioso dos problemas, Laplanche e Pontalis viram-se diante de uma tarefa muito mais árdua do que a prevista. Deixando de lado os textos que se haviam beneficiado recentemente de uma nova tradução, uma parte dos outros tinha que ser seriamente revista, e todos os demais estavam inteiramente por traduzir ou retraduzir. O que equivale a dizer que continuava quase tudo por fazer: traduzir, controlar muito de perto o trabalho de tradução em curso, harmonizar entre si os textos traduzidos, preparar as notas e introduções, estabelecer os índices etc. E isso em relação a quase 24 volumes. Laplanche, absorto em outras atividades importantes a seus olhos, e sem vislumbrar, num futuro previsível, a possibilidade de se dedicar realmente a esse trabalho de co-direção, pediu a Pontalis que assumisse sozinho a direção, ou que encontrasse outro co-diretor, pois ele mesmo não mais queria desempenhar senão um papel de consultor científico, sem responsabilidade editorial. Estávamos em abril de 1970.

Essa demissão criou uma situação embaraçosa. Pontalis, que não dispunha do tempo necessário, devido a seus trabalhos editoriais e analíticos, para levar essa iniciativa a cabo sozinho, propôs, em concordância com Laplanche, juntar-se como co-diretor a Lewinter, vienense de origem, tradutor de Groddeck e já editor de outras obras completas. Em 5 de maio de 1971, portanto, as três editoras confiaram a direção literária e científica da edição conjuntamente a Pontalis e Lewinter. Este, germanista, imaginou traduzir tudo sozinho e concluiu a tradução do equivalente a vários volumes da edição inglesa (*Standard Edition*), entre eles textos importantes como *Totem e Tabu* e *Moisés e o Monoteísmo*. A tradução foi muito criticada, porque Lewinter muitas vezes conservara construções germânicas em francês, o que, ocasionalmente, tornava o texto pouco legível; mas essa concepção também foi defendida por outros. Essas críticas foram muito desestimulantes para o tradutor, que, por outro lado, tinha grande interesse em Groddeck. Ora, era difícil realizar os dois trabalhos simultaneamente. O rompimento se deu serenamente e Pontalis recorreu então a diversos tradutores, e depois a Heim, para a revisão, o que ele já fizera pelos textos filosóficos alemães na Gallimard. Assim, foram retraduzidos, entre outros, a *Introduction à la Psychanalyse* e as *Novas Conferências*. Durante todos esses anos, somente o grupo Bourguignon-Cotet prosseguiu seu trabalho, traduzindo sucessivamente *A Questão da Análise Leiga, A Hipnose, Un Souvenir d'Enfance de Léonard de Vinci,* a correspondência Freud-Laforgue e a *Psychologie des Foules et Analyse du Moi,* algumas dessas traduções já estando publicadas.*

A despeito de todos esses esforços, a grande obra, projetada dezesseis anos antes, não tivera nenhum início de publicação. Cansados de esperar, os membros de nosso grupo propuseram à Payot, em 1981, publicar as novas traduções dos *Essais de Psychanalyse,* já havendo Laplanche traduzido sozinho, muito tempo antes, *O Ego e o Id,* e, com Pontalis, *Além do Princípio do Prazer.* Pontalis, por seu turno, propôs então à Payot a nova tradução da *Introduction* e se preparou para publicar as *Novas Conferências* na Gallimard. Em 16 de março de 1980, a PUF, considerando que os acordos que a ligavam à Gallimard e à Payot haviam caducado, firmou um acordo separado com a Fischer Verlag para a publicação dos textos de Freud que continuavam inéditos em francês, projeto este que fora adiado por quinze anos porque a disparidade desses textos tornava esquisita a sua reunião. A Gallimard e a Payot concordaram, sob a condição de que fosse mencionado um *copyright* comum às três editoras. Finalmente, todas três admitiram que o contrato de sociedade anônima firmado em 1966 havia expirado e que convinha retomar em novas bases o projeto de edição das *Obras Completas* de Freud.

Todas essas dificuldades levaram a uma impossibilidade, mas, mesmo assim, foram muito instrutivas. Atualmente, nenhuma das três editoras quer criar obstáculos a esse projeto e todas procuram fazer com que ele tenha êxito. Trata-se de uma co-edição PUF-Payot, tendo ocorrido negociações a propósito de todos os problemas editoriais levantados: cessão dos direitos editoriais de cada uma, relações com a Fischer Verlag, eventuais modificações das traduções já existentes etc. A situação, atualmente em andamento, deverá poder-se esclarecer proximamente. Por outro lado, propuseram-se os nomes de dois diretores de publicação, estimuladores e coordenadores cônscios da imensidão da tarefa. Ao contrário de Strachey, eles não responderão sozinhos por toda a tradução, que será confiada a equipes já parcialmente em vias de constituição — equipes de tradutores e revisores. Um consultor científico, igualmente assistido por

---

* Ver notas das pp. 183 e 185. (N.T.)

freudólogos e germanistas, garantirá a unidade terminológica do conjunto. Assim se respeitaram os princípios que sempre nortearam Laplanche e Pontalis: fidelidade ao texto de Freud (sem cair na chamada tradução literal), rigor terminológico, notas de rodapé essencialmente limitadas a notas de tradução, e introduções breves para situar historicamente o texto. Respeitar a coerência da obra freudiana tem sido, desde o início, seu objetivo ambicioso. Mas eles próprios reconhecem que pode haver uma grande distância entre o *Vocabulário* e a tradução das *Obras,* e que às vezes é preciso flexibilizar o rigor, para que não se perca a língua comum que garante a legibilidade do texto. Portanto, podemos esperar que assim se evite a solução *a minima* que consistiria em abandonar a cada editor a decisão sobre a qualidade das traduções de seu próprio acervo (determinar o que é correto, o que deve ser ligeiramente revisto, seriamente revisto ou refeito), passando a edição completa a se apresentar como uma coleção de textos, e não como um conjunto coerente. Diante de uma obra tão vasta quanto a de Freud, é difícil reprimir o desejo de fazer dela uma tradução tão perfeita quanto possível. Mas, quando essa perfeição se torna um obstáculo à realização do projeto, é porque estão interferindo outros elementos, dos quais apontamos os mais evidentes.

Paralelamente ao destino caótico das *Obras Completas* em francês, a questão da tradução foi publicamente colocada logo após a publicação do *Vocabulário.* Interrogada sobre esse problema, Marthe Robert (*Le Monde,* 8 de fevereiro de 1967) sustentou que o tradutor deveria ser, antes de tudo, um germanista, que seria o único capaz de apreciar o "valor semântico" dos termos freudianos, comparando-os a seu emprego corrente por um falante de língua alemã. Ela criticou a introdução de "neologismos desnecessários, que só podem contribuir para a confusão das idéias". Rejeitou a tradução de *Trieb* por *pulsão* e disse preferir que se voltasse a *instinto,* termo mais adequado ao sentido alemão de *Trieb,* ainda mais que, na língua corrente, ele tem um sentido muito mais amplo do que na etologia, e que Freud não se servira de uma linguagem técnica. Também Strachey, por sua vez, quisera manter a palavra *instinct,* contrariando a opinião dos que preferiam *drive* [impulso, ímpeto]. Ele também propusera *instinctual impulse* [impulso instintivo] para traduzir *Triebregung,* traduzido em francês por um duplo neologismo, *moção pulsional.* Esse debate não é puramente acadêmico, pois a escolha terminológica é reveladora dos posicionamentos teóricos. Na verdade, é a concepção geral da psicanálise que está em causa.

Laplanche e Pontalis responderam (1967*b*) a Marthe Robert reafirmando a necessidade imperiosa de "conhecer Freud antes de traduzi-lo", e reclamaram para as novas traduções o respeito escrupuloso ao texto original, garantia única de uma abordagem científica da obra. Os dois apontaram a dificuldade criada pelos alótropos freudianos. Por exemplo, *Realität* e *Wirklichkeit* têm uma significação intercambiável, que impõe sua tradução por *realidade*. Inversamente, uma mesma palavra, *Angst,* tanto pode significar *angústia* quanto *medo;* a preocupação com a unidade nacional leva a se escolher unicamente a palavra *angústia.* Mas deveríamos dizer que o pequeno Hans tinha angústia do cavalo?

R.P. Droit provocou uma repercussão do debate, alguns anos depois (*Le Monde,* 1 de março de 1973), ao evocar o "escândalo" da ausência de uma edição completa de Freud, ao que Pontalis respondeu pouco depois (*Le Monde,* 19 de abril de 1973) com a seguinte constatação: "É preciso reconhecer que não temos um Strachey na França", mas esperançoso de que os tradutores empenhados no trabalho chegassem a um bom resultado. Mais alguns anos, e Moscovici perguntou (*Le Monde,* 11 de janeiro de 1981): "Quando traduziremos Freud na França?" Esperamos que a nova tradução de *Psychologie des Foules et Analyse du Moi,** publicada pela Payot no mesmo ano, lhe tenha dado uma satisfação quanto ao ponto exato que ele evocou. Mas persiste a questão fundamental levantada por Moscovici: "os que acreditam ter acesso à obra [de Freud] não o têm."

A expectativa frustrada das *Obras Completas* favoreceu as traduções espontâneas e as edições piratas. Alguns grupinhos, na França, empreenderam e levaram a cabo a tradução de certos textos freudianos que lhes interessavam, em geral desconhecendo os problemas editoriais em que iriam esbarrar caso quisessem publicá-los. As traduções oriundas dessas iniciativas são de qualidade muito desigual, por vezes a melhor, que deve ser conservada, e por vezes a pior. Um pequeno número de artigos curtos foi igualmente posto em circulação de maneira mais ou menos confidencial, destacando-se em sua linha de frente o artigo sobre a *Verneinug* [denegação], que foi

* *Psicologia de Grupo e Análise do Ego, op. cit.* (nota da p. 183) (N.T.)

traduzido cerca de meia dúzia de vezes, ou o artigo sobre a *Vergänglichkeit* [transitoriedade, efemeridade], que já foi honrado com quatro traduções.

A ausência das *Obras Completas,* entretanto, não nos deve fazer esquecer as publicações que marcaram esse período: *Métapsychologie* (1968), traduzida por Laplanche e Pontalis, *La Vie Sexuelle* (1969) e *Névrose, Psychose et Perversion* (1973), obras publicadas sob a direção de Laplanche;* e a edição bilíngüe de 1974 das famosas notas de Freud relativas à análise do *Homem dos Ratos,* um trabalho meticuloso realizado por E. e P. Hawelker. Por seu lado, Pontalis fundou, em 1966, a coleção *Connaissance de l'Inconscient,* publicada pela Gallimard, na qual foram editados os principais textos de correspondência de Freud: *Correspondance* 1873-1939 (1966), e depois a correspondência com o pastor Pfister (1966), com Abraham (1969), com Lou Andréas Salomé (1970), Arnold Zweig (1973), Jung (1975) e Groddeck (1977).

COMENTÁRIOS

Essa situação, provavelmente, é sobredeterminada. A hipótese desenvolvida por Thivent (*Le Monde-Dimanche,* 21 de novembro de 1982) talvez não seja inteiramente falsa. Evocando a "ignorância francesa" acerca das produções culturais estrangeiras, ela se perguntou se o adiamento da edição completa de Freud para as calendas gregas era apenas uma manifestação da resistência dos franceses à teoria freudiana, observando, não sem uma certa malícia, que essa carência permitia "aos iniciados que conhecem as obras originais" exercer, sem uma garantia verdadeira, sua autoridade sobre os meios intelectuais e universitários.

De fato, tudo funciona como se nosso país ainda acalentasse a ilusão de ser a sede privilegiada da cultura. Esse chauvinismo atrasado e ridículo não explica, todavia, a situação criada em relação à obra de Freud. Na verdade, outras obras pertencentes à cultura universal tiveram um destino comparável. Assim, a tradução ecumê-

---

* Esses títulos cobrem coletâneas de diferentes textos de Freud, sem equivalência nominal com a *E.S.B.*, onde seu conteúdo se distribui em vários volumes. (N.T.)

nica da Bíblia foi um acontecimento recente, só tendo os católicos, durante séculos, obtido acesso às Escrituras através da interpretação que dela fornecia a Igreja Romana, malgrado os esforços dos protestantes, que queriam que os fiéis tivessem acesso diretamente aos Livros Sagrados. Da mesma forma, ainda não dispomos de uma edição francesa das obras completas de Lutero, Marx, Darwin e tantos outros. Será medo diante das obras que têm importantes implicações ideológicas?

Freud tinha um bom conhecimento da cultura francesa. Passara uma temporada em Paris e lia no original os autores de nossa língua, que não hesitava em citar, de Brantôme a Zola, passando por Molière, Diderot e Victor Hugo. Bouvard (1982) destacou em suas obras numerosas citações, provenientes de uns vinte autores. Portanto, não é de seu lado que se deve buscar a origem das incompreensões. E seus posicionamentos a favor dos Impérios centrais no começo da Grande Guerra de nada serviram no ostracismo de que ele foi vítima na França.

A tradição cultural francesa, ao contrário, foi um sério obstáculo à implantação da doutrina freudiana. A filosofia, herdeira de Descartes e Condillac, sempre se mostrou rebelde, até uma época recente, à penetração da filosofia alemã. Basta pensar no destino dado a Hegel, no passado, na Universidade francesa. Da mesma forma, a tradição psiquiátrica não havia preparado os psiquiatras de nosso país para acolher a psicanálise. A influência das teorias de Morel sobre a degenerescência hereditária, bem como o amor pelas descrições clínicas minuciosas, não eram compatíveis com uma concepção dinâmica da patologia mental. Afinal, os médicos franceses sempre permaneceram muito apegados a uma concepção dualista da natureza humana.

O chauvinismo do pós-guerra, assim como o anti-semitismo, secundariamente, e sobretudo o culto de um pretenso espírito latino. mediterrâneo, do qual um Charles Maurras se fazia apologista, seguramente se opuseram à penetração das teorias freudianas. Essas esquisitices de um certo espírito francês que se gabava de cultivar a elegância de estilo, a clareza de idéias e a brevidade da expressão, todas qualidades negadas aos pensadores de língua alemã, explicam não apenas a ambivalência dos franceses em relação a Freud, mas principalmente seu recuo, para não dizer sua incompreensão, em face da metapsicologia. Essa atitude, sumariamente descrita, se traduziu em diversos fundadores da SPP, particularmente em Pichon, pelo desejo de afrancesar a psicanálise, de criar uma verdadeira psicanálise francesa, ou, mais exatamente, "à francesa". Tratava-se, no fundo, de reescrever Freud para que os franceses pudessem compreendê-lo, o que equivalia a alterar ou até trair seu pensamento.

De fato, vimos que desde as primeiras traduções, a de 1913 e a de 1920-1921, tomaram-se as maiores liberdades com o texto alemão; efetivamente, não estando ainda estabelecida a tradução dos termos técnicos, estes, na maioria das vezes, não foram sequer compreendidos. Essa situação só teria fim em 1967, com o *Vocabulário,* pois continuamos a ignorar por que razões a *Comissão Lingüística,* eleita em 1927, suspendeu seus trabalhos em 20 de julho de 1928. Supomos que tenha sido por ordem de Freud, que teria compreendido que com Pichon a discussão seria difícil, ou talvez até impossível. Marie Bonaparte, além disso, o tinha sob grande suspeita.

Nessas condições, é fácil compreender que as traduções feitas entre as duas guerras fossem amiúde muito distantes do texto original: as impropriedades de termos, as palavras saltadas, as passagens omitidas, os sentidos equivocados e os contra-sensos, os comentários e paráfrases, e ainda as evitações das dificuldades são encontradas com maior ou menor freqüência, conforme os tradutores. Mas, como poderia ser de outra maneira, quando estes não eram analistas e quando os próprios analistas, não tendo, em geral, seguido o mesmo itinerário intelectual que Freud, não haviam captado toda a riqueza e complexidade de seu pensamento?

Acrescente-se a isso a relação de cada um dos Pais fundadores com a pessoa e a obra de Freud. Os dois personagens-chave do entre-guerras, René Laforgue e Marie Bonaparte, foram o exemplo mais eloqüente disso. Um se preocupava acima de tudo com sua própria obra, e a outra dedicava a Freud uma admiração ilimitada e trabalhava para sua maior glória.

Freud morreu em 1939, início da guerra e da travessia do deserto para a psicanálise francesa. Ao que saibamos, com a única exceção de Paul Schiff, os analistas ficaram silenciosos e como que paralisados, talvez siderados pela imensidão da catástrofe que se abateu sobre a humanidade, ou invadidos pelo pessimismo freudiano dos anos finais, tal como se exprimiu, entre outras coisas, na carta a Einstein. A tradução também permaneceu em ponto morto.

Depois da guerra, Marie Bonaparte passou o bastão a Anne Berman e somente Lagache, que não era germanista, sentiu a necessidade imperiosa de um trabalho de tradução realmente científico, cuja primeira etapa seria, em 1967, o *Vocabulário*. Naquele momento, as tropas lacanianas eram numerosas, abrigando em suas fileiras diversas mentes brilhantes, em geral de formação puramente filosófica e literária. E no entanto, em dezesseis anos, só apareceram quatro coletâneas coletivas de novas traduções, embora Lacan insistisse tanto na obrigação de voltar aos textos originais. Será que todos se remetiam a Laplanche e Pontalis?

Para dar conta dessa situação, também convém invocar a influência de Lacan e sua relação particularíssima com a obra de Freud. Se as tropas lacanianas ficaram descansando as armas, foi por estarem prisioneiras da atitude e do pensamento de um dos personagens mais influentes da *intelligentsia* parisiense. Na verdade, este procurava, ao mesmo tempo, transmitir a seus alunos seu pensamento e suas teorias radicalmente novas ("ir a Lacan") e se colocar como fiel discípulo de Freud ("retorno a Freud"), o que não deixava de ter uma certa contradição. É que "O-Leitor-de-Freud", como o chamaram Laplanche e Pontalis (1967*b*), certamente teve o mérito de destacar alguns aspectos desconhecidos ou subestimados do pensamento freudiano, mas, ao mesmo tempo, viu-se forçado a interpretar esse pensamento com uma enorme liberdade e a amputar-lhe parte de seu conteúdo para articulá-lo com mais facilidade ao seu. Esse movimento duplo, de efeitos simultaneamente positivos e negativos, não podia deixar de desnortear e desconcertar seus ouvintes.

Por um lado, Lacan desprezou lanços inteiros do edifício freudiano — os fundamentos biológicos, os aspectos filogenéticos e ontogenéticos, a dimensão econômica etc. —, apesar de eles serem capitais, como lembrou Sulloway (1981). Seus alunos, em contrapartida, só podiam acentuar, agravar esse processo de redução. Ora, tudo se liga com uma coerência espantosa no *corpus* freudiano. Em última instância, cada qual talhou para si um Freud sob medida. Por outro lado, Lacan forneceu do texto original uma leitura no mínimo surpreendente. Não falaremos do destino dado ao desejo, elevado à categoria de Desejo onipotente, apesar de essa única palavra francesa ter servido para traduzir mais de meia dúzia de termos alemães (*Begierde, Drang, Gelüste, Gier, Lust, Sehnsucht, Verlangen, Wunsch* e *wünschen — als Wunsche haben*), e embora haja entre esses termos nuances indiscutíveis. Mais grave ainda nos parece ser a leitura de *dérive* [*deriva*] onde Freud escreve *Triebe* (Laplanche e Pontalis, 1967*b*), e sobretudo a tradução de *Vorstellungsrepräsentanz* por *tenant lieu de représentation* [lugar-tenente/delegado de representação] (Valabrega chegaria até a escrever *representante da representação*). Esses contra-sensos estão longe de ser inocentes, pois recolocam em questão um ponto importante da metapsicologia. Para nos apercebermos disso, basta nos reportarmos ao texto original do *Recalcamento* (pp. 48, 54, 55 e 65 da tradução de Laplanche e Pontalis) e ao do *Inconsciente* (pp. 82, 83, 96 e 118, *ibid.*) (Freud, 1915*a* e 1915*b*). Outro exemplo: o de *Verwerfung* traduzido por *foraclusão,* embora *rejet* [rejeição, repúdio] fosse mais adequado. A maioria dos leitores ignora, além disso, que essa noção de foraclusão foi introduzida por Pichon (Moreau, 1979; Roudinesco, 1982, p. 315). Assim, é compreensível que, desnorteados por essa abordagem do texto freudiano, os discípulos de Lacan tenham hesitado em se lançar numa empreitada de tradução assim dificultada, ou mesmo, em alguns casos, tornada impossível.

Se tivesse existido desde os anos cinqüenta uma tradução correta de toda a obra de Freud, é provável que a filiação direta de Freud a Lacan se houvesse afigurado menos evidente, e a originalidade do pensamento lacaniano, ainda mais radical. Sua heterogeneidade, pelo menos parcial, em relação à originalidade de Freud, teria sido sublinhada. Tanto que hoje se coloca o problema da incomensurabilidade (Bourguignon, 1981) entre as duas teorias, tal como a postularam alguns epistemólogos como Kuhn e Feyerabend. Na verdade, o que Lacan nos deu foi, predominantemente, uma nova filosofia da psicanálise (Althusser, sem data). Isso, aliás, era seu mais rigoroso direito, mas por que, então, ele fez tanta questão de se ligar a Freud, quando a originalidade de sua obra teria bastado para sua glória? Essa referência, constantemente reafirmada mas falsa, alimentou a confusão na mente de seus leitores e ouvintes, confusão esta que se haveria dissipado se ele tivesse insistido mais em suas divergências em relação ao pensamento de Freud. Mas, será que ouviam Lacan quando ele afirmava ser o descobridor do inconsciente? Não quereria ele fazer com que compreendessem claramente seu ponto de vista, a saber, que o inconsciente freudiano só fizera prefigurar o inconsciente lacaniano? Seja como for, onde Pichon fracassou em sua tentativa de fazer uma psicanálise "à francesa", Lacan teve pleno êxito em criar uma certa "psicanálise francesa".

Se insistimos tanto na história da tradução de Freud na França, foi por ela nos fornecer ensinamentos preciosos sobre as relações dos analistas franceses com a psicanálise original. Entretanto, vamos ater-nos a uma conclusão limitada ao próprio trabalho de tradução. Aquilo que, afinal, temos todo o direito de esperar de qualquer tradutor é que ele respeite absolutamente o espírito, a letra e o estilo de Freud — mesmo quando ele não é excelente —, ou seja, que não reduza, não perverta nem magnifique essa obra, sob o efeito (amiúde inconsciente) de posições teóricas, ideológicas e afetivas — eventualmente, transferenciais — em relação a Freud ou sua obra.

NOTAS

* Texto escrito por André e Odile Bourguignon foi precedido, em sua publicação original na *Revue Française de Psychanalyse,* 6/1983, Paris, da seguinte "Nota Preliminar":

> No começo deste ano [1983], Henri Vermorel, em nome da redação da *Revue Française de Psychanalyse,* pediu-me — em seguida à publicação das novas traduções dos *Essais de Psychanalyse* na editora Payot — para dedicar um artigo ao problema da tradução das obras de Freud em nossa língua. Como esse pedido, em minha mente, concernia também aos outros membros de uma equipe muito unida, que vem trabalhando ininterruptamente há vários anos, submeti-o a ela. Nós cinco fomos unânimes em reconhecer a imensidão da tarefa e a impossibilidade de levá-la a bom termo, coletivamente, num prazo suficientemente curto. Assim, decidimos dividi-la. Resultou daí um artigo tríplice, cada qual assumindo a responsabilidade por seu texto, porém beneficiando-se das discussões que acompanham qualquer trabalho coletivo. Nem por isso o assunto se esgotou, pois abordamos aqui apenas três pontos: a história da tradução francesa de Freud, por André e Odile Bourguignon; algumas especificidades da tradução do alemão para o francês, por Pierre Cotet e Alain Rauzy; e, a partir do texto freudiano, o desvendamento das subjetividades da língua alemã — que transcendem qualquer significação léxica —, tal como um leitor francês pode percebê-las, por Janine Altounian.

1. A paginação indicada é a de *La Revue de Genève.*
2. Grifado no manuscrito.

BIBLIOGRAFIA

1. Althusser, L., sem data, "La Découverte du Docteur Freud", artigo mimeografado.

2. Assoun, P.-L., prefácio a S. Freud, *L'Intérêt de la Psychanalyse*, Paris, Retz-CEPL, 1980, pp. 9–49. Comentários, *ibid.*, pp. 97–189.

3. Bertin, C., *La Dernière Bonaparte*, Paris, Livrairie Académique Perrin, 1982.

4. Bourguignon, A., "Quelques Problèmes Épistémologiques Posés dans le Champ de la Psychanalyse Freudienne", 1981, *Psychan. Université*, *6*, pp. 381–414 [ver cap. 6, *supra*].

5. Bouvard, L., *Freud, la France et les Français*, Dissertação de Psiquiatria, Faculdade de Medicina de Créteil, 1982, I vol. mimeografado, 167 pp.

6. Claparède, E., "Freud et la Psychanalyse", *Rev. Genève*, nº 6, 1920, pp. 846–864.

7. ———, "Note Additionnelle sur la Libido", 1921, *in* S. Freud, *La Psychanalyse*, Genebra, Ed. Sonor, pp. 69–72; essa nota foi reproduzida na edição da Payot, 1926.

8. ———, Pós-escrito à introdução das *Cinco Lições sobre Psicanálise*, Paris, Payot, 1926, edição definitiva, p. 45.

9. Dufresne, R., "Pour Introduire la Lecture Française de Freud. Notes Bibliographiques sur les Traductions Françaises de Freud", *Interprétation*, *5*, 1971, pp. 41–97.

10. Freud, S., "Hypnose", *in* A. Bun, *Therapeutisches Lexikon*, Viena, 1891, Urban & Scharzenberg, pp. 724–732; trad. francesa, "Hypnose", *Rév. Méd. Psychosom.*, 1976, *18*, pp. 137–145 ["Hipnose", *E.S.B.*, vol. I, 2ª ed., revista].

11. Freud, S., *Über Psychoanalyse. Fünf Vorlesungen gehalten zur 20 Jährigen Gründungsfeier der Clark University*, 1909, Leipzig e Viena, Deuticke, 1910; trad. francesa, "Origine et Développement de la Psychanalyse", *Rev. Genève*, 1920, nº 6, pp. 865–875; 1921, nº 7, pp. 80–87; e 1921, nº 8, pp. 195–220. Primeira publicação. Primeira edição em volume: S. Freud, *La Psychanalyse*, trad. francesa de Yves Le Lay, com introdução de E. Claparède, Genebra, Ed. Sonor, 1921. Estas últimas referências são escondidas, em alguns exemplares, por uma etiqueta que diz: Paris, Payot & Cie., 1921. Edição definitiva: S. Freud, *Cinq Leçons sur la Psychanalyse...*, Paris, Payot, 1926 (ou teria sido antes?). [*Cinco Lições de Psicanálise*, Rio, *E.S.B.*, vol. XI, não revisto.]

12. Freud, S. (1913), "Das Interesse an der Psychoanalyse", *Scientia*, *14*, nºs 31 e 32, pp. 240–250 e 369–384; trad. francesa de W. Horn, "L'Intérêt de la Psychanalyse", *Scientia*, 1913, *14*, supl. nº 31, pp. 151–167, e nº 32, pp. 236–251. Trad. francesa de P.-L. Assoun, *L'Intérêt de la Psychanalyse*, Paris, Retz-CEPL, 1980, pp. 51–96 ["O Interesse Científico da Psicanálise", *E.S.B.*, vol. XIII, não revisto].

13. Freud, S. (1915*a*), "Die Verdrägung", *Int. Z. Psychoanal.*, *3*, pp. 129–138; trad. francesa, "Le Refoulement", *in* S. Freud, *Métapsychologie*, Paris, Gallimard, 1968, pp. 45–63 ["A Repressão", *E.S.B.*, vol. XIV, não revisto].

14. Freud, S. (1915*b*), "Das Unbewusste", *Int. Z. Psychoanal.*, *3*, pp. 257–

269; trad. francesa, "L'Inconscient", *in* S. Freud, *Métapsychologie,* Paris, Gallimard, 1968, pp. 65–123 ["O Inconsciente", *E.S.B.*, vol. XIV, não revisto].

15. Freud, S. e Laforgue, R., "Correspondance", *Nouv. Rev. Psychan.*, nº 15, 1977, pp. 251–314.

16. Laplanche, J. e Pontalis, J.–B., *Vocabulaire de la Psychanalyse,* Paris, PUF, 1967*a* [*Vocabulário da Psicanálise,* Lisboa, Moraes Ed., 4ª ed., 1977].

17. Laplanche, J. e Pontalis, J.–B., "Connaître Freud avant de le Traduire", *Le Monde,* 1 de março de 1967, supl. do nº 6884, p. VIII.

18. Moreau, D., *Édouard Pichon, Médecin, Psychoanalyste, Linguiste, Vie et Oeuvre. Contribution à l'Histoire du Mouvement Psychanalytique Français,* tese de Medicina, Faculdade de Medicina de Créteil, I vol., mimeografado, 1979, 194 pp.

19. Roudinesco, E., *La Bataille de Cent Ans. Histoire de la Psychanalyse en France,* vol. I (1885–1939), Paris, Ramsay, 1982 [*A Batalha de Cem Anos. História da Psicanálise na França,* Rio, J. Zahar Ed., 1989].

20. Sulloway, F.J., *Freud, Biologist of the Mind. Beyond the Freudian Legend,* Nova York, Basic Books, 1979; trad. francesa de J. Lelaidier, *Freud Biologiste de l'Esprit,* Paris, Livrairie Arthème Fayard, 1981.

10.

Traduzir Freud sem Esquecer o Texto*

> "Chamo tradução ruim à tradução que, geralmente sob a capa da transmissibilidade, efetua uma negação sistemática da estranheza do texto estrangeiro."
>
> A. Bermann

Traduzir Freud não é traduzir um romance ou um tratado de física, mas é traduzir uma das mais importantes obras de pensamento de nossa cultura e, ainda por cima, uma obra cujo ineditismo e riqueza conceituais são fora do comum. Daí a necessidade de uma tradução "científica", rigorosa e coerente, segundo um tríplice ponto de vista, terminológico, sintático e estilístico. Num texto psicanalítico, será o pensamento dissociável das palavras?

Os problemas gerais suscitados por qualquer tradução continuam sempre atuais, e os tradutores, conforme suas tendências, privilegiam, ora o texto fonte (o alemão), ora o texto alvo (francês). Se a tradução de uma obra literária exige extrema atenção para com o texto alvo, a de uma obra de pensamento impõe o máximo respeito ao texto fonte. Foram os alemães que, pela primeira vez, com Goethe, Humboldt e tantos outros, refletiram sobre os problemas da tradução, enquanto os franceses, por tradição, têm mais tendência a afrancesar, a romanizar os textos estrangeiros que traduzem. Goethe muitas vezes os censurou por produzirem "belas infiéis". Todavia, convém fazer uma exceção a Chateaubriand, cuja tradução do *Paraíso Perdido* de Milton foi precedida por admiráveis *Comentários* sobre o trabalho de tradutor.

A nova tradução das obras completas de Freud segue, portanto, o caminho aberto por Goethe e Chateaubriand, ao se atribuir como princípio fundamental "traduzir o texto, todo o texto, nada mais do que o texto". É uma fórmula ambiciosa, à qual todos os membros da equipe de direção e de tradução se submeteram.

Naturalmente, setenta e cinco anos se passaram entre a primeira tradução francesa de um texto de Freud e a publicação do primeiro volume (vol. XIII) das obras completas de Freud relativas à psicanálise (OCF-P); mas esse tempo não foi perdido, pois permitiu um lento trabalho de reflexão sobre uma obra que por muito tempo desnorteou os psiquiatras e filósofos de nosso país, que amiúde só tinham a sua disposição traduções "à francesa", raramente preocupadas com a integralidade, a fidelidade e a exatidão, e que às vezes confundiam tradução com comentário. Sabemos, aliás, como Freud zombava do famoso "espírito latino", que não suportava a maneira de pensar do mestre de Viena.

Para a equipe diretiva (Bourguignon, Cotet e Laplanche), para os membros da comissão de terminologia e para os tradutores, não se trata de moldar um francês "germânico", mas de dar realidade a um francês "freudiano" que coloque o leitor francês de Freud na mesma posição do leitor alemão, entregando-lhe todo o texto e nada além do texto, sem preocupação com as posturas anteriores adotadas, e sempre respeitando, tanto quanto possível, a ordem das palavras e até o estilo, ou melhor, os estilos de Freud. Portanto, nem embelezamento nem reparação, mas uma independência total em relação a qualquer interpretação ligada a alguma "escola", donde o aturdimento de alguns diante de um Freud liberto dos ouropéis com que antes o haviam enfatiotado algumas traduções "etnocêntricas".

Nunca nos esquecemos de que Freud foi um grande escritor, cujo estilo sempre se adaptou perfeitamente ao assunto por ele tratado. Rigor demonstrativo, eloqüência, força dramática, lirismo: toda a diversidade e riqueza estilística se encontram em sua obra. Basta comparar a *Metapsicologia* com a *Transitoriedade,* ou com as *Atualidades sobre a Guerra e a Morte** (textos presentes no vol. XIII das OCF-P), para ter uma idéia da facilidade com que Freud adaptava o continente ao conteúdo de seu pensamento. "Suas palavras são seu pensamento", e foi por isso que as respeitamos, ainda que, vez por outra, isso tornasse a tradução um tanto áspera. Assim, nos casos difíceis, preferimos a fidelidade a Freud à submissão à elegância francesa.

A terminologia e a conceituação têm sido nossa grande preo-

* Títulos da nova trad. francesa. (N.T.)

cupação. Acaso toda grande obra de pensamento não é, acima de tudo, uma criação de conceitos? Efetivamente, Freud fabricou um aparelho conceitual e um código lingüístico que lhe são próprios. É verdade que a língua alemã se presta particularmente bem a esse tipo de fabricação. É possível derivar substantivos de verbos, de adjetivos e até de advérbios; a formação de palavras compostas desconhece qualquer limite. E isso, sem esquecer o papel capital que desempenham em alemão os prefixos e sufixos das palavras. Assim, Freud tirou o melhor partido possível de todos os usos da língua alemã, o que, às vezes, não deixa de suscitar assustadores problemas de tradução. Ele utiliza, ao mesmo tempo, a língua alemã comum, palavras de origem romana ou derivadas do grego, os termos latinos da linguagem médica etc. O francês fica confuso diante de tamanha riqueza terminológica.

Para traduzir de maneira unívoca as palavras que compõem conceitos, ao longo de toda a obra de Freud, foi preciso irmos muito além do *Vocabulário* de Laplanche e Pontalis e produzirmos um glossário racional, pois convinha justificar aos olhos do leitor nossas escolhas terminológicas. Aliás, este disporá, muito proximamente, de um volume fora de série, intitulado *Traduire Freud* [Traduzir Freud], onde encontrará uma exposição de nossa doutrina de tradução, a justificação das escolhas terminológicas e um glossário abarcando os termos freudianos mais correntes, com seus derivados, conforme a raiz e o sentido. No final da edição do *opus magnum,* a parte doutrinal será incorporada ao volume I; os índices, o glossário e as justificações terminológicas constituirão o volume XXI das OCF-P. O ritmo de publicação previsto é de dois volumes por ano. O próximo a ser publicado é o volume III.

A realização do projeto das OCF-P exigiu diversas condições, a primeira das quais foi a constituição de uma equipe editorial capaz de dar às traduções a homogeneidade e a coerência indispensáveis, reunindo uma competência tríplice: conhecimento profundo do alemão, do francês e da obra de Freud. Nessa equipe, André Bourguignon e Pierre Cotet são diretores da publicação, Jean Laplanche é diretor científico e responsável, juntamente com François Robert, pela terminologia, Janine Altounian harmoniza o conjunto do trabalho e Alain Rauzy se dedica às notas, às observações introdutórias e às variações nos textos. Essa equipe se ampliou numa comissão de terminologia que trabalhou durante quatro anos sobre o *corpus* freudiano. Finalmente, as equipes de tradutores, canteiro de obras dessa iniciativa, constituídas por Pierre Cotet, distribuíram-se em função de suas preferências pelos textos a traduzir. Os textos foram classificados, não por ordem de publicação, mas por ordem de redação. E por último, respeitamos a tipografia alemã, que distingue, além do *romano* e do *itálico,* o *interletrado,* que não é habitual na tipografia francesa.

Neste ponto, eu gostaria de abordar mais detidamente o problema das inovações, ou melhor, das mudanças terminológicas, que chocaram muitos leitores, mas que consideramos perfeitamente justificadas. Não pretendemos impor aos psicanalistas nem aos psiquiatras um vocabulário diferente daquele de que se servem, mas restituir às palavras alemãs seu verdadeiro sentido. O exemplo mais conhecido é o da neurose obsessiva — em alemão, *Zwangsneurose* —, que traduzimos por *neurose de coação* [*névrose de contrainte*]. Alguns viram aí uma marca de pedantismo ou preciosismo. Não se trata disso. As palavras são palavras, e a obsessão não é a coação psíquica, que ultrapassa muito amplamente a primeira e da qual aquela é apenas um dos aspectos particulares. Uma antiga tradução transformou *Zwangsneurose mit Obsessionen* (*G.W.*, XIII, p. 338) em "neurose obsessiva com idéias fixas", quando se tratava, muito simplesmente, de "neurose de coação com obsessões". Ficamos desolados, pelos psiquiatras e pelos psicanalistas, em falar de "neurose de coação", mas esse era o pensamento de Freud. A noção de coação psíquica é muito importante em psicanálise, e nos pareceu impossível traduzir *Zwangscharakter* [caráter coativo ou coercitivo] por "caráter obsessivo", quando, precisamente, é comum as obsessões estarem ausentes dele. Finalmente, a coação também é encontrada nas perversões e na histeria (*der histerische Zwang*). E que dizer da *Wiederholungszwang* (coação à repetição)?* Tudo condena a tradução de *Zwang* por obsessão, apesar de ela estar em uso há mais de meio século. Que cada um conserve seu vocabulário, mas nós, por nossa vez, traduzimos, o que talvez permita aos psiquiatras franceses não se esquecerem de que, na expressão "neurose obsessiva", o todo (a neurose) é designado pela parte (a obsessão), e de que a coação psíquica está no cerne dos processos inconscientes.

---

* Note-se que a nova expressão francesa aqui é "*contrainte* de répétition", e não "*compulsion* de répétition", tradicionalmente traduzida, em português, como "compulsão à repetição". A *Zwangsneurose* teria uma tradução feliz em nossa língua, na expressão "neurose de compulsão" ou "neurose compulsiva". (N.T.)

Se esse exemplo, embora eloqüente, não basta para convencer o leitor de tudo o que as traduções esqueceram, perderam ou descaracterizaram do pensamento de Freud, fornecerei outros, começando pelo exemplo da palavra *desejo* [*désir*]. Ao traduzir *Wunsch* e inúmeros outros substantivos alemães unicamente pela palavra *desejo,* os tradutores não apenas contribuíram para a hipóstase dessa noção efetivamente capital nos textos freudianos, como também nivelaram um pensamento que, na verdade, é mais provido de nuances. *Wunsch* não pode ser traduzido por desejo, pela simples razão de que o verbo *wünschen* não pode, de maneira alguma, ter como complemento objetivo direto uma pessoa a quem se deseje sexualmente, e só pode se relacionar com uma situação, um cenário por cuja realização *ansiemos.* O *wünschen* transitivo nunca significa o desejo sexual. *Wunsch* é o anseio, e *wünschen* é ansiar. O desejo como concupiscência é expresso, em alemão, pela palavra *Begierde* e seus derivados. Assim, nossa tradução teve como resultado corrigir um erro conceitual dos tradutores franceses.

Eis outra traição: a introdução da noção de *frustração,* que está ausente do pensamento freudiano e que foi usada para traduzir *Versagung.* A frustração implica que o sujeito seja passivamente frustrado; pois bem, *Versagung,* que traduzimos por *recusação* [*refusement*], não indica *quem* recusa. Ora é ao sujeito que a satisfação é recusada, ora é o sujeito que se recusa à satisfação.*

Ao introduzir a palavra *alma* para traduzir *Seele,* demos apenas um testemunho de nossa fidelidade à língua alemã. Quanto ao adjetivo *seelisch,* ele só poderia ser traduzido por *anímico.* Então não falávamos, antigamente, das "paixões anímicas"?

Outra característica da nova tradução é ter restituído a algumas palavras francesas, por necessidade, seu antigo sentido. Por exemplo, *sucesso* [*succès*], que traduz *Erfolg,* exprimia no passado o resultado de uma ação, fosse esse resultado feliz ou infeliz.** Da mesma forma, Littré nos forneceu palavras francesas caídas em desuso e que convinham perfeitamente às necessidades da tradução. Assim, *transitoriedade* [*passagèreté*] traduz perfeitamente *Vergänglichkeit* e permite

---

* Vide nota de tradução na p. 218 *infra.* (N.T.)

** Esse uso, raro na fala moderna corrente do Brasil, continua, no entanto, rigorosamente correto em português. É mais comum ver essa acepção na forma verbal, *suceder* (acontecer). (N.T.)

conservar a raiz comum às palavras *transitar* [*passer*] (*vergehen*) e *transitório* [*passager*] (*vergänglich*). Dentro da mesma ordem de idéias, *frustrâneo* (vão, inútil [baldado]) é realmente a tradução exata do alemão *frustran*. Por que terão os franceses esquecido a riqueza de seu vocabulário?

Resta a questão dos neologismos. Digamos, antes de mais nada, que nossos maiores escritores — Chateaubriand, Hugo, Flaubert, Gide e tantos outros — fizeram grande uso deles. Em alguns casos raros, as exigências da tradução nos obrigaram a neologizar. Para traduzir a famosa *Hilflosigkeit,* especialmente do bebê, criamos a palavra *désaide* [desamparo, desajuda], que exprime com grande precisão a situação da criança pequena privada da ajuda do adulto, em geral, da mãe. Quanto a *desejância* [*désirance*], que é a melhor tradução para a palavra *Sehnsucht,* trata-se de um neologismo elegante, que em nada choca o espírito de nossa língua.*

Esses poucos exemplos são suficientes, a meu ver, para tranqüilizar o leitor das novas traduções a respeito de sua fidelidade e sua exatidão. Cremos ter restituído ao pensamento de Freud sua pureza original e, com isso, lembrado a nossos compatriotas que o primeiro dever do tradutor é nunca esquecer, nunca perder de vista o texto fonte de uma obra de pensamento.

NOTA

* Texto publicado originalmente em *Psychiatrie Française* nº 5, out.–nov. 1988, pp. 53–57.

---

* No português, o *Sehnsucht* referido ao passado poderia traduzir-se por *saudade*, e, referido ao futuro, por *ânsia*. (N.T.)

11.

Entrevista a Propósito da Nova Tradução das "Obras Completas" de Sigmund Freud[1]

Psicanalistas — Sr. Bourguignon, o senhor publicou uma "História da Tradução Francesa das 'Obras Completas de Freud'" no número 6 (novembro/dezembro de 1983) da *Revue Française de Psychanalyse.** Gostaríamos de lhe perguntar, primeiramente, em que projeto se inscreve a nova tradução das *Obras Completas* de Freud, qual foi seu método de trabalho, e como o senhor foi levado a escolher sua equipe de tradutores.

André Bourguignon — O projeto é simples: fazer uma edição francesa de Freud que seja homogênea. O princípio básico foi aperfeiçoar uma terminologia única, em particular no tocante aos termos metapsicológicos e técnicos. Assim, todos os tradutores adotam exatamente os mesmos princípios de tradução para toda a terminologia metapsicológica e técnica, que abarca um número significativo de termos em Freud. Constituiu-se, portanto, uma comissão de terminologia, cujos dois principais artífices são Jean Laplanche e François Robert, um canadense, e da qual fazem parte, igualmente, Pierre Cotet, Janine Altounian e Alain Rauzy. Além disso, há uma direção geral das *Obras Completas*. Ela é garantida por Pierre Cotet e por mim. Por outro lado, um trabalho de homogeneização é feito posteriormente por Janine Altounian, enquanto Alain Rauzy cuida das observações introdutórias, das notas e das variações entre os textos.

---

* Trata-se do cap. 9 deste livro, *Traduzir Freud? — A singularidade de uma história.* (N.T.)

Quanto a este último ponto, não reproduzimos exatamente a edição inglesa de Strachey. Primeiro porque não quisemos interpretar: queremos que o leitor francês, diante do texto que lerá em francês, fique exatamente como o leitor alemão diante do texto alemão. É ao leitor que compete interpretar, mas, além disso, é preciso que o texto francês seja um reflexo fiel do texto alemão em sua terminologia e sua estrutura. Foi por isso que elaboramos um certo número de diretrizes, dentre as quais as principais consistem em respeitar ao máximo a construção da frase freudiana, não picotá-la, e respeitá-la inclusive em suas deselegâncias e suas ambigüidades, pois às vezes as contém. Vale observar, aliás, que nem todos os textos têm a mesma qualidade literária: há os que foram escritos meio às pressas, no correr da pena, enquanto outros são muito bem cuidados no plano literário. É isso, *grosso modo,* que constitui os princípios.

Como foi que recrutamos os tradutores? Meu amigo Pierre Cotet, agora aposentado, foi examinador de alemão na Academia de Versailles. Ao longo de toda a sua carreira de professor, formou um número enorme de germanistas, e fez o recrutamento, preferencialmente, entre seus alunos. Mas houve alguns princípios: não aceitamos ninguém que não se submetesse às regras, relativamente coercitivas e incomuns num trabalho de tradução, que em geral é feito individualmente. De fato, pedimos que as pessoas trabalhassem em equipes de dois a três membros, compreendendo pelo menos um analista, porque às vezes é necessário um analista para interpretar o sentido do texto freudiano. Pedimos ainda que eles apresentassem uma amostra de tradução, para ver se eram capazes de se submeter a nossa disciplina terminológica e sintática. Mas nem por isso o trabalho terminou, tendo havido depois numerosas revisões. Trata-se de um trabalho muito pesado e muito absorvente. Há trabalho para pelo menos dez anos.

Psi. — Quando sairá o primeiro volume?

A.B. — O primeiro volume deverá sair antes do fim do ano.

Psi. — E o que conterá?

A.B. — O primeiro volume a ser publicado compreende as obras do ano de 1915. A propósito disso, adotamos outro princípio: as notas que antecedem cada texto, ou as notas introdutórias, se você quiser, são tão sucintas quanto possível; trazem todos os esclarecimentos (quando dispomos deles) no que concerne à elaboração do texto, a sua redação e sua publicação. Pretendemos classificar as obras por ordem cronológica de redação, e não baseando-nos na data de publicação. Se você tomar a *Metapsicologia,* por exemplo, verá que todos foram escritos em 1915, mas alguns foram publicados em 1917. Conservamos a data de redação. Quando se trata de obras que foram escritas em várias etapas — quanto ao *Homem dos Lobos,* por exemplo, passaram-se vários anos entre o momento em que o conjunto foi redigido e sua publicação —, e mesmo que, posteriormente, Freud tenha retomado seu texto, optamos pela data em que a maior parte do texto foi formalizada. Isso modificará um pouco as coisas; será uma publicação que respeita a cronologia da concepção da obra.

No que concerne às cartas, publicaremos apenas as que foram editadas durante a vida de Freud.

Psi. — Porquê?

A.B. — Porque parte da correspondência de Freud ainda continua inédita. Não haverá, portanto, a correspondência com Fliess e todos os manuscritos que a acompanharam. Isso será objeto de uma outra publicação, da qual Jean Laplanche está cuidando... Ainda mais que os alemães acabam de fornecer uma nova leitura dessa correspondência, corrigida em relação à que saiu no ano passado [...]. Na verdade, os manuscritos de Freud nem sempre são de fácil leitura. Por exemplo, a *Übersicht,* o texto metapsicológico inédito encontrado em Londres ano passado,* foi relido por J. Laplanche, J. Altounian e P. Cotet, que fizeram uma leitura que, em alguns aspectos, pode modificar seu sentido; assim, ela será ligeiramente diferente da organizada pela Sra. Grubrich-Simitis e reproduzida pela Gallimard.

Psi. — Numa tradução de Patrick Lacoste.

A.B. — É, isso mesmo. Mas essa situação é excepcional, porque Freud destruía todos os seus manuscritos. Da mesma forma, J.

* Trata-se de *Übersicht der Übertraggsneurosen* [Síntese das Neuroses de Transferência], já traduzido no Brasil sob o título de *Neuroses de Transferência: uma Síntese,* Rio, Imago, 1987, incluindo o fac-símile. (N.T.)

Laplanche fez uma releitura das notas manuscritas do *Homem dos Ratos* que é diferente da do casal Hawelka, já muito boa.

Cremos que vamos fornecer um texto em francês que será mais próximo do texto e do pensamento de Freud do que tudo que foi publicado até o momento.

Psi. — Então, no primeiro volume haverá...

A.B. — Haverá, antes de mais nada, *O Homem dos Lobos*, a *Metapsicologia* e alguns textos menos importantes.

Psi. — E como puderam ser feitos os acordos com os outros detentores dos direitos de tradução?

A.B. — Originalmente, a Gallimard, a Payot e a PUF deveriam funcionar a três e compor uma sociedade. Depois, por razões que desconheço, a Gallimard se retirou. O conselho administrativo da Payot achou que as coisas estavam se arrastando demais e, assim, a Payot resolveu se retirar. Hoje só resta a PUF.

Psi. — Como se inscreve, na edição em si, o esforço coletivo de síntese terminológica?

A.B. — Será a primeira vez, na história da tradução em geral, em que haverá diretrizes desse nível científico presidindo o trabalho de tradução. Publicaremos um glossário. A princípio, será um glossário muito abreviado, e no final, ou talvez no meio da publicação, quando estivermos realmente no ponto, publicaremos um glossário com a justificação das escolhas de tradução.

Por exemplo, *Wunsch* não será traduzido por "desejo", mas por "anseio", por razões muito simples nos níveis semântico e gramatical. De fato, o *wünschen* alemão não é aplicável a pessoas. Em francês, podemos desejar [*désirer*] uma pessoa, mas não podemos "ansiá-la". Portanto, o *Wunsch* realmente corresponde ao anseio de que um certo panorama se realize, de que uma certa situação se produza. "Anseio" não tem, em absoluto, a mesma conotação de "desejo". Há pelo menos uma meia dúzia de substantivos alemães, até o momento, todos traduzidos em francês pela palavra "desejo", que doravante serão traduzidos por palavras diferentes.

Fomos forçados a criar alguns neologismos. Há um que considero belíssimo: o *Sehnsucht* será traduzido por "desejância" [*désirance*]. A palavra habitual, nostalgia [*nostalgie*], não dá conta da totalidade do que existe no *Sehnsucht* alemão.

Psi. — O senhor pode nos dar outros exemplos?

A.B. — Sem dúvida não haverá mais "atenção flutuante", porque não existe atenção flutuante em Freud. *Gleichschwebende Aufmerksamkeit* é a "atenção igualmente suspensa", e é justamente o contrário de atenção flutuante. A atenção fica suspensa, não é centrada, e, quando surge alguma coisa, ela se centra, não fica ausente.

Não haverá mais "neurose obsessiva". Na verdade, *Zwang* é a "coação". Assim, será "neurose de coação". A obsessão é apenas uma parte da neurose de coação. O processo fundamental é a coação: o psiquismo do sujeito fica submetido a uma coação da qual não pode escapar, e o termo obsessão não traduz esse aspecto, que no entanto é importante! E isso, mesmo que Freud, ao publicar em francês, tenha preservado o termo obsessão.

Psi. — Em que texto?

A.B. — Num texto que saiu na *Revue Neurologique* (1895, 3, nº 2). Em seus artigos em francês, ele não escreveu *"névrose de contrainte"* [neurose de coação] (*Zwangsneurose*), mas *"névrose obsessionelle"* [neurose obsessiva].

Psi. — E isso retomava uma terminologia francesa?

A.B. — Isso mesmo. Quanto a nós, quisemos traduzir o sentido profundo do termo alemão. Para mim, trata-se de uma coisa diferente, porque a coação é algo que podemos encontrar fora da neurose obsessiva; é uma espécie de processo geral.

Haverá uma meia dúzia de neologismos. Pulsão e moção já estão bem batidas, encontram-se nas últimas edições de Robert, e as pessoas se acostumarão.

Psi. — Pulsão e instinto, como foi que vocês traduziram?

A.B. — Não há nenhum problema. *Trieb* será traduzida por "pulsão", e *Instinkt,* por "instinto", e essa é uma diferença fundamental. Do mesmo modo que quisemos marcar a diferença entre *Sexual* (sexual) e *Geschlechtlich* (sexuado), que são duas coisas diferentes; *Geschlecht* se relaciona com o sexo anatômico.

Ainda estamos em discussão quanto a alguns casos. Nas edições posteriores, talvez haja mudanças em relação à primeira. A tradução é uma atividade impossível. Vocês conhecem a expressão italiana, *Traduttore, tradittore*: traduzir é trair, e Goethe falava nas "belas infiéis". Nossa tradução será menos bela, porém mais fiel. Não sei por qual devemos ansiar: por uma bela infiel ou por uma menos bela e mais fiel. Como o francês é uma língua que empobreceu desde o século XVII, tivemos que ressuscitar um certo número de palavras antigas, que estão registradas no Littré, que já não são de uso corrente, mas que existem. A "amalgamação" [*amalgamation*] está no Littré e não há equivalente dela no francês falado de hoje; ora, ela é indispensável para traduzir o alemão. Da mesma forma que "frustrâneo" [*frustrané*] para traduzir *Frustran.* Os alemães fabricam palavras como bem entendem, e os ingleses têm mais facilidade para traduzir o alemão do que nós. Por isso é que não se compreende com muita clareza por que foi que Strachey, por exemplo, utilizou *cathexis* [catexia] para a *Besetzung,* quando tinha a sua disposição, em inglês, *Investment* [investimento].

Psi. — Voltando à apresentação da edição, qual é seu programa de publicação?

A.B. — Publicaremos o primeiro volume daqui até o final do ano de 1987. Em princípio, a publicação deverá sair, depois disso. ao ritmo de dois volumes por ano. Ao todo, deverá compor uns vinte volumes. Mas, veja que os alemães vão publicar um volume de textos inéditos de 900 páginas!

Psi. — Inéditos? mas que inéditos? encontrados onde?

A.B. — Vocês sabem que há textos que se encontram na edição inglesa e que não estão na edição alemã: são inéditos para os alemães, e não para os ingleses. Além disso, os alemães vão publicar coisas que os ingleses não haviam publicado, e que foram encontradas em revistas.

Psi. — Não terá o conceito de tradução evoluído consideravelmente desde o começo do século?

A.B. — Sim, os tradutores de hoje são muito mais exigentes. O problema não é o mesmo quando se tem que traduzir um texto unicamente literário, um romance, por exemplo... Quanto a nós, nós consideramos o texto freudiano um texto científico e, sendo preciso escolher entre a elegância e a fidelidade, optamos pela fidelidade... Creio que isso merece o nome de tradução científica, pelo simples fato de haver o glossário. De fato, o glossário garante a homogeneidade da tradução. Strachey passou a vida inteira traduzindo Freud, o que hoje já não seria possível; portanto, eram necessárias equipes diferentes. Mesmo assim, era preciso que tivessem em comum um mesmo glossário, com traduções imperativas e com traduções facultativas que oferecessem diversas possibilidades. Não se trata, portanto, de uma espécie de tradução automática rígida.

Psi. — A propósito desse problema da tradução, poderíamos partir de uma discussão que, ao que parece, J. Laplanche teve com o senhor, por exemplo, a propósito da *Massenpsychologie.*

A.B. — É, nós nos submetemos às decisões terminológicas. Quando o debate não é decisivo, quando não se chega a um consenso, é J. Laplanche quem decide. Foi ele quem disse que convinha voltarmos a *Massa,* em vez de "Multidão" [*Foule*]. A gente aceita, se submete. A mesma coisa em relação a palavras tão correntes quanto "recalcamento". J. Laplanche hesitou longamente, dizendo que seria mais conveniente usar "rechaço" [*repoussement*] (*Verdrängung*).* Conservamos "recalcamento".

Psi. — É, *Drang* é realmente uma palavra corrente. É a "pressão".

A.B. — É, é a língua corrente, mas quando chega ao francês, parece erudito, pretensioso. Também não haverá mais "frustração", para traduzir *Versagung.*

Psi. — E haverá o quê, então?

A.B. — Será "recusação" [*refusement*].

Psi. — Isso não parece nada animador!

A.B. — É, mas "frustração" não funcionava. Isso não parece coisa nenhuma, mas cabe dizer que o pensamento dos analistas franceses, já se vão cinqüenta anos, tem-se formado a partir de traduções que traem os conceitos.

Psi. — *Versagung* significa recusa.

---

* *Repoussement* também se traduziria por "repressão", e o *Verdrängung* admitiria "rebatimento" (de rebater, expulsar) ou "repulsão" (de repulsar, repelir). (N.T.)

A.B. — Recusar e falhar, faltar. "Recusa" [*refus*] também é um termo empregado em sentidos técnicos, para falar de uma estaca, de um pilotis, de uma fundação, quando já não se consegue ir mais fundo. Na navegação a vela, diz-se que "o vento recusa".* Existem expressões francesas, empregos da palavra "recusa" que correspondem inteiramente a *Versagung*. Se justificarmos um dos exemplos extraídos de Freud, as pessoas compreenderão.

Psi. — Então, em caso de divergência entre vocês, vocês se submetem à decisão de J. Laplanche. Mas, num artigo de *L'Écrit du Temps* dedicado aos problemas das traduções, J. Laplanche tentou elaborar uma doutrina da tradução de Freud que não foi a de Strachey. Parece-me que Jean Laplanche e o senhor mesmo tentaram definir uma abordagem do texto em alemão em si. Bem, Strachey disse que queria apresentar Freud como um cientista inglês de Oxford. A abordagem que vocês fazem é diferente.

A.B. — Sim, como eu lhe disse, pensamos mais em Freud do que no leitor francês. Não queremos afrancesar o pensamento freudiano.

Psi. — Ornstorn e Steiner mostraram bem que a posição de Strachey se prendeu mais ao oxfordiano do que à preocupação com Freud. Ele traduziu em função de seus próprios referenciais.

A.B. — Os termos de Freud que estão traduzidos por palavras que parecem eruditas são, muitas vezes, em alemão, palavras da língua corrente. Essa é uma dificuldade inevitável.

Psi. — Ele conhecia a fundo os usos da língua.

A.B. — É, e isso também prova que o alemão e o francsê não pensam de maneira igual.

---

* *Refuser* provém, no francês, de uma combinação de dois verbos latinos, *refutare* (repelir, refutar, recusar admitir) e *recusare* (recusar, não aceitar, declinar, esquivar-se, opor uma objeção, recusar-se algo, recusar-se a algo etc.), e guarda todas essas acepções em diferentes usos, desde o "declinar um convite" até "não penetrar" (estacas etc., quando encontram oposição numa rocha, por exemplo) ou "tornar-se contrário" (o verbo). Daí a frase "Recusar e falhar, faltar", onde o autor associa a idéia de objeção (*versagen* como recusar, negar) e a idéia de privação, insuficiência, como em "a voz lhe faltou/falhou/fraquejou" (*versagen* como privar-se de, não comparecer, não funcionar). (N.T.)

Psi. — Além disso, Freud fazia um uso muito pessoal da língua alemã, como Heidegger.

A.B. — Até para os alemães, existem construções de Freud que não são evidentes.

Psi. — É realmente um estilo. O senhor disse que se trata de uma tradução científica, mas também é preciso respeitar o estilo de Freud, porque a dele é também uma obra literária.

A.B. — Sim, mas isso não concerne a todos os textos. A *Metapsicologia,* por exemplo, não é uma obra literária. No entanto, constitui o "pilar" ou o "cerne" do pensamento de Freud.

Psi. — No *Homem dos Lobos* existe o histórico do caso, muito literário, e as interpretações metapsicológicas; podem essas duas partes ter o mesmo estatuto?

A.B. — Quando há um texto literário, ele é, freqüentemente, mais fácil de traduzir; levanta menos problemas. Mas, quando lidamos com a doutrina de Freud, trata-se de não traí-lo; ora, a traição nunca está longe, é muito fácil um deslizamento do sentido. Fizemos questão de preservar as nuances, os alótropos, distinguindo-os entre si, como, por exemplo, *Seele* [alma] e *Psyché* [psique]. Cabe ao leitor dar-lhes um sentido idêntico ou diferente.

Psi. — *Seele.* E como é que o senhor traduz *seelich*?

A.B. — "Anímico". Está no Larousse.

Psi. — Para *seelich,* não há correspondente no francês corrente; é "animado".

A.B. — Sim, falamos de "paixões anímicas"; isso não foi conservado no Robert, mas está no Larousse do século XX. As pessoas terão um sobressalto, porque já não conhecem a palavra. Não têm consciência do empobrecimento sofrido por nossa língua há mais de um século. Os leitores saberão que, quando aparece "a alma", isso corresponde ao alemão *Seele,* e que quando aparece psique, foi *Psyché* que se traduziu.

Psi. — São importantes esses alótropos em alemão, na língua vulgar e na língua culta.

A.B. — Sim, com uma raiz grega ou latina na língua culta.

Psi. — Os textos que foram publicados em marcha forçada pela Gallimard são textos que vocês irão retomar.

A.B. — Depende. De qualquer modo, não serão retomados tal e qual.

Psi. — Não têm o mesmo glossário?

A.B. — Necessitam, portanto, ser retomados. Se o tradutor aceitar retomá-los, aceitaremos sua versão, reformulada de conformidade com nossas normas; e, se não aceitar refazer pessoalmente o trabalho, a tradução será retomada ou até refeita por uma equipe.

Psi. — Quando é que a obra de Freud cai em domínio público?

A.B. — Em 1993, creio eu. Não foi nada fácil o problema de acertar as dificuldades entre o editor alemão, a Gallimard, a Payot e a PUF. Nestes últimos anos, muitas vezes nos perguntamos se o projeto não iria naufragar.

Psi. — O senhor está trabalhando nisso, creio, desde 1968, não é?

A.B. — Com meu amigo P. Cotet, vimos traduzindo Freud há mais de vinte anos. P. Cotet, que se aposentou, passa a metade da semana nisso. No momento, ainda não estou aposentado. Tão logo o esteja, dedicarei tanto tempo quanto ele a esse trabalho infindável... Sempre recaímos em erros, é assustador. Por mais que vejamos as coisas minuciosamente, há sempre uma palavra que escapa; refiro-me a pequenos instrumentos da língua, não a palavras importantes. É um trabalho enorme. Eu o fiz e faço porque amo Freud.

Psi. — O pensamento dele?

A.B. — O pensamento e o homem; minha avaliação é que os franceses foram injustos com ele e maltrataram sua obra. Chega a ser incrível que R. Laforgue, que era inteiramente indicado — ele era bilíngüe, fora o primeiro a entrar em contato com Freud entre os franceses e lhe dedicava um culto —, não tenha feito nada. Rendo homenagens a Strachey, que fez um trabalho fantástico; é raríssimo apanhá-lo numa falta. Mas, a esse trabalho ele dedicou sua vida. Não se encontrou nenhum analista francês que fizesse o mesmo.

Psi. — Qual tem sido seu papel nessa história toda, o senhor é o mestre de obras?

A.B. — Não, tenho sido aquele que nunca perdeu a esperança, nunca largou de mão, que sempre quis que tivéssemos sucesso. Nem vou me deter nas dificuldades existentes em promover o entendimento entre uma equipe de homens que têm caracteres diferentes e, por vezes, concepções divergentes. Meu papel essencial tem sido agir de maneira a que a empreitada chegue a bom termo, porque não sou germanista como P. Cotet, nem freudólogo como Jean Laplanche. O responsável, no plano científico, é J. Laplanche, ele é quem garante o respeito ao pensamento de Freud e a transmissão autêntica desse pensamento. No que concerne à fidelidade à língua alemã, esse é o papel de P. Cotet e J. Altounian. Há uma pessoa que tem desempenhado um papel capital; é F. Robert, que tem anotado as ocorrências e fez um fichário. Sem seu trabalho, nossa comissão de terminologia teria fracassado. Quanto a meu papel, ele lembra um pouco o do cimento na arte de construir, e o da locomotiva na arte ferroviária.

Como a obra de Freud marca uma etapa importante do pensamento, era indispensável que se empreendesse um trabalho semelhante ao nosso. Oxalá todos possamos levá-lo a seu termo. Mas nossa iniciativa ultrapassa largamente o domínio freudiano; ela inaugura um novo método de tradução coletiva, que repousa na utilização de um glossário comum. Os leitores formarão sua própria opinião do trabalho.

NOTA

1. Entrevista concedida a M.A. Kipman e B. Lemaigre. Publicado originalmente em *Psychanalystes — Revue de Collège de Psychanalystes,* 1987, nº 24, pp. 71–79.

